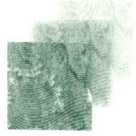

新版 未開社会における構造と機能

Structure and Function in Primitive Society

ラドクリフ＝ブラウン◆著
青柳まちこ◆訳　蒲生正男◆解説

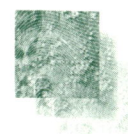

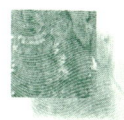

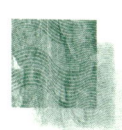

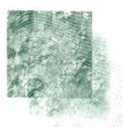

新泉社

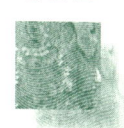

未開社会における構造と機能

本書で使用している用語について

本書、ラドクリフ＝ブラウン著『未開社会における構造と機能』(Structure and Function in Primitive Society）の原書は一九五二年に出版されたものである。西欧の研究者の視点で、非西欧の「辺境」の地をフィールドワークする、という手法が主流であった人類学の世界において、その対象に「未開」(savage)、「原始」(primitive）といった形容詞を付けることに、当時は何らの疑問ももたれなかったのであろう。

本書においても、これらの用語が散見されるが、これが「差別意識」「特権意識」にもとづいて「他者」を一方的に定義づける不適切な表現であることを、現代のわたしたちは認識することができる。しかしながら、すでに「人類学の古典」と呼ばれる本書の歴史的位置づけをかんがみると、これを絶版にする、あるいは大幅に内容を改変する、といった行為は、かならずしも出版社の社会的使命を果たすことにはならないと小社は判断した。刊行当時における人類学の歴史的限界を冷静に認識し、個別の歴史的文脈の検証を地道に続ける作業の中から、人類学の新たなる展望と成果が生み出されんことを願い、最小限の訂正を除いては内容に一切手を加えることなく、新版としてそのまま復刻する決断をしたものである。

読者諸氏のご賢察をお願いする次第である。

二〇〇二年三月

新泉社　編集部

まえがき

ラドクリフ＝ブラウン教授は、「私が時折に書いた半端物」と彼がよんでいるものには、ほとんど注意を払うことがなかった。彼の主要な関心は個人的な接触によって、自分の考えを学生や友人に直接伝えることにあった。この点で彼はすばらしい成功を収めた。彼はケンブリッジ、ロンドン、バーミンガム、プレトリア、ヨハネスブルグ、ケープ・タウン、シドニー、エンチン、シカゴ、オックスフォード、サン・パウロ、アレキサンドリア、マンチェスター、グラハムスタウンの諸大学で教鞭をとった。そしてこれらのどこにおいても彼は愛情と尊敬をもって追憶されている。彼の学生たちの感謝は、彼を称えて書かれた二つの論文集――一つはアメリカ、一つはイギリスの――に示されている。そしてこの最近四半世紀の間に出版された社会人類学に関する書物や論文で、直接的あるいは間接的に彼の教えを表わしていないものはほとんどない。

この書物の中の論文を吟味していくと、彼の著述は彼の個人的な接触とまったく同様に、大きな影響を与えるものであったことが示唆されるであろう。彼の社会人類学における教歴や研究歴がほぼ五十年に及ぶことを考えれば、彼のような学問的に名声をはせた多くの人々ほどには、書かれたものは多くない。しかし彼が書いたものは間違いがなかった。このことは、我々が彼の方法論や結論を細部にわたって受け入れるということを必ずしも意味しているわけではなくて、むしろ彼が表明している観点は、それ以上によく表現されることはできなかったろうという意味においてである。各論文は概念、表現において完全であり、それらは現代人類学では稀である首尾一貫性と方向性によって貫かれている。

我々はこれらの論文を出版することが、いくつかの理由によって価値があるだろうと思う。第一にこれらはここ二十五年間にわたる一人の卓越した人類学者の思考の発展を示している。また同時にそれらは社会人類学の方向づけにおけるいくつかの重要な変化を表わしているのであって、この時期にはラドクリフ＝ブラウン教授はそれに密接に関与していた。これらの論文は、また社会人類学を専攻する大学院学生たちの訓練においてもその価値を示してきた。個々の論文は時間的にも場所的にも広く分散しており、しばしば参照することが困難である。この論文を一冊にまとめて世に出すに当って、我々はラドクリフ＝ブラウン教授に対する我々の尊敬をただ表明することにとどまらず、今後長期にわたって社会人類学を学ぶ人々に価値あるものとなるであろう書物を提供することになると考えている。

E・E・エヴァンス＝プリッチャード
フレッド・エガン

未開社会における構造と機能　目次

装幀　勝木雄二

序論

ここに再録された論文は、まったく文字通りの意味で、おりおりの機会に書かれたものである。つまり各論文はそれぞれ別個の機会に書かれている。しかしそれらは一つの特定の理論的観点から書かれている点では、ある程度の統一性を持っている。

理論が意味するものは、ある一連の現象を理解するために適用される、あるいは適用されると考えられる体系である。一つの理論はいくつかの分析概念を合わせて作り上げられており、その分析概念は具体的実体に即して明瞭に規定され、また論理的に関連づけられていなければならない。それゆえ、私はこれらの短かい論文の前置きとして、社会現象を分析する目的のために私が使用しているある種の概念について、定義づけをしておこうと思う。覚えておかなければならないのは、人類学者たちの間で、用いられている概念や用語について、ほとんどまったくといってよいほど一致がみられないことであり、したがってこの序論、およびこれに続く諸論文は、共通に受け入れられている理論というわけではなく、一つの特定理論を展開したものとして受けとっていただきたい。

理論と歴史（History and Theory）

社会諸制度の歴史的研究と理論的研究の間にみられる差異は、経済史と理論経済学、あるいは法制史と法律理論を比較すれば容易に理解することができるであろう。しかし人類学では、「歴史」、「科学」、あるいは「理論」というような用語を、討論者が非常に異なる意味で用いるような議論が行われてきたので、そこからもたらされた多大の混乱が今日まで続いてきたし、現在もなお混乱しているのである。このような混乱は、論理上、方法論上の承認された用語を用いることと、個別的な（idio-graphic）探究と法則定立的な（nomothetic）探究を区別することによって相当な程度まで避けることができるだろう。

個別的な探究では、ある個々のすなわち事実に基づいた叙述もしくは言説を、受け入れられるものとして確立することが目的である。これに反して、法則定立的な探究は、受け入れることのできる一般的叙述に到達することをその目的としている。我々は目的とする結果の種類によって探究の性格を規定することになる。

通常理解されているように、歴史学は過去——ごく最近の過去についての研究も含めて——の状態や事件についての知識を提供するために、記録や古文書を研究する学問である。歴史学が第一次的に個別的な探究から成り立っていることは明らかである。前世紀には、歴史学者はその作業において理論的な考究を承認すべきであるか、あるいは一般化の点で取り扱うべきであるかということに関して、方法論争（Methodenstreit——ドイツ経済学の歴史学派グスタフ・シュモラーと、オーストリーの経済学者カール・メンガーとの間に行われた論争。前者が理論と歴史の間に、根本的区別はないとしたのに対し、後者は理論の優位性を主張した——訳者註）として知られる有名な論争があった。非常に多くの歴史学者は法則定立的探究は歴史研究に含まれるべきではなく、歴史研究は何が起きたのか、またどのようにして起きたのかということを明らかにすることに限定されるべきであるという見解をとってきた。理論的あるいは法則定立的探究は社会学に当然委託されるはずであるとしたのである。しかし歴史学者がその過去を説明する際に理論的解釈を含めてもさしつかえない、あるいは含めるべきであるとさえ考える人人も何人かはいる。この問題に関する意見の不一致、および歴史学と社会学の関係についての意見の不一致は、六十年たった今日もなお継続している。たしかに歴史学者の著述の中には、単に過去の事実の表意的な説明としてのみならず、それら事実の理論的（法則定立的）解釈をも含んでいるものとして評価されるべき著作もある。フステル・ドゥ・クーランジュ（Fustel de Coulanges）や彼の弟子たち、たとえばグスタフ・グロッツ（Gustave Glotz）のようなフランスにおける歴史学研究の伝統は、この種の組合せの例としてあげられる。最近のある著述家たちはこれを社会学的歴史とか歴史的社会学とよんでいる。

いわゆる未開なあるいは後進的な民族の研究を意味している人類学においては、民族誌という用語は、特に個別的探究のやり方に適用されている。民族誌の目的はこうした民族やその社会生活について、受容しうる説明を与えることにある。民族誌は民族誌家が彼の知識、もしくは彼の知識のある主要な部分を、対象としている民族を直接に観察したり、接触したりすることから得るのであって、歴史学者のように文字に残された記録から得るのではない点で、歴史学とは異なっている。人類学のもう一つの分野である先史学的考古学は、明らかに個別的研究であって、それは先史時代にさかのぼる過去の事実についての知識を明らかにすることを目的としている。

一般的に社会諸制度の理論研究は、通常は社会学であるとされている。しかしこの名称は社会についての多様な種類の著作に対して、漠然と用いることができるので、我々はもう少し特定的に、理論社会学もしくは比較社会学について語ってもよいだろう。フレーザー（Frazer）が一九〇八年、最初の社会人類学（Social Anthropology）の教授として、初講義を行った時、社会人類学は社会学の一分野であり、未開社会を取り扱うものであると規定したのであった。

人類学者の中でのある混乱は、諸種の制度についての歴史的説明（historical explanation）と理論的理解（theoretical understanding）の区別をしなかったということに由来している。もし我々がある特定社会にある一定の制度が存在しているのは何故であるかという風に質問するならば、それにふさわしい回答はその起源についての歴史的記述ということになる。何故アメリカ合衆国が大統領、二院制、内閣、最高裁判所を伴った政治体制をとっているのかということを説明するためには、我々は北アメリカの歴史を参照する。これは言葉の正しい意味での歴史的解釈である。ある制度の存在は、因果関係の鎖を構成しているできごとの複雑な連続を参照することによって説明される。ある制度の存在はそうした因果関係の鎖の結果なのであるから。

ある歴史解釈が受け入れられるかどうかということは歴史記録が十分あるか、またそれが信頼しうるものであるかどうかということにかかっている。社会人類学が研究する未開社会には、歴史記録はない。たとえばオーストラリア原住民の社会制度の発達に関して我々はまったく知らない。人類学を歴史研究の一種だと考えている人類学者たちは、推論と想像に陥り、「疑似歴史的」もしくは「疑似因果関係的」解釈を発明しているのである。たとえばオーストラリア原住民のトーテム制度の起源や発達については、今までに数えきれないほどの、そして時には相対立するような疑似歴史的説明がなされてきたのであった。この本の論文の中でもいくつかの疑似歴史的推測についてふれている。ここでとられている立場は、このような推測は無益であるばかりでなく、無益よりさらに悪いものであるということである。このことは決して歴史的解釈を拒否することを意味するのではなくて、まったくその反対なのである。

社会人類学がその一分野となっている比較社会学は、受け入れることのできる一般化の提出を目的とする、理論的すなわち法則定立的研究であるとここでは考えられている。一つの特定の制度を理論的に理解するというのは、このような一般化の光にあててその制度を解釈することである。

社会過程（Social Process）

もし我々が比較社会学の体系的理論を公式化するということになるならば、最初に問われなければならない問題は、次のようなものである。この理論が関係を持つことになる具体的に観察できる現象的な実体とは何であるか？　ある人類学者たちは、実体とは、何らかの意味で区別された実質的な存在として認められる「社会」から成っているというだろう。しかしまた別の人類学者は研究することになっている実体とは、「文化」から成っているのであり、その文化のおのおのはまたある種の区別された存在として認められるという風に述べている。またさらに他の人々は、この主題は「社会」と「文化」という二種の存在とかかわり合うものであり、それ故に両者の関係が問題を提起すると考えているようにみえる。

私自身の考えでは、社会人類学者が観察、記述、比較、分類に携わる具体的な実体というのは、何らかの種類の存在ではなく、過程、つまり社会生活の過程である。探究の単位となるものは、ある一定時期にわたる、地球上のある特定地域の社会生活なのである。過程それ自体は、個人として、あるいは共同に、あるいは集団として行為している人間の作用および相互作用の膨大なよせ集めから成っている。個々のできごとは多様性に富んでいるが、その中に規則性が発見される。それで、選択された一地域の社会生活について、ある一般的特性 (general features) を言明したり記述したりすることが可能である。社会生活の過程についてこうした重要な一般的特性を言明することは、いわゆる社会生活の形態 (form of social life) を記述することになる。社会人類学について私が理解しているのは、未開民族における社会生活の形態を理論的に比較研究する学問としてである。

一定の集合体の中での人間の社会生活の形態は、ある時期を通じてほぼ一定しているかもしれない。しかし相当な時間的経過を経ると、社会生活それ自体が変化や修正をこうむる。それ故、我々は過程を構成するものとして社会生活のでき事を考えることができる反面、それに加えて社会生活の形態における変化の過程が存在している。同時的 (synchronic) 記述においては、我々はある一時期における社会生活の形態を、将来起こるかもしれない変化を可能な限り取り去って説明する。一方、通時的 (diachronic) 説明では、長期にわたるこうした変化を説明するのである。比較社会学では、社会生活の形態の継続性と、その内部における変化を理論的に取り扱わなければならない。

文化 (Culture)

人類学者は「文化」という用語をいろいろな意味で使っている。ある人たちはそれを、私が社会生活の形態とよんでいるものと同義に用いているようにみえる。英語の通常の使用法では「カルチュア」は、耕作とほぼ同一の概念を持っているのであって、過程と関係している。それで我々はこの語を、ある一人の人間が他の人々と接触することによって、あるいは書籍や芸術作品のようなものを通して、知識、技術、思想、信仰、趣味、情操を得る過程という風に定義づけることができる。個々の社会では、我々は文化的伝統 (cultural tradition) ——伝統という用語を伝えるあるいは受け渡すという風に文字通り使用して――の一定の過程を発見することができる。言語を理解しそれを使用することは、この意味での文化的伝統の過程によって伝えられていく。英国人はこうした過程によって英語を理解し使用することを学んでいく。しかしこの社会の一部の人々は、ラテン語やギリシア語、あるいはフランス語やウェールズ語をも学ぶかもしれない。複雑化した現代社会では、非常に多数の違った文化的伝統がある。一つの文化的伝統により、人は医師あるいは外科医になることを学ぶかもしれないし、また別の伝統によって技術者あるいは建築家になることを学ぶかもしれない。社会生活のもっとも単純な型では、別々の文化的伝統の数は二つ、すなわち一つは男性のための、一つは女性のためのものしかないかもしれない。

もし我々が探究する社会的実体を、存在するものとしてではなく、過程として取り扱うならば、文化および文化的伝統とは、その過程のある識別可能な側面についての名称ということになる。もちろん全体の過程というわけではないが。この用語は人間の社会生活のある側面を指すのに便利な方法である。人類の社会生活が他の動物種の社会生活と著しく異なっているのは、文化および文化的伝統が存在するという理由によっている。思考、情緒、行為について学んだ方法を伝授することは、人類の社会生活の特性である文化的過程を形づくっている。これはもちろん、社会的実体として考えられている社会的過程としてここで規定した、人間間の相互作用の過程の一部分である。社会生活の形態における継続と変化は、比較社会学の探究の主題であるから、文化的伝統における継続とその伝統における変化は、考慮しなければならないことがらに含まれてくる。

社会体系（Social System）

比較社会学の基礎を築いたのは、十八世紀中葉のモンテスキューであった。彼はその際に社会体系（social system）という用語によって指示されてきたし、また指示することのできるような概念を公式化して用いている。コントが後に「社会静学の第一の法則」（the first law of social statics）と名づけたもので構成されているモンテスキューの理論は、個々の社会生活の形態の中には、さまざまな特性間の相互連絡および相互依存の関係――コントが連帯関係とよんだものであるが――が存在するというものであった。自然的体系すなわち現象的体系という考え方は、種々のできごとの間の一連の関係のそれであり、それはちょうどユークリッド幾何学のような論理的体系が、種々の定理間の一連の関係であったり、倫理的体系が倫理的判断の一連の関係であるのと同様である。もし誰かが英国の「銀行体系」について語るとするならば、たとえば、銀行からサインしたチェックで支払いをするというような数々の行為、相互行為、取引などの事実をあげることになる。これらの諸種の行為は全体として一つの過程を構成するよう関連づけられている。そしてその過程について、我々はいかにそれらが相互に関連しているか、またそれによって一つの体系を構成しているかということを示すような分析的記述をすることができるのである。もちろん我々は一つの過程、すなわち英国の社会生活の社会的過程全体のうちの複雑な一部分を取り扱っていることになる。

この本に含まれているいくつかのエッセイの中で、私は「親族体系」について触れている。この考え方は、ある一つの社会内部で、親族とか結婚という関係によって規定されてくる人間間の一連の行為や相互行為を、我々は実体においてではないとしても概念的には、切り離すことができるということ、また個々の社会では、これらは一つの体系を構成していると一般的に分析し、記述してもよいような具合に、相互に関連しあっているというところにある。体系というこの考え方の理論的意義は、社会生活の形態の規則的な特性、たとえばチェックの使用とか、男が妻の母との社会的接触を回避しなければならないような慣習を理解しようという試みに向かう我々の最初の一歩が、そうした慣習がその部分となっている体系の中で、その慣習の占める位置を発見することであるという点である。

とはいえ、モンテスキューの理論は、いわゆる全体的社会体系の理論といってもよいようなものであり、これによれば、社会生活のすべての特性は一つの凝集的全体にまとめられてくる。法の研究者として、モンテスキューは第一次的には法に関心を持っていたので、社会の法則が政治構成、経済生活、宗教、気候、人口の規模、慣例や慣習、および精神一般（esprit général）と彼がよんだもの――後の著述家たちは社会の「エトス」（ethos）と名づけてきたが――と関連を持っていることを示そうと努めた。理論的法、たとえばこの「社会静学の基礎的法」のようなものは、経験的法と同一ではないのであって、これは探究への道標なのである。そしてこのことは、もし我々が社会生活の諸特性間の相互関係を体系的に究明するならば、人間社会の理解を深めることができるのだと考える根拠を与えてくれる。

静学と動学（Statics and Dynamics）

コントは社会学においても、他の諸科学におけると同じく、彼が静の問題と動の問題とよんだ二組の問題があることを指摘した。静学において、我々は存在あるいは共存の状態を発見し、規定しようと試み、動学においては変化の状態を発見しようと試みるのである。分子や有機体の存在状態は、静学の事項である。同様に社会や社会体系、あるいは社会生活の形態の存在状態は社会静学の事項である。他方社会動学の問題は、社会生活の形態における変化の状態を取り扱う。

科学の基礎は体系的分類にある。社会静学の最初の任務は、分類に到達するために社会生活の形態の比較を試みることである。しかし社会生活の形態は、我々が有機体の生命の形態を分類するような方法で、種や属に分類することが不可能である。すなわち分類は種によるのではなく、類型によるのでなければならない。そしてこれはよりいっそう複雑な種類の研究となる。これは部分的な社会体系の中に現われている社会生活の諸特性について、あるいは諸特性の複合について類型学を確立するという手段によってのみ到達することができるのである。この課題は複雑であるばかりでなく、人類学は歴史的方法論をとらなければならないとする観点の中では無視されてきたものであった。

社会静学の中で類型学の研究は一つの重要な部分ではあるが、しかし社会静学にはまた社会諸体系の存在状態について、すなわち社会生活の形態についての一般性を公式化するというもう一つ別の任務もある。いわゆる社会静学の第一の法則とは、社会生活のどのような形態もそれが持続し継続していくためには、さまざまな特性が、ある種のまたある程度の凝集性、もしくは首尾一貫性を示しているに違いないと肯定する一般化である。しかしこれはこの凝集性の性質を探究することを目的とする社会静学の問題を規定しているだけである。

社会動学の研究は、社会体系がどのように変化していくかということについての一般化を確立することに関係してくる。これは社会生活の諸特性は体系的に関連しており、ある特性における変化は、おそらく別の特性においても変化を引き起こすであろうという仮説からきた当然の結果である。

社会進化 (Social Evolution)

社会進化の理論は、ハーバート・スペンサー(Herbert Spencer)によって、彼の進化についての一般理論の公式化の一部として形づくられた。この理論によれば、地球上の生命の発展は、ただ一つの過程から成っているのであってスペンサーはこれに対して「進化」(evolution)という用語を適用している。すなわち⑴有機体および超有機体(社会)の進化についての理論は、二つの基本的定理に還元できる。すなわち⑴有機体の生命の形態における発展においても、また人間の社会生活の形態における発展においても、有機体の生命あるいは社会生活の多様な形態は、はるかに少数のもとの形態から発達してきたという多様化の過程が存在したということである。また⑵より複雑な構造や組織(有機体のあるいは社会の)の形態は、より単純な形態から生じてきたという一般的な発展の傾向があったということである。進化理論を受け入れるということは、こうした定理を解釈の枠組を与えるものとして、有機体や社会生活の研究に適用するように受け入れることにすぎない。しかし何人かの人類学者が進化の仮説を拒否していることを覚えておかねばならない。我々はスペンサーがつけ加えた種々の疑似歴史的臆測は拒否するが、彼の基本的理論は暫定的に受け入れることができる。そしてこれを受け入れることによって、分析の道具として有効であるかもしれないある種の概念が与えられるのである。

適応 (Adaptation)

これは進化理論の鍵となる概念である。これは有機体の生命の形態研究にも、また人類の社会生活の形態研究にも、適用されているし、適用されうるのである。生命ある有機体は、それが内的にも外的にも適応している場合にのみ存在し、継続するのである。内的適応はさまざまの器官やその活動の順応に依存しているのであって、さまざまの生理学的過程は、継続して機能する体系——それによって有機体の生命が保持されている——を構成していることになる。外的な適応は有機体がその生活している環境に適応することである。外的適応と内的適応を区別することは、適応の体系（adaptational system）の二つの側面を区別する方法にすぎないのであって、それは一つの種の有機体にとっては同じことなのである。

動物の社会生活に目を移すと、適応のもう一つ別の特性が現われてくる。蜂の群落の存在は、蜜や花粉の収集、蜜蠟の製造、巣穴作り、卵や幼虫の世話、幼虫の養育、泥棒から蜂蜜の貯えを守ること、羽を動かして巣穴に風を送ること、また冬には体をよせ合って、温度を保持することなど、個々の働き蜂の活動の集合に依存している。スペンサーは社会生活のこうした特性を指すために「協力」という用語を用いている。社会生活と社会的適応は、それ故に、個々の有機体の行動を過程――それによってその社会生活が継続している――の要求に順応させることを含んでいる。

我々が人類における社会生活の形態を適応的体系として吟味する場合に、この適応的全体系の三つの側面を区別することが有益である。第一は社会生活が物理的環境に順応していく過程であり、もし望むならば、我々はこれを生態学的適応とよぶこともできる。第二は、それによって秩序ある社会生活が維持されていく制度的配置がある。それで、スペンサーが協力とよんだものが備えられ、衝突は抑止あるいは規制される。これを、我々はもしそうしたければ、社会的適応の制度的側面とよぶこともできるだろう。第三は、個人が、社会生活の場に自己を適合させ、その活動に参与することができるようにする習慣や心的特徴を獲得していく社会過程がある。これはもし望むなら、文化的伝統を過程として規定するという前述の定義に一致させて、文化的適応とよぶことができよう。ここで強調されなければならないのは、こうした適応の方式は、すべて異なる側面にすぎないのであって、その側面から適応の体系全体が分析と比較の便宜のために考察されるのである。

それ故に社会進化の理論は、あらゆる所与の体系を適応的体系として検討することを、我々が社会体系について解釈する枠組の一部とすることである。体系の安定性、したがって一定の時期にわたる体系の継続性は、適応の効率に依存している。

社会構造（Social Structure）

進化理論は、より複雑な構造型が、あまり複雑でないものから派生することによって存在するに至るという発達方向についての理論である。社会構造についての講演はこの本の中に含まれているが、これは戦時中に行ったものであって、要約した形で出版されている。そのために、そうあったらよかったと思うほどには明瞭ではない。我々が構造という用語を用いる場合、諸部分あるいは諸成分のある種の秩序ある配置を指している。作曲は構造を有しているし、文章もそうである。「建造物」は構造を持っているし、分子や動物も同様である。社会構造の成分あるいは単位は人間(person)である。そして人間とは有機体としてではなく、社会構造の中に地位を占めるものとして考えられている人である。

社会学の基本的な理論的問題の一つは、社会の継続性の性質という問題である。社会生活の形態における継続性は構造的継続性に依存しており、それは人々相互間の関係における配置の中での一種の継続性である。今日では人々は国家というものに配置されている。そして私は一生のうちのかなり多くの時を外国で過してきたが、七十年にわたって英国の国家に属してきたという事実は、社会構造上の事柄である。国家、クラン、フランス・アカデミーとかローマ教会のような団体は、人々の配置としての存在の中で継続することができる。その各々を構成している単位である人員は、時代とともに変化していくのであるが。分子を構成成分とする人体は、その分子が絶えず変化しているにもかかわらず、構成の継続性を保持しているわけであるが、それとちょうど同じように、構造の継続性というものが存在する。アメリカ合衆国の政治構造では常に大統領がいなければならない。ある時はそれはハーバート・フーヴァーであり、またある時はフランクリン・ルーズベルトである。しかし配置としての構造はひきつづいて存続する。

社会関係――社会関係の連続的な網の目が社会構造を構成しているのであるが――は個々人の偶然的な接合ではなくて、社会過程によって規定されている。そしてあらゆる関係は、その中で人々が他の人々との相互活動において行う行為が、規範、規則あるいは模範となる型によって統制されるという関係である。そこで社会構造内でのどのような社会関係においても、人々は、自分がこうした規範に従って行為するよう期待されていること、および他の人々も当然同じようにするはずであると期待してさしつかえないということを知っている。社会生活のある特定形態の行為について確立されている規範を指して通常、制度 (institution) という。制度は区別することのできる社会集団、あるいはクラスによって、そのようなものであると認められている行為についての確立された規範である。それ故に、これはその社会集団あるいはクラスの制度である。制度は社会関係や相互的活動の区別しうる型あるいは類を指している。たとえば、一つの地域的に限定された社会の中には、一人の男がその妻や子どもたちに対してふるまうよう期待されているやり方について、受け入れられている方式がある。それ故社会構造に対する制度の関係は二重である。一方では、この例におけるような家族という社会構造があり、そして家族を構成している関係に対して制度は規範を提供する。他方ではこの例の場合では地縁社会という集団があり、その集団の中で、規範は正当な行動を規定するものとして、一般的にそれが認められることによって確立される。制度は、制度という用語をもし社会が社会関係内の人々の相互的活動を秩序づけるものとして用いるとするならば、構造とこのような二重の関連——つまりその集団やクラスの制度であるといいうるような集団やクラスとの関連、およびその規範が適用される構造体系内での諸関係との関連——を持つことになる。社会体系の中では、王、その職務を遂行する際の判事、警官、家族の中の父、等々といった人々の行動の規範や、また社会生活内部で日常の接触を持ってくる人々に関連した行動の規範を作り上げている制度があるといえよう。

組織（organisation）という用語についても少し述べておいた方がよいだろう。この概念は、社会構造という概念と非常に密接な関連を持っているが、二つの用語を同義語として扱わないことが望ましい。英語の一般的慣例から離れないような都合のよい使用法では、社会構造は王と家臣の関係、あるいは夫と妻の関係といったような制度的に統制され、規定された関係における人々の配置であると定義し、組織という語を諸活動の配置をさすものとして用いることである。工場の組織は、その工場の全体的活動内における管理者、監督、職工などの諸種の活動の配置である。両親、子供、召使からなる家族世帯の構造は、制度的に統制されている。この世帯内のさまざまな成員の活動は、多分ある規則的な配置に従っているであろう。そして世帯の生活組織は、この意味では同一社会内の異なる家族の中では異なっているかもしれない。現代における陸軍の構造は第一に諸種の集団、すなわち連隊、師団、兵団などへの配列から成っており、第二に将官、大佐、少佐、伍長などという階級への配列から成っている。陸軍の組織は平時であろうと戦時であろうとその職にある人の活動の配置から成っている。一つの組織の中では、各人は役割（role）を有しているといってもよいかもしれない。それ故、もし我々が構造体系を取り扱っている場合には、我々は社会的地位の体系とかかわり合い、組織を取り扱う場合には役割の体系とかかわり合うといってもよいであろう。

社会的機能 (Social Function)

機能という用語は、種々の脈絡の中で、非常に数多くの違った意味を持っている。数学ではこの語は十八世紀にオイラーによって導入されたように、紙に記すことができる、たとえば「log. x」というような表現あるいはシンボルを指しているのであって、生理学のような科学において用いられている機能という用語とはまったく何の関係もない。生理学では機能という概念は、有機体の生命における構造や過程の継続的な関係を、我々が取り扱うことを可能にするものとして、基礎的な重要性を持っている。人体のような複雑な有機体は、器官、組織、分泌液の配置としての構造を持っている。単一の細胞から成っている有機体でさえも、分子の配合としての構造を有している。有機体はまた生命を有しており、その生命という語によって我々は一つの過程を指している。有機体の機能という概念は、有機体の構造とその有機体の生命の過程の間にある関連を指すものとして用いられる概念である。人体内でその生存中に進められている過程は有機体の構造に依存している。血液を体中に送り出すのは心臓の機能である。生体である一つの構造として、有機体の構造は、それが引きつづいて生存していくためには、全体としての生命の過程を作り上げている諸過程に依存している。もしも心臓がその機能を停止するならば、生命の過程も終了し、生体である構造としての構造も同じく終了する。こうして過程は構造に依存し、構造の継続性は過程に依存しているのである。

社会体系とまたそれを理論的に理解することに関連して、機能の概念を用いる一つの方法は、生理学における科学的な用法と同一である。社会構造と社会生活の過程の間における相関関係を指すのにこれを用いることができる。私が思うには比較社会学において有効なのは、機能という語をこのように使用することである。過程、構造、機能という三つの概念は、こうして、人間の社会体系を解釈する枠組としての一つの理論を構成するものである。この三つの概念は、論理的に相関している。何故ならば「機能」という語は過程と構造の関係を指すものとして用いられているからである。この理論は、社会生活の形態における継続性とともに、それらの形態における変化の過程にも適用することができるものなのである。

もしも我々が犯罪の処罰というような社会生活の一つの事項、あるいは換言すれば、ある種の行為に対して何らかの組織化された手続きによる刑罰的制裁を適用するというような事項を考え、その社会的機能は何かと問うならば、我々は比較社会学の基本的問題に立ち向ったことになる。そしてこのような問題に対して初めて貢献をしたのは、デュルケム（Durkheim）による、『社会的分業論』(*Division du Travail Social*)であった。宗教の社会的機能は何かと問うならば、非常に広範な一般的問題が立ちふさがってくる。この本の中の一章で指摘しておいたように、この問題の研究は、いくつかの限定された問題、たとえば、祖先崇拝がそれを行っている社会の中で、果している機能の問題というようなものを、数多く考察することが要求される。しかしこれらのより限定された探究においては、もしこれまで概略的に述べてきたこの理論が受け入れられるならば、社会生活の構造的特性とそれに相応する社会過程——双方とも一つの継続的体系に含まれているものとして——の間の関連についての吟味が手続きとしてとられなければならない。

この論文集の最初のものは、これらの理論的な考え方を例証するのに役立つかもしれない。この論文は姉妹の息子が彼の母の兄弟に対する行動において、特権的な親密さを許容されているという一つの制度を扱っている。この慣習はウィネバゴ(Winnebago)族その他の北アメリカ諸族や、フィジー、トンガ諸島民などの太平洋住民、およびアフリカのいくつかの部族において知られている。私自身がこの制度について観察したのは、トンガとフィジーにおいてであったが、この論文は南アフリカ聯邦（現在の南アフリカ共和国——訳者註）の聴衆に向けて講演されたため、南アフリカの一つの例に絞ることが望ましいように見えた。それに広範な比較を試みる議論は、もっとはるかに長いエッセーを必要としたことであったろう。太平洋においてもアフリカにおいても、この制度を取り扱うありきたりの方法は、それは以前の母権状態が父系社会の中に残存したものであるというような疑似歴史的解釈を提起することであった。

この制度を取り扱うもう一つ別の方法は、ある種の親族体系——その中ではこの制度はそれとわかるような機能を有している——の一部としてこの制度を理論的に理解することを追求することである。我々はまだ親族体系の組織的な一般的類型学を持っているわけではない。このようなものを構成するのは骨の折れる仕事であるからである。私は類型を決定するこうした試みについての部分的なまた暫定的結果を、最近出版された『親族と婚姻のアフリカ的体系』（*African Systems of Kinship and Marriage*）という書物の序文の中で指示しておいた。親族体系の著しい多様性の中で、我々はいわゆる父権ともう一つ母権の型を区別することができると思う。これら両型とも、リネージ（九六頁参照——訳者註）関係を極度に強調するような親族構造に基盤をおいている。母権ではリネージは母系的であり、子供は母のリネージに属する。実際上ある男のすべての法的関係は、彼の母系的リネージおよびその成員との関係であり、それ故に彼は母の兄弟に主として依存する。そして母の兄弟は彼に対して権威と支配を行使し、彼は母の兄弟に保護と財産の譲渡をあてにするのである。他方父権においては、男は主として彼の父系リネージに依存しており、それ故に彼の父および父の兄弟に依存する。父や父の兄弟は彼に対し権威と支配を行使し、一方、彼が保護と財産の譲渡をあてにしなければならないのは彼らである。父権は古代ローマの父権制（patria potestas）に代表されており、多かれ少なかれこうした型によく似た体系は、アフリカやその他に見出されるはずである。我々は南アフリカのトンガ（Thonga）族をこれに近いものと考えてもよいだろう。母権はマラバールのナヤール（Nayar）やインドネシアのミナンカバウ（Menangkubau）の体系で代表されており、この型に近い体系は他にもある。

母の兄弟についての論文の要点は、疑似歴史的な説明と、もう一つの解釈、すなわちその制度はある構造の型を伴った親族体系内では、機能を持つものであると考えるような解釈とを対照させることであるといえるかもしれない。もし三十年後にこの論文を書き直すとしたならば、私は当然修正し拡大するに違いない。しかしこの論文が人類学の思考上の発展に関連して、わずかながらもある歴史的な興味をひくものであるかもしれないという示唆を私は受けたので、それ故にこの論文はごくわずかな変更のほかはほぼ以前に書かれたままで再録されている。

この本が興味をひくかもしれないものを持っているとすればそれは、多分一つの理論——理論という語はここでは一連の現象を理解するのに応用しうると考えられている解釈の枠組として用いられており、その意味での——の展開としてであろう。この理論は「過程」「構造」「機能」という三つの基礎的な関連を持つ概念によって記述することができる。この理論はモンテスキュー、コント、スペンサーのような先人に由来し、それ故二百年におよぶ文化的伝統に属している。この序文は、ここに再録された初期の論文で使用された方法とは異なって使われている、ある種の用語についての改訂も含んでいる。たとえば二十年、あるいはそれ以上も前に書かれたもっとも早い時期の論文では、「文化」という語は、当時受け入れられていた意味に従って、ある地域的に限定された特定の社会集団の、思考様式をも含む生活様式についての一般的用語として用いられているのである。

第一章　南アフリカにおける母の兄弟[原註1]

世界諸地域に住む未開民族の中では、姉妹の息子とその母の兄弟（男とその母方のおじ―訳者註）という関係に非常な重要性が置かれている。ある例では、姉妹の息子は彼の母の兄弟の財産に関して、ある特別な権利を持っている。一時期これらの慣習は母権的制度と関連づけて考えられるのが普通であり、そして父系的民族の中にこの慣習がある場合には、その民族がかつてある時期母系的であった証拠であるとみなされると主張された。こうした見解は今なお二、三の人類学者たちに支持されており、ジュノー（Junod）もポルトガル領東アフリカのトンガ族（Thonga）についての彼の著書の中で採用している。母の兄弟と姉妹の息子相互間の行動に関する慣習に言及して、彼は次のように述べている。

このトンガ体系のもっとも奇妙な特徴について私は特別注意を払って調べてきたが、その結果、考えられる唯一の説明は、以前それも非常に遠い昔に、この部族は母権的段階を通過してきたという結論に到達した。（Junod, *The Life of a South African Tribe*, 1913, Vol. 1, p.253.）

この論文で取り扱いたいと考えているのはこの理論についてである。しかし私はこの論文に対して近年何人かの批評家たちが提起した反対意見を繰り返したり、付加えたりするつもりはない。単に反対するだけの批判では科学は進歩しない。不満足な仮説を取り除く唯一の満足な方法は、よりよい仮説を見出すことである。そこで私はここでそれに代る別の仮説を出そうと思う。そしてもし私がその仮説を証明するということではなくて、その仮説がこうした事実を説明する可能性があることを示すことで成功するならば、少くともジュノーが採った説明こそ「唯一の可能な」ものであるとした彼の見解に反駁したことになるだろう。

多くのアフリカの部族に関しては、この種の慣習についてほとんど何の情報もない。それはこうした慣習がないとか、住民自身にとって、重要でないとかということではなく、この地域の原住民についての体系的な科学的な研究が、まだやっと始まったばかりだからである。それ故私はジュノーによって記録されたトンガ族のこの慣習を主として参照しなければならない。これは先に引用した彼の著書の第一巻に見られる（二二五頁以下、二五三頁以下）。それらの中でいくつかの重要なものは、次のように要約できるであろう。

1 おいは、その一生を通じておじ（母の兄弟）から特別の配慮を受ける対象となる。
2 おいが病気の時、母の兄弟は彼のために犠牲を捧げる。
3 おいはおじに非常になれなれしくすることが許されている。たとえば彼はおじの家に行き、おじの食事のために整えられた食物を食べてもさしつかえない。
4 おいは母の兄弟が死んだ時、その財産の一部を要求する。また時にはその未亡人の一人を求めたりするかもしれない。
5 母の兄弟が彼の祖先に犠牲を捧げる時、おいは神に供えられた肉や飲物の一部を盗んだり、食べてしまったりする。

このような慣習がトンガ族にだけ限られた独特のものであると考えてはならない。他のアフリカ諸族にも似たような慣習が見出されそうな証拠があるし、世界のさまざまな地域に住む他の諸民族の中には同様な慣習が存在することが知られている。南アフリカでは、ナマ・ホッテントット（Nama Hottentots）族の中で、すでにヘーンリ（Hoernle）が、この種の慣習を発見していた。姉妹の息子は彼の母の兄弟に対して非常に自由にふるまってよい。彼はおじの家畜の群の中からとくにすばらしい動物のどれをもらってもよいし、またおじの持物の中からとくにすばらしい物をどれでも取ってよい。反対に母の兄弟がおいの家畜の群からとってよいものは、不具になったり、年老いた動物のどれかであり、おいの持物の中からは古くなってぼろぼろになったような物である。

私がとくに興味を持ったのは、ポリネシアの私が一番よく知っている地域――フレンドリー諸島（トンガTonga）（以下アフリカのトンガ族とまぎらわしいので、ポリネシアの場合はトンガ島民と訳す――訳者註）とフイジー（Fiji）――で、トンガ族のそれときわめてよく似た慣習が見出されることである。ここでも、姉妹の息子は母の兄弟に対してなれなれしくしたり彼が欲しければおじの財産の中から何でも取ることが許されている。そしておじが犠牲を捧げる時、姉妹の息子は神々に供えられた供物の一部を持ち去る。おいはそれを食べてもよい。そこで私はこの論文を進めていく上で、折々トンガ島民の慣習も引合いに出そうと思う。

これら三部族、つまり、トンガ族、ナマ族、トンガ島民は、父系的な、もしくは父権的な制度を有している。つまり子供たちは母の社会集団ではなく父のそれに属する。財産は通常父から息子へという男系の線で相続される。私が今反対している見解は、母の兄弟に関する慣習は、これらの諸部族が、かつてある時代に母系的制度を有していたということを想定することによってのみ説明できるとする見解である。母系的制度とは、今日別の未開民族に見出されるもので、子供は母の社会集団に属し、財産は男から彼の兄弟や彼の姉妹の娘へ伝えられ、女系の線をたどって相続されるのである。

社会のさまざまな制度を、それらが共存し、相互に関連を持っているかもしれない他の制度から切りはなし、それぞれ孤立させて研究しても理解できるのだと考えているとすればそれは誤りである。そこで母の兄弟に関する慣習と、父の姉妹に関する慣習との間にあるようにみえる相関関係について、注意していただきたい。今ある材料に関する限り、母の兄弟が重要な所では、方法は異なるが、父の姉妹も同じく重要となっている。姉妹の息子が母の兄弟に気ままにふるまうことを許している慣習は、一般に父の姉妹に対する特別な尊敬や服従の義務を伴っているようにみえる。ジュノーはトンガ族の父の姉妹については、わずかしか述べていない。この親族（彼のララナrarana）について彼は簡単にこういっている。「彼は彼女に多大の尊敬を払う。しかし何れにしても彼女は母親（ママナmamana）ではない」(前掲書二二三頁)。ナマ・ホッテントット族に関しては、もう少しよい材料があり、そこでは父の姉妹は、彼女の兄弟の子供から最高の尊敬を払われる対象となっている。トンガ諸島では、この慣習は非常に明確に規定されている。男が尊敬し、服従しなければならないのは、誰にもまして彼の父の姉妹である。もし彼女がおいのために妻を選ぶならば、彼は敢えて反対したり、異議をさしはさんだりすることなく、その相手と結婚せねばならない。そしてそれは彼の一生を通じて続く。父の姉妹は彼にとって尊ぶべき人であり、彼女の言は彼の法である。そして彼がもし罪を犯すとすれば、その最高の罪の一つは、彼女を尊敬していないことを表わすことであろう。

さてこの相関関係は（もちろんこれは今まで述べてきた三つの例に限定されるのではなくて、私がすでに述べたように一般的なものだと思われるのであるが）、母の兄弟に関する慣習についてのどのような説明の際にも、顧慮しなければならない。何故ならば、もし私が正しければ、相互に関連した慣習は、それぞれ単独の制度としてあるのではなく、一つの体系の部分となっているからである。そしてその体系の一部分についての説明は、それがその全体としての体系の分析に適合していない限りは、満足なものではない。

大部分の未開社会では、個々人の社会関係は、親族を基盤として著しく規制されている。これは識別される関係の種類それぞれに対して、一定の多かれ少なかれはっきりした行動様式を形づくることによって、作り上げられている。たとえば息子が父に対する特別な行動様式があるし、弟が兄に対するまた別の行動様式がある。この個々の様式は社会によって異なるが、すべての社会に、あるいはある型をもった社会すべてに現われている、ある基本的な原則あるいは傾向といったようなものがある。社会人類学の特別な任務となっているのは、こうした一般的傾向を発見し説明することなのである。

もし我々がかなり遠縁の関係までたどり始めるならば、論理上区別することが可能な親族の種類の数は、尨大なものになる。この面倒さを未開社会では、類別体系をとることによって回避している。つまりそれによって論理的には別々の種類に属すると考えられるような親族が、限定された数の種類に分類されるのである。未開社会でごく普通に行われている類別原理は、兄弟同等という原理であるといってもよいだろう。いいかえれば、もし私がある男と特別の関係に立つならば、私は彼の兄弟とも同じ一般的な関係に立つことになると考える。これは女性とその姉妹についても同様である。こうして父の兄弟は一種の父として考えられるようになり、それ故に彼の息子は自己の兄弟と同種の親族となる。同様に母の姉妹はもう一人の母と考えられ、彼女の子供たちはそれ故に自己の兄弟姉妹である。この体系は南アフリカのバンツー（Bantu）諸族、ナマ・ホッテントット族、およびトンガ島民にも見出されるものである。この原理によって、未開社会はある種のおじ、おば、いとこに対しては明確な行動様式をとることができる。父の兄弟に対する行動は、自分自身の父に対する行動と同種の一般的なものでなければならないし、母の姉妹に対しては、母に対すると同じ行動様式に従って対さなければならない。父の兄弟および母の姉妹の子供たちには、自分の兄弟姉妹と全く同じような方法で接しなければならない。

とはいえ、この原則は母の兄弟あるいは父の姉妹に対する何らかの行動の様式を直ちに導き出してくれるというわけではない。もちろん母の兄弟を父であるかのごとく、また父の姉妹を母に類似した人として取り扱うこともできるだろう。そしてこうしたやり方も二、三の社会では行われてきたようにみえる。このような傾向はアフリカのある地域やポリネシアのある地方で発見されている。しかしこれは親族名称の類別的体系がまだ十分に発展していないか、あるいはすでに部分的に消滅してしまったかのいずれかであるような社会に特徴的である。

親族名称の類別的体系が最高に発展した、あるいは精密化されているところでは、別の傾向が現われてきている。この傾向とは、母の兄弟を男である一種の母親(male mother 男の性をもった母親、いいかえれば母のような男——訳者註)父の姉妹を女である一種の父親(female father)と考えることによって、両者に対する行動様式を発達させるという傾向である。この傾向は時には言語の中に現われている。たとえば南アフリカでは、母の兄弟に対する普通の用語はマルメ(malume)あるいはウマルメ(umalume)で、これは「母」—マ(ma)—という語幹、および「男性の」を意味する接尾辞から作り上げられている合成語である。トンガ族では、父の姉妹はラナとよばれており、ジュノーはそれを「女である父親」を意味するものとして説明している。南アフリカのある種の言語では、父の姉妹に対して特別な用語はない。たとえばホサ(Xosa)族では、彼女はウダデ・ボ・バウォ(udade bo bawo)、文字通りに「父の姉妹」という記述的用語で表わされている。ズル(Zulu)族では、父の姉妹は同様な記述的用語によって指示されるかもしれないし、あるいはちょうど父の兄弟と同じく、ただウババ(ubaba)、すなわちお父さんとよびかけられるかもしれない。トンガ諸島では、母の兄弟はトゥアシナ(tuasina)という特別の用語によって表わされるかもしれないし、あるいはファエ・タガタ(fa'e tangata)、文字通りには「男である母親」とよばれるかもしれない。南アフリカとポリネシアにみられるこのような類似が偶発的なものであると考えることはできないように思われる。しかもポリネシア語とバンツー語の間には何の関連もありそうにない。また二つの地域が、母の兄弟を「男である母親」を意味する用語によってよびかける慣習を、両者のうちのどちらか一方からか、あるいは別の一つの共通の起源地から採り入れたのだと考えることは非常に難かしいと思う。

さてそこで私が存在すると示唆してきた原理ないしは傾向を基礎として、父系社会における母の兄弟および父の姉妹に対する行動様式として当然そうあるべきであるものが、演繹できるかどうか眺めてみよう。それをするに当って父と母それぞれに対する行動様式をまず知らねばならない。そしても し私がジュノーの研究を、これら行動様式についての定義に役立てるなら、よりいっそう力づけられることになるだろう。何故なら彼の観察は、私がここで立証しようとしている仮説から、影響を受けてはいなかったことは確かであろうから。

父親との関係について彼は次のように述べている。「尊敬と同時に畏怖さえも含んでいる。父はその子供たちの世話をあまりすることはないが、しかし子供たちの訓育者であり、彼らを叱ったり罰したりする人である。そして父の兄弟も同様のことをする」(前掲書、二二二頁)。自己の母親については、「彼女は真のママナである。この関係は愛情と尊敬の入りまじった、非常に深くやさしいものである。しかし一般には尊敬よりも愛情の方が勝っている」(前掲書、二二四頁)。また子供に対する母の関係については、「彼女は一般に子供たちに弱く、しばしば子供たちを甘やかしすぎると父親から非難されている」とある。

要約して公式化することには危険が伴なうが、我々が南アフリカでみてきたような強度に父権的な社会にあっては、父は尊敬され、服従しなければならぬ人であり、母は慈愛と甘えを期待しうる人であるといってもそんなに間違いではないだろうと思う。もし必要とあらば、私はトンガ島民の家族生活でも同じことがあてはまるのを示すこともできよう。

ところでこれらの部族の中で作用していると私が示唆してきた原理を応用してみると、父の姉妹には服従し、敬意を払わなければならないが、母の兄弟からは甘えと世話をやいてもらうことが期待できるということになるだろう。しかしこのことはもう一つの要因によって複雑になってくる。我々がおいとそのおじ、およびおばの関係を考察する場合、ここに性という問題が浮び上ってくる。未開社会では、男が男に対する態度と女に対する態度の間には、著しい差異がある。公式化の危険をもう一度おかすならば、トンガ族のような社会では、相当な程度の親しさは一般に同性の人々の間にのみ許容されているといってよいだろう。男は彼の女性親族に対しては、男性親族に対するよりも多くの敬意を払って接しなければならない。その結果として、おいは父の姉妹に対しては、父に対する以上のよりいっそうの敬意を払って接しなければならない(同じように、年令尊重すなわち年長制の原理に基づいて、父の兄には父自身より多く尊敬をもって対さねばならない)。反対に同性である母の兄弟に対しては、男は彼自身の母をはじめ、どんな女性にも許されないであろうような程度の気安さで接することができる。親族行動における性の影響は兄弟と姉妹の関係にもっともよく現われている。トンガ諸島やナマ族では、男は彼の姉妹とりわけ長姉に著しい尊敬を払わなければならないのであって、彼女に対して決して慣れ慣れしく甘えてはならない。同じことは南アフリカのバンツーでもあてはまると私は思っている。多くの未開社会では父の姉妹と自己の姉とは、同種の一般的行動の対象となっており、ある社会では、この二種の親族はともに分類され、同一の名称で表わされている。

我々は仮定した原則から、父の姉妹と母の兄弟のある行動様式を演繹してきた。そしてこれらの行動様式こそまさに我々がトンガ族、ホッテントット族、およびトンガ島民の中で見出したものなのである。父の姉妹は誰にもまして尊敬され、服従されるべき人である。母の兄弟は誰にもまして、甘えることを期待し、気安く慣れ慣れしくしてもよい親族である。そこで、ここに母の兄弟に関する慣習のもう一つの「可能な説明」が出てきた。そしてこの説明は父の姉妹についての相互に関連する慣習をも説明していることがジュノーの理論よりも有利な点である。しかしこの説明で終りというわけではなく、これは我々の探究の初まりとなるのである。仮説を発明するのはやさしい。重要で困難な作業は、我々がその仮説を立証しようとした時から始まるのである。この限られた短かい時間内に、私があなた方の前に提示した仮説を何とかして立証しようとすることは不可能であろう。私ができるすべての事柄は、そうした立証をするために役立つであろうと思われる研究のある方向を指し示すことである。

それをするに当って、最初のまたもっとも明瞭な事柄は、母権社会の中で姉妹の息子と母の兄弟相互の行動を詳細に研究することである。不幸なことに、実際のところアフリカ関係ではこの問題について何の情報もない。また世界の他の地域でもごくわずかしかない。さらに、母権社会と父権社会に分類することに関してある間違った考え方があるので、我々が先へ進もうとするならそれ以前にその考え方を取り除く必要がある。

未開であろうと先進であろうと、あらゆる社会で、親族は必然的に双系的である。個人は父を通じてある人々と、また母を通じてある人々と関係づけられている。そしてその社会の親族体系は、その父方親族と母方親族それぞれに対する態度の性質というべきものを決定している。しかし社会はいくつかの分節集団（地縁集団、リネージ、クランその他―九六頁参照――訳者註）に、分かれる傾向があり、その分節集団の成員性を決定する手段として、もっとも多くの場合そうであるように世襲的な原理が受け入れられるようになると、母方の出自か父方の出自を選択する必要が出てくる。子供たちが父の集団に属する規則をもった集団に社会が分割された場合、父系出自となり、一方もし子供たちが常に母の集団に属するならば出自は母系的となる。

不幸なことに、母権的、父権的という用語の使用は非常にいい加減であり、そのために多くの人類学者はこの語を用いようとしない。もし我々がその語を使用するというのなら、最初に正確な定義づけをしなくてはならない。出自が父系的（すなわち子供たちが父の集団に属する）、結婚が父方居住（すなわち妻が夫の地縁集団に移動してくる）、（財産の）相続や（地位の）継承が男系をたどり、家族が家父長的（家族成員に対する権威が父もしくは父の親族の手中にある）である場合、その社会は父権的といえるだろう。反対に、出自、相続、継承が女系をたどり、結婚が母方居住婚（夫が妻の家に移る）であって、子供たちに対する権威が母の親族の手にあるような場合、その社会は母権的だとよぶことができよう。

これら対立する二用語の定義づけが受け入れられるならば、未開社会の大多数は父権的でも母権的でもないということが直ちに明白になってくる。ある社会は一方により傾斜し、あるものは別の面に傾いてはいるかもしれないが。たとえばもし我々が東部オーストラリアの時として母権的であるとされる諸族を吟味してみると、結婚は父方居住婚的であるので、地縁集団の成員性は男系の線をたどって相続されており、また子供たちに対する権威は主として父および彼の兄弟の手中にあり、財産（それは余りないのであるが）は大部分、男系線上で相続されるということに気がつく。ただ地位は認められていないので、継承の問題は生じない。唯一の母系的制度は、母を通して受けつがれるトーテム集団の出自である。そこでこれらの部族は母権的であることからははるかに遠く、むしろ父権的な面に傾いている。彼らの親族は完全に双系的であるが、しかし大部分の目的では父を通じた親族が母を通じた親族よりもより重要となっている。たとえば死者の仇を討つ義務は、女系をたどる親族よりも男系をたどる親族に課せられるというような証拠がある。

我々はこの双系主義——もしそうよんでよいのならば——の興味ある事例を、南アフリカのオヴァ・ヘレロ（OvaHerero）族に見出す。その事実はあまり確かではないが、この部族は相互に交差する二組の分節集団に分かれているようにみえる。一組（omaanda）では出自は母系的であり、一方他の組（otuzo）では父系的である。子供は母のエアンダ（eanda）に属し、母の兄弟から家畜を相続する。一方父のオルゾ（oruzo）に属して父の祖先霊を相続する。子供に対する権威は、父および父の兄弟姉妹の手中にあるようである。

母権社会と父権社会の区別が絶対的なものではなく、相対的なものだということが今や明らかになってきたことと思う。たとえもっとも強固な父権社会においてすら、何らかの社会的重要性が母を通じた親族に付せられており、同様にもっとも強固な母権社会ですらも、父および父の親戚は個人の生活の上で常にある重要性を持っている。

アフリカの南東部に住む一群の部族は強く家父長制に傾いており、事実多分それらを父権的というのは正しいだろうと思われる。社会集団の出自、財産の相続、首長職の継承などこうしたものはすべて男子の線をたどる。結婚は父方居住婚的であり、家族内の権威は著しく家父長的である。アフリカ北部やケニヤおよびそれを取りまく地域に強固に父権的な別の一群の諸族がある。それらのあるものはバンツー語族であり、一方他のものはニロト語族あるいはハム語族である。これら二つの父権的な地域の間にはさまれて、ニヤサランド(現マラウイ——訳者註)や北ローデシアの平原地帯に、アフリカを東から西へ真直に横切って伸びているようにみえる一連の人々がおり、それらは母権制の傾向を示している。つまり社会集団の出自、財産の相続、王権・首長職の継承は女の系統をたどっている。部族によっては、結婚は永久にというわけではないにしても、一時的に母方居住婚、つまり結婚に際して男が妻の家族のもとへ行きそこで住まなければならないという形式をとっている。

もし我々がこの論文の主題のような事柄を理解するということになるならば、さし迫って必要となるのは、こうした人々およびその慣習についての情報である。この地域の一部族についてはスミス(Smith)とデール(Dale)の研究(*The Ila-speaking People of Northern Rhodesia*, 1920)にかなり十分な記述がある。しかし残念ながら私が今取り扱っている点そのものについては、資料が乏しく、またたしかに非常に不完全である。とはいえ私が明らかにしたいと思う二つの点がある。一つは母の兄弟が姉妹の息子に対する行動についてである。「母の兄弟はとくに重要な人物であり、彼のおいやめいに対しては生殺与奪の権さえも持っている。そのような権利は両親でさえ持っていない。おじは父親以上に尊敬されている。これはおじ権(avunculi potestas)であり、イラ族では父権(patria potestas)より重んじられている。母の兄弟についていえば、はなはだしく尊敬されている人々に対して用いられる尊称が用いられるのが常である」(前掲書、第一巻二三〇頁)。母の兄弟と姉妹の息子の間にある関係の本質は、明らかに強度に母権的な社会ではそうであろうと我々が期待したところのものである。しかしそれでは、ジュノーの理論では、こういった関係から、現在トンガ族に存するような関係へ変ったに違いない変化をどのように説明できるのだろうか。

これからもう一つの問題が生じてくる。この点については詳細に論じることはできないが、この議論には大切な関連があるものである。我々はこれまで姉妹の息子と母の兄弟についての関係について考えてきた。しかしもし我々が直に最終的な説明に到達しようというのであるならば、それ以外の母方親族や母の集団全体に対する行動も研究しなければならないであろう。トンガ諸島では、姉妹の息子と母の兄弟との間の独特な関係は娘の息子と彼の母の父(すなわち男と母方祖父——訳者註)の間にも存在する。祖父は娘の息子に敬意を払わなければならない。娘の息子は祖父の「主人」である。彼は祖父の財産をとってもよいし、カヴァ(こしょう科の植物の根からとった飲料——訳者註)の儀式の際、祖父が神々に捧げた供物を持ち去ってもよい。母の父と母の兄弟は非常によく似た行動様式の対象となっていて、顕著な特徴は一方で甘え、他方では慣れ慣れしさが許容されていることである。トンガ族の中でも同じようなことがあるという証拠があるが、我々が必要とする十分な材料はまたしても欠けている。ジュノーは祖父は「息子方の孫よりも娘方の孫にいっそう寛大である」と書いている(前掲書、二二七頁)。この点に関して、母の兄弟をコクワナ(kokwana 祖父)とよぶ慣習には意味がある。

さてジュノーの理論では説明不可能に思われるような何かがある。強固な母権社会では、母の父は孫とは同一の集団には属さない。また財産を譲り渡す人でも、権威を行使する人でもない。母の兄弟に許容された慣れ慣れしさを説明するに当って、それがまたポリネシアや、おそらくは南アフリカでみられるような母の父に対する同じような慣れ慣れしさをも説明するものでなければ、満足なものとはなりえない。ジュノーの理論は明らかに説明してはいない。また説明できるはずがないのである。

しかし私が進めてきた仮説では、事柄はごく簡単である。未開社会では、彼なり彼女なりが属する集団に個人が組みこまれてしまう傾向がきわめて顕著である。この結果親族関係では、一つの集団の全成員に対してある型の行動——その行動はもともとはその集団中の一人の特定成員との関係に源を持つものであるが——が拡大する傾向がある。こうしてトンガ族ではこの傾向は母に対する息子の行動の中に現われる特別な型から発した一定の行動様式を、母の集団（家族とかリネージ）の全成員にまで拡大させているようにみえる。息子は母に世話をやいてもらい甘えることを期待しているので、彼は同様な取り扱いを、母の集団の人々、すなわち母方の親族すべてに期待しているのである。一方彼が服従と尊敬をしなければならないのは父方の親族である。こうして父と母の関係から生じる型は、双方の親族にまで一般化され拡大されるのである。もし時間があるなら、まさにこれが南アフリカの父権的諸族の中で、個人と母方親族との関係を支配している原理であるということを確実に示すことができたであろうが。しかしこれを実証するのは別の機会にゆずらねばならない。そして今は私のいっていることを例をあげて説明することしかできない。

しばしば購売婚と誤まってよばれ、一般に南アフリカでロボラ（lobola）として知られている慣習は、ジュノーが適切に説明しているように、娘が結婚によって他家へ移る際に、彼女を失なうことへの埋め合せとして娘の家族に渡される支払いである。南アフリカの父権的諸族では、女性は父の集団に属するのであるから、この代償は彼らに支払われねばならない。しかし多くの部族では、この「結婚の際の支払い」の一部は、娘（支払いを受ける本人）の母の兄弟にも渡されることが知られている。

たとえばペディ（Pedi）族では、レニャロ（lenyalo）の家畜の中から一頭（ロホhlohoとよばれる）を娘の母の兄弟に渡している。ソト（Sotho）族では、結婚に際して娘とひきかえに受け取った家畜の一部は、時には娘の母の兄弟が持っていくかもしれないが、これはディツォア（ditsoa）として知られている。人々は、母の兄弟が受けとるディツォアは、実は姉妹の子供たちのために、彼が保有しておくのだと説明している。もし姉妹の娘や息子の一人が病気になったとすると、彼は自分の祖先霊に供犠を捧げるよう求められるかもしれない。その時彼はディツォアの中から一頭を出して用いるのである。同じく姉妹の息子が妻を迎えたいと思う場合、母の兄弟はそのために必要な家畜をととのえる手助けをするよう頼まれるかもしれない。そんな時彼は姉妹の結婚の際に受け取ったディツォア家畜の一部をおいに渡すだろう。あるいは彼は遠からず、めいの結婚で受け取ることになっているディツォア家畜で埋め合せができることを考えて、自分自身の畜群の中からおいに家畜を与えるかもしれない。アフリカ人上告裁判所が、母の兄弟に対するディツォアの支払いは任意的なものであり、法的義務とみなすことはできないとたしか決定したようであるが、その判決に私は同意する。私がこの慣習を引用したのは、この慣習は母の兄弟が、姉妹の息子を支援し、その安泰に気を配るということで、彼に対して持つよう期待されている関心の種類をよく例示しているからである。これはおいが病気になった時、母の兄弟が何故供犠を捧げるように求められるのかという問題に我々をひきもどすのである。

南東アフリカでは、祖先崇拝は父系的、つまり、人は男系の線で、死亡した親族の霊を崇拝したり、犠牲を捧げるのに参与している。トンガ族についてのジュノーの記述はあまりはっきりしていない。ジュノーは、ある所では、各家族は父方と母方の二組の神々を持っており、それらは威厳の点で同等であり、両方とも加護を求めることができる（前掲書二巻、三四九頁、および一巻、二五六頁の

註）と記している。しかし別の所では、母方の家族の神々に供物を捧げなければならない時には、母方の親族マルメ（malume）を通じてでなければならないと述べている（前掲書、二巻、三六七頁）。別の章節ではこのことを確認し、そして祖先霊にはどんな儀礼の場合でも、男系の子孫たちだけが直接に近づくことができることを我々に示している。

トランスカイ（Transkei）の住民は、私にはっきりと次のように語った。ある人の母方の神々、つまり彼の母の父系の祖先は、病気にさせるような形で、彼を超自然的に罰するようなことは決してないという（ソト諸族についてはそれほどたしかに知っているというわけではないが、彼らもほぼ似たような見解を持っていると思う）。一方、既婚の女性は、彼女の父系リネージの祖先霊から保護を受けることができ、また幼い子供たちも彼女に依存している間は、その加護を受けることができる。というのは、子供たちは青年期になって初めて、父のリネージに完全に組みこまれるからである。トランスカイでは、女性は結婚する時、父からウブルンガ（ubulunga）とよばれる牝牛一頭を与えられることになっている。この牝牛は彼女のリネージの畜群中の一頭であり、彼女はこれを婚家に持参する。結婚生活の初期には、妻は夫の家畜からしぼった牛乳を飲んではいけないので、自分のリネージから持ってきたこの牝牛からとった牛乳でまかなうのである。この牝牛は彼女自身と彼女のリネージ、そのリネージの持つ畜群、またリネージの神々とを結ぶ絆を構成しているのである。何故なら畜群は現在生きているリネージの人々と祖先霊とを結ぶ有形的な絆であるからである。もし妻が病気になれば、彼女はこの牝牛の尾からとった毛で自分のためにネックレースを作り、自分のリネージの神神の加護の下に身を置くことができる。さらにもし幼ない子供たちの一人が病気になっても、彼女は同じようなネックレースを作るのであって、このネックレースはその子供に加護を与えてくれると信じられている。彼女の息子が成長した時、彼は父の畜群から雄牛のウブルンガをもらうことになっており、以後彼は護符を作る場合はこの動物の尾から作るのである。同様に娘は結婚に際して母から切りはなされ、父から牝牛のウブルンガをもらうことになるだろう。

私の得た情報では、母方の祖先はその子孫を病気などで罰することはなく、この祖先に対して援助を祈願することができるということである。そこで子供が病気になった時、両親は子供の母の兄弟（子供の母方のおじ——訳者註）のもとに行き、犠牲を供え、子供の母方の祖先に援助を求める祈願をしてもらうよう依頼するかもしれない。ともかくこれはソト族では実際に行われていると述べられており、結婚に際して結婚代償の中から花嫁の母の兄弟に渡されるディツォア家畜の一つの目的は、こうした犠牲がもし必要となった場合、それに備えておくためであるといわれる。

以上のことは、母の兄弟に関する慣習の基盤として私が示唆してきた原理を、最終的に拡大することになる。家族集団およびその社会生活の本質から、家族の中で発展した母に対する行動様式は、適当に修正を加えられながら、母の姉妹や母の兄弟に拡大する。そしてさらに母方の親族集団全員、そして遂には母方の神々、すなわち母方集団の祖先たちにまで拡大していく。同様に父に対する行動様式は、父の兄弟姉妹、および父方集団の全員（あるいは、年令の原理が重要な変更を必然的に加えているので、むしろ父方集団の年長の成員全員にといった方がよいかもしれない）、そして最後には父方の神々にまで拡大されるのである。

父とその親族は服従と尊敬（語の本来の意味で、崇拝さえ）を受けなければならない。そこでそれ故に父方の祖先もそうでなければならない。一方、母親は子供にやさしく甘いのであって、彼女の親族や母方の霊もそうであることが期待されているのである。

かつて別の機会(アンダマン島民 *The Andaman Islanders* 第五章)に、私が証明しようとした非常に重要な原理は、未開社会に存在する社会的価値は、儀式的あるいは儀礼的慣習の中で表現されることによって、保持されているというものであった。そこで我々がここで取り扱っている、個人とその父方母方双方の親族との関係の中に現われている一連の価値もまた、それ相当の儀礼的表現を有しているに違いない。この問題はここで十分に検討するにしては余りに大きすぎるので、私はその一点だけを論じてみたい。トンガ族や西ポリネシア(フィジー、トンガ諸島)では、姉妹の息子(トンガ島民では娘の息子も)が、供犠の儀礼に介入してくる。ジュノーは死者の小舎を取りこわす儀礼で、バツクル(**batukulu** 姉妹の子供)が大切な役割をつとめることを次のように記述している。バツクルは犠牲となる動物を殺し、それを分配する。また祭をとり行う司祭者が死者の霊に祈りを捧げている時に、ややあってからそれを邪魔する、つまり祈りを「中断」させ、終らせてしまうのは姉妹の息子である。トンガ族のクランでは、姉妹の息子は死者の霊に捧げられた犠牲の一部を奪い取って逃げ去る、つまり「盗む」のである(前掲書一巻、一六二頁)。

こうした事柄の意味は、姉妹の息子と母の兄弟との間にある特別な関係を儀礼的に表現したものではないかと私は思う。おじが生きている間は、おいは彼の村に行き食物を持って来る。そして今やおじが死んだのだから、おいは葬送儀礼の一部として、またもやきてそれを行う。そしていわばこれが最後であるから、彼らはそこにきて死者のためにとっておかれてある肉や飲物を盗むのである。

これと同じ説明が、南アフリカのバンツー諸族やトンガ諸島ならびにフィジーにおいて、姉妹の息子が供犠の儀礼あるいはその他の儀礼で果している役割にも通用するだろうと私は思う。人は父を恐れるので、父方親族も恐れうやまう。しかし母の兄弟を恐れることはないので、母方の祖先に対しては不遜にふるまってもさしつかえない。実際、ある場合には、個人とその母方親族との間の特別な社会関係を儀礼的に表現する——私が理解する儀礼の機能に従って——ために、そうふるまうように慣習によって要求されているのである。

私が今進めつつある仮説を、それに含まれている仮定と、その持っている意味の重要さの幾分かを交えて、最終的に要約するならば、多分理解の一助になるであろう。

1　未開とよばれているこれら社会の大部分においては、個々人相互間の行為が、親族に基づいて著しく規制されるという特徴がある。これは識別される親族関係の種類おのおのに対して、固定した行動様式を公式化することによってもたらされている。

2　これは時として社会の分節組織、すなわち社会全体が、いくつかの分節集団（リネージとかクラン）に分割されているという状態と結びついている。

3　親族は常にまた必ず双系的であり、無系的（cognatic）であるが、分節組織は単系原理をとることを要求するので、父系制か母系制のどちらかを選択することになる。

4　父系社会のある型では、姉妹の息子と母の兄弟の間の特別な行動様式は、それ自体狭義の家族内での社会生活から産み出された、母と子の行動様式に由来している。

5　同種の行動は、母方親族の全員、すなわち、母の兄弟が属している母方の家族全体あるいは集団全体にまで拡大される傾向がある。[原註2]

6　父系的祖先崇拝をもつ社会（トンガ族やトンガ島民のような）では、同様な型の行動が母方家族の神々にまでも拡張されるかもしれない。

7　母方親族（生者も死者も含めて）あるいは母方集団、その神々、およびその聖なる物に対する特別な行動は、はっきりと定められた儀礼的慣習の中で表現されている。他の場合と同じくここでも儀礼の機能は、それに含まれている義務や感情によって、ある行動の型を固定化させ恒久化することにあるのである。

最後に一言、私がこの会合に寄せる講演としてこの問題を選んだのは、理論的な関心からばかりではなく、実際上の興味からでもあったということを指摘しておこう。たとえば、アフリカ人上告裁判所が、花嫁の母の兄弟に対するディツォア家畜の支払いは法的なものではなく、ただ道徳的な義務にすぎないと判決したことは、本当に正しかったかどうかという疑問がある。私が考えをまとめることができた限りでは、この判決は正当であるというべきであろう。

結婚による代償（ロボラ）の問題すべてが、現在のところ、宣教師や治安判事および原住民にとってかなり実質的に重要な問題の一つとなっている。ある個人がその母方の親族に対して占めている正確な位置づけの研究は、それなしには、ロボラ慣習の完全に的確な理解に到達することができないものである。ロボラの主要機能の一つは、結婚によって生まれる子供たちの社会的位置を固定化することである。家族がもしふさわしい支払いをするならば、その家畜と交換に彼らの所にやってくる女性から生まれる子供たちは、その家族のものとなり、その家族の神々が子供たちの神々となる。原住民たちは、社会的紐帯の中でもっとも強いのは、母と子の絆であって、それ故にそれが必然的に拡大されることによって、子供と母方家族の間には非常に強力な絆があると考えている。ロボラ支払いの機能はこの絆を断ち切るのではなく修正するのであって、部族の社会的のみならず宗教的生活にかかわるすべての事柄に関して、子供たちを父方の家族およびその集団にはっきりと位置づけることなのである。もしロボラが支払われないならば、子供は当然のこととして母方の家族に帰属することになる。もっともその場合子供の立場は正規のものではなくなるが。しかしロボラが支払われたからといって、その女性が夫方家族の成員になるわけではない。夫方家族の神々が彼女の神々になるわけではない。そしてこのことが最終的な決め手である。母の兄弟に関する慣習を正当に理解するということは、ロボラを解釈する最終的な理論のどれにとっても、必要とされる予備的な段階であるということを私は十分示してきたと期待している。

原註1 The South African Association for the Advancement of Science において、一九二四年七月九日発表した論文で、*South African Journal of Science*, Vol. XXI, pp. 542-55 に印刷された。

2 母の兄弟から他の母方親族への拡大は、トンガ族では親族名称の中に現われている。第一次的には母の兄弟に適用されるマルメという用語は、マルメの息子たちにも拡大され、彼らも同じくマルメとよばれる。もし私の母の兄弟が死んでいれば、私のために私の母方の祖先たちに犠牲を捧げなければならないのは、その息子たちである。この部族の北部の方では、マルメという用語はすたれてしまい、母の父、母の兄弟、それに母の兄弟の息子はすべてコクワナ（祖父）とよばれる。実際には話者よりも年下であるかもしれない母の兄弟の息子を、「祖父」を意味する用語でよぶことは、我々にとっては馬鹿馬鹿しくみえることであるかもしれないが、この論文中の論議は、そうした事柄の中にも何らかの意味があることを示すことができるだろう。私の母方祖先に私のために供犠を捧げなければならない人は、第一には私の母の父である。そしてもし彼が死んでいたなら母の兄弟であり、その人の死後は、私よりも年下かもしれないが母の兄弟の息子が捧げることになる。これら三種の関係に関しては類似した機能があり、彼らすべてに対して私は一般的に単一の行動様式をとることになり、これは一般的にいって祖父に話してとる行動様式に類似したものなのである。そこでこうした親族名称がふさわしい。

第二章　父系的および母系的継承[原註1]

もしも我々が非ヨーロッパ諸民族の法や慣習を正しく理解するということであれば、それらを我々自身の法的概念で解釈しないよう注意しなければならない。それらのあるものは簡単でわかりきっているようにみえるかもしれないが、長期にわたる複雑な歴史的発展の産物であり、我々自身の文化とは別のものなのである。たとえば単純な諸民族の慣習に、事物に関する法と人間に関する法についての我々自身の厳密な区分を適用しようと試みても、結果として混乱を招くだけで何の益もない。

我々についていえば、継承のもっとも大切な側面は相続による財産の譲渡である。しかしある種のもっとも単純な社会では、こんなことはほとんどまったく意味を持たない。たとえばあるオーストラリアの部族では、男はわずかな武器、道具、器具、および個人的装飾品、些細な価値の、あるいはすぐこわれてしまうようなものを、持っているだけである。彼の死に際して、そのうちのある物はこわされるかもしれないし、またある物は彼の親戚知人に分け与えられるかもしれない。しかしそれら品物の処分は、儀礼に関係していない限りはほとんど重要ではないので、慣習的な手続きについて何らかの規則を見出すのは困難であることが多い。とはいえ私有財産の相続が存在しない、あるいは最小限の重要性しかないといえるかもしれないようなこうした単純社会でも、言葉のもっとも広い意味では継承の問題は存在するのである。

「継承」という語はここでは大体において権利の譲渡を指すものとしておこう。権利は認められた社会的慣例の中に存在し、その面で定義される。権利は個人の権利であるかもしれないし、個人の集合体の権利であるかもしれない。これは人間が、あるいは人間の集合体が、ある一人ないしは複数の人間——それに関してある義務を遂行する責任を負わされていると考えられている人々——の行為に関して持っている統制の手段として規定されてよいであろう。権利は次の三種に大別されるかもしれない。

(a) 人に対する権利で、ある一つないし複数の義務をその人に課するもの、これはローマ法における対人権 (jus in personam) である。父は息子に、あるいは国家はその国民にこのような権利を行使する。

(b) 人に対する権利で「世間を相手とする」もの、すなわちその特定個人に関して、他の人に義務を課するもの、これは人を対象としたローマ法の対物権 (jus in rem) である。

(c) 事物すなわち人間以外の物に対する権利で、世間を相手とするもの、その事物に関して他の人に義務を課する。

(b)と(c)に分類された権利は、基本的には同種のもので、ただそれらが人に関係しているか、物に関係しているかということだけで区別されているにすぎない。そして(a)に分類されたものとは別種のものである。

オーストラリア部族のような単純な社会から二、三の例を考察してみるのがよかろう。男は自分の妻に何らかの権利を有している。これらの権利のあるものは対人権であり、夫は妻に対して何らかの義務の遂行を求めることができるだろう。その他の義務は対物権である。もし誰かが万一妻を殺したような場合には、その人は夫に対する傷害を犯したことになる。もし誰かが夫の同意なしに妻と性的交渉を持ったような場合には、夫に対する傷害を犯したことになる。ある部族では、男は妻を他人に貸すこともある。これは夫が対人権と対物権両方の彼の権利を行使していることである。

オーストラリアの大多数の部族では、レヴィレート婚（男が自己の兄弟の未亡人と結婚すること――訳者註）が支配的である。これによって、男が死んだ時、妻（および未成年の子供たち）に対するすべての彼の権利は、弟、あるいは弟がいない場合には、男系のいとこに譲渡される。これは兄弟的継承の簡単な一例である。譲渡されたのは、ある人々（妻および子供たち）に関する対人権と対物権におけるある種の権利であり、これらの権利には、もちろん、ある種の責任と義務が伴う。

次に西オーストラリアのカリエラ（Kariera）族のような部族の中で、私が「ホルド」（horde）とよぼうとする集団の性格を考察してみよう。これは土地のある一定領域を合同に所有し、占拠し、利用している人々の一団である。その土地についてのホルドの権利は、そのホルドの成員でない人々には、ホルド成員の招待や同意によらない限り、その土地のあらゆる動物・植物・鉱物に何の権利もないといったら、簡単に示すことができるだろう。ホルドのその土地に対する専有権に背いた侵入行為は、原住民の社会生活の中では非常に稀であったようにみえるが、このような侵入を犯したものは誰でも、殺されて当然であると一般に考えられていたようである。[原註2] ホルドがその土地を排他的に使用するということは、客人歓待の義務によって和らげられており、ある一時期にある種類の食物が豊富にあるならば、仲のよい近隣のいくつかのホルドは、そこに来て分前にあずかるよう招待されるのである。そのホルドに生まれ、どこか他所へ婚出した女たちすべての息子たちは、何時でも母のホルドを訪れ、その土地で猟をする権利がある。

カリエラのホルドのような集団を「財産権（estate)」を持っている「法人」(corporation）として表現するのが便利である。これは通常法律の中で用いられている「法人」とか「不動産権」という用語の概念を拡張したわけであるが、この拡張は正当なものであろうと私は考えている。いずれにせよ、さし当っての説明のためには許されるであろう。財産権という用語は、ここでは義務をも含む諸権利の集合（人間に関しても物に関しても）を意味している。そして諸権利の集合は一箇の統一体をなしているが、このことは、それらが個人の権利であり、全体として、あるいは分割されて、別の一人ないし複数の人に譲渡されうるという事実によって、あるいはそれらが目的物を永続的に所持している限定された集団（法人）の権利であるという事実によって明らかである。したがって個人的財産権はローマ法上相続により譲渡されていた universitas juris（包括的相続財産）に相応している。[原註3]

カリエラの法人的財産権は第一にその土地に対する権利を含んでいる。ホルドの永続性は、土地所有の永続性によって保持されている。この土地は分割されることも増大することもなく、変らぬままに留まっている。何故ならオーストラリア人は、武力によって土地を征服するという可能性について考えもしないからである。土地に対するホルドの関係は、近代法で我々が「所有権」(ownership)と考えているものとは厳密に対応していない。これは法人的所有権の性質をいくらかは持っているが、また近代国家がその領土に対して持つ関係——それを我々は「統治権」の行使といってもよいかもしれないが——の性格をも幾分備えている。土地に対する所有の権利と統治の権利は、両方ともオーストラリアのホルドに示されたような、こんな簡単な関係から発展分化したことにその起源を持っていたというのが本当らしい。
ホルドの財産権は土地に対する権利ばかりでなく、その成員に対しても対人権、対物権両面の権利を含んでいる。ホルドの男子成人成員はホルドに対しある義務を負うている。そこでホルドはその成員に対し対人権の権利を有している。ホルドはまた対物権の権利を所有している。もしホルド成員の誰かが暴力なり邪術によって殺されたならば、全体としてのホルドは傷つけられたと感じ、満足を得るための手段を講じる。女・子供は成人男子と同等の意味ではホルドの成員ではない。もしある男の妻が「盗まれた」ならば、満足を求めるのは、たとえホルドの他の成員から後楯を得るであろうとしても、個人としての夫なのである。しかし間接的に彼女もまたホルドに属している。そこで夫が死んだ時、彼女は慣習によりホルド内の誰か他の成員の手に渡るべきであり、ホルド外の誰かのもとに行くべきではない。

カリエラ族のホルドは外婚的であるから、女の子はすべて結婚によって、彼女の両親の所有、およびホルドの所有を離れて別のホルドにいる彼女の夫の所有となる。オーストラリアの慣習では、このような所有の譲渡、すなわち人に対する対人権と対物権の権利の譲渡は、通常は補償もしくは弁償を含んでいる。それは多くの部族では、妻をもらった男が自分の姉妹を、妻の兄弟に交換に与えるということで行なわれている。男の子たちは成人式によって両親の所有を離れ、直接ホルドの所有に入るといえるかもしれない。これはある部族では成人式の儀礼に象徴的に表現されている。

カリエラ族のホルドは、永続的な法人的継承の一例を提供してくれる。これは我々がもっと複雑に発展した形で知っている国家とか主権というようなものの萌芽を含んでいることは明らかであるように思う。たとえば今まですでに用いてきた言葉に従えば、アメリカ合衆国はそれを構成する「財産権」

として、一定の領土(オーストラリアのホルドとは異なり征服や購入によって増加するが)を所有しあるいはそれを統治し、またその国民に対して対人権と対物権の一定の権利を、持っている法人である。

オーストラリアのホルドのような法人の永続性は、その財産権の永続性に依存している。第一に土地所有の永続性がある。第二に人間の生命の長さを超越した永続性がある。つまり集団は誰かが死んだことによりその成員を失なうと、子供たちが出生したり、少年が大人の身分に加入することによって新らしい成員を獲得するのである。

次に我々が全体としてのホルドを考えることから目を転じて、個々の男子成員を考察していくと、ここにも慣習となっている権利の譲渡の過程を見出す。子供たちは第一に父に「所属」している、すなわち、彼らに対人権と対物権の権利を行使するのは父親であるといってもよいであろう。ひるがえって、父はホルドに属しているので、このホルドは彼の子供たちに対していくらかの権利を持っている。女の子が思春期に達すると、彼女に関する権利は父やそのホルドから彼女の夫に譲渡される(多分全部ではないにしても大部分は)。男の子が思春期になった時、彼は父に依存するという立場から、ホルドの成人成員の立場に移行する。さて、ホルドの成員は、そのホルドの他の成員や土地に対してある権利を有している。これらの権利は彼の個人的な財産権もしくは地位の一部である。こうして、「父系的継承」の過程がみられる。そこではそのホルドの男子成員の息子たちは、順次成員となり、その権利を獲得し、財産権の分け前にあずかるのである。

以上の予備的考察は必要ではあったが、あまり退屈でなければよいと望んでいる。さていよいよこの論文が取り扱うことになっている問題、すなわち権利の単系的譲渡の本質と機能の問題に到達した。オーストラリアのホルドのような父系的継承においては、男子の権利の実体の中でもっとも考慮すべき部分、すなわち、彼の地位、ホルド財産権の中での共同受益者、あるいは共同相続人としての彼の財産権は、母を除外して父からもたらされ、次には娘を除外して息子に譲渡される。とはいえ、この場合、そして我々が知る限りでは父系的継承のすべての事例においては、ある種の権利が母を通じてもまた譲渡されているということを認識することは大切である。たとえば、カリエラ族では、男は母のホルドに関して、その個々の成員に関してもその土地に関しても、ある非常に重要な権利を持っているのである。

母系的継承では、事物や人間に関する個人の権利、もしくは法人の一成員としての権利の実体の大部分は、母を通じてもたらされる。そして彼の子供に譲渡されずに、彼の姉妹の子供に受けつがれていく。

母系的継承の非常に完璧な体系の一例として、マラバールのナヤール(Nayar)カーストのタロワド(taravad)を考察したらよいだろう。タロワドは法人的な母系リネージである。これはそのもとになる女性祖先から女系をたどる子孫の生存者すべてを含んでいる。それ故ここには男女両性の成員がいるが、彼らはすべてこの集団の女性成員の子供たちである。これは第一に一つないしいくつかの家屋および土地の所有を含み、第二にその成員である人間に対する権利を含む財産権を所有していることによって、法人(インドの法律家は合同家族とよんでいる)を構成している。財産権の管理は、通常はその集団中最年長の男子成員である「マネージャー」の手にある。この集団が、その女性成員に生まれた子供たちに関して、完全な独占的権利を保持するために、ナヤールは父親の法的権利一切を否定するという制度を作りあげた。ナヤールの女の子はごく幼ない時に宝石の紐を首に結ぶというヒンドゥの宗教的儀礼によって適当な花婿と「結婚」させられる(以前には「花婿」が儀式的に処女の

「花嫁」を破瓜するということがあったらしい）。三日目、新しく結婚したばかりの夫婦は布を裂くというヒンドゥの儀式によって離婚させられる。それ以後離婚した夫は、彼の妻そのもの、妻の財産権あるいは妻の子供たちに関する権利は一切ない。後になってその娘は愛人を持つ。以前には一般的ではないとしても、ナヤールの一部では、一人の女性が同時に二人ないしそれ以上の愛人を持つことが慣習によって許されていた。愛人はその女性と結婚しているわけではないから、彼もまた妻個人に関しても、財産権に関しても、その結合によって生まれるかもしれない子供たちに関しても一切の法的請求権を持っていない。

ナヤールの制度は、永続的な母系継承をもっとも徹底させて行っている一つの例である。リネージ集団は、その外部の人にはその財産権を一切分け与えることを許さないということにより、その永続性と統一性を保持しているのである。リネージはそれ自身の女性をひきつづいて所有し、彼女たちに生れた子供に関する独占的権利を請求している。

ある特定の時点における個人の地位は、彼が所属している社会の社会的慣例（法と慣習）において認められている権利と義務の総体として定義されてよいだろう。地位を構成している権利、同じくその義務には非常にさまざまな種類がある。あるものは「広い世界」つまり全体としての社会にかかわるものであり、あるものは個々人が成員となっているある特定の社会集団（たとえばその人自身のクランに対する権利や義務）にかかわっている。またあるものは彼がその成員ではないが、特別の関係に立っているという集団（たとえば父系的クラン制度の中での母のクランとの関係や母系的制度の中での父のクランとの関係）にかかわっており、あるいはさらにまた、別のものは彼が個人として他の個人との間にもつ特別な関係にかかわっている。

人間社会ではどこでも、個人の地位はある特定の父とある特定の母の子供として生まれたということによって、大部分決定される。それ故継承という問題の背後には、地位のどのような要素、すなわちどのような権利や義務が、一方では父から、また他方では母から、子供に譲渡されるのかという問題が横たわっている。あらゆる社会はこの点に関して、規則の体系を作り上げなければならない。そしてこの体系には、現存する社会や、歴史上の社会の中に、無限の多様性が存在するのである。ほとんど普遍的な規則は、個人が彼の地位のある要素を父から、あるいは父を通じて受け継ぎ、また別の要素を母から、あるいは母を通じて受け継ぐということである。

どんな社会でも男女の地位の間には、一般的な差異があるということは覚えておかなければならない。そしてある社会では、これらの差異は非常に顕著であり、また重大である。たとえば、息子が父を「継承」した場合、息子は父の地位と非常によく似た地位を獲得するであろう。しかし娘は同じ程度でそうすることはできない。この反対のことは、一方では母と娘、他方では母と息子という場合にもあてはまる。たとえば継承が母系的であるアフリカの諸王国では、王は彼の弟に引き継がれ、次に彼の姉妹の息子に受け継がれる。それ故、継承者は彼の母を通じて、彼の母の兄弟の地位の重要な要素を獲得するのである。非常に大切な立場に立つ王の姉妹はもちろん、彼女の娘によって受け継がれるのである。

地位決定の問題の一つの解決法は、父から息子に、母から娘に譲り渡させるというものであろう。この原理は東アフリカやニュー・ブリテンのわずか二、三の部族の中で採用されていることが知られているが、それについては我々はごく少しの知識しか持っていない。これは原理としてはともかく実際上のとりきめとしては、多大の支障があり、ここではこれ以上に深くすすむことはできない。

また次のような制度を持つことも可能である。つまり、子供は出生により、父を通じて関係している人々と、母を通じて関係している人々の両方に関して、同種のまた同程度の、同一権利を獲得するというものである。このような事例は、父の兄弟姉妹および母の兄弟姉妹の財産権を等しく継承することを、遺言によって、あるいは遺言なしで、期待しうるというような場合である。さらに進んだこうした例としては、チュートン人のウワーギルド（wergild 贖罪金）に関する慣習によって示される。ここでは出生によって、人はそのシブ（sib）[原註5]を構成している多数の人々に関して権利を獲得する。シブは彼の父母を通じて、男女両系にわたりある一定の範囲内に入るすべての親族を含んでいる。この範囲はさまざまのチュートン人のコミュニティにより、また同一コミュニティでも多分時代により異なっていた。アングロ・サクソンのある人々では、これは第五いとこまで拡大していた。もしある男が殺されたならば、彼のシブの全成員は殺人者から支払われる贖罪金（ウワーギルド）を、その関係の度合に応じて分け前を請求する権利を持っていた。反対にある男が誰かを殺したならば、彼のシブの全成員は、この男が支払わねばならない賠償金を分担する義務があった。その際各人は、もしもその男が殺されていたならば受け取るであろう賠償金と同じ額だけを分担するのである。ある男のシブの成員は、彼に関する対物権の特定な権利と、対人権の特定な義務を持っていた。

大多数の人間社会で地位決定の問題に関連して採用されている解決法は、子供が父を通じてある権利と義務を受け継ぎ、また母を通じて別種の権利と義務を受け継ぐというものであった。父を通して受け継がれる権利や義務が、母を通して受け継がれるそれらのものよりも社会的重要性において勝っている場合には、いわゆる父系制と普通よばれるものとなる。反対に母系制は、母を通して受け継がれる権利や義務が、父を通して受け継がれるそれらのものに勝っているものである。

しかしながら父を通じて受け継がれる地位の要素と母を通じてくる地位の要素との間に、かなり平均したバランスを保っている社会もある。一つの例は南西アフリカのオヴァ・ヘレロ族(OvaHerero)である。母を通じて子供は母系クラン(eanda)の成員性を受け継ぎ、父を通じて父系クラン(oruzo)の成員となる。こうしてここには相互に交差する、二重のクランの組織がある。二種のクランは外婚的であるので、人は父のエアンダあるいは母のオルゾに属することはできない。母を通じて、また母のエアンダの成員として、彼はその集団に対して、またとくに、母の兄弟や自己の姉妹の子供たちに対して、ある種の権利と義務を持っている。世俗的な財産はエアンダ内部のみで相続されるので、彼はこのような財産を、母の兄弟から相続し、姉妹の息子に譲渡する。一方、父を通じて、また父のオルゾの成員として、その集団に関連する別種の権利と義務を持っている。ある聖なる牛はオルゾの内部でのみ相続されうるので、それは父から息子へ譲渡されるのである。

アフリカやオセアニアには、父系および母系の継承が組み合わされ、多かれ少かれ相互にバランスをとっているようなほかの体系をもっている事例が見出されている。かなりのアフリカの地方では、これは次のような考え方で合理化されている。つまり各人は二つの原理の組み合わせから成っており、一つは母から受け継がれるもので、アシャンティ(Ashanti)族では「血液」とよばれており、もう一つは父から受け継がれるもので、「精神」である。

単純な社会における継承の本質を決定するもっとも重要な要因は、多分人間に関する対物権の権利を決定する必要である。子供が生れた時、「この子は誰に属するのか?」という疑問が生ずる。もちろん、二人の両親に共同に属すると考えることもできよう。両者はその子に関心を持ち、その子に関して対人権、対物権両方の権利を持っている。しかし子供の父(彼の両親や兄弟姉妹)に関して対人権、対物権の権利を持っている人々がいるし、また同様に母に関して権利を有している別の人々がいる。社会構造全体の中で、親族が基本的重要性を占めているような社会――大部分の非ヨーロッパ社会がそうなのであるが――ではどこでも、社会の安定性と継続性のためには、ある個人に対するさまざまな個人の権利は、できるだけ権利の衝突を避けるような方法で規定されなければならないというのが必須のことである。我々は古代チュートン人の制度が、ある個人の父の親族にもまた母の親族にも、同様な、そしてまたある場合には同等な、対物権の権利をどんな風にして与えてきたかということをすでに眺めてきた。だからもしも彼が殺されたならば、彼のシブ（すなわち双系に広がるキンドレッド）は、その補償を求める権利があるのである。次には母系制および父系制の中で、この問題を解決している例を考察してみよう。

母系制として、極端なまたそれ故に決定的な事例を提供するものとして、ナヤールにもどるのがよいだろう。この組織では、タロワド、すなわち合同家族は、その全成員に関して手つかずの絶対的な権利を留保している。普通の場合、婚姻は夫にその妻や子供たちに関する対物権の一定の権利を引き渡す。だからナヤールは婚姻を除去してしまった、あるいは婚姻のこの面を除去してしまったといってよいだろう。ナヤール女性とそのサンバンドハム（sambandham）愛人の結合は、しばしば大きな愛情を伴う一生を通じた結合であり、愛人はまたその子供たちに対して大きな愛着を持っている。しかし法的には彼は「妻」――もし我々が彼女をそう呼ぶとしても――に関して、あるいはその子供に関して何の権利もない。反面この集団は彼に対して対物権の権利を何ら所有していない。何故ならそれらの権利は彼自身のタロワドにあるからである。法人としてのタロワドは、それ自身の財産権を分割されず、論議の余地のない形で所有し続けるのである。

対物権の権利を分割する問題を、明確に父系的に解決している一つの例として、南アフリカのズル・カフィール（Zulu-Kaffir）諸族を取り上げてもよいだろう。これらの部族では、婚姻の際イカジ（Ikazi）とよばれる何頭かの牛で代償の支払いをすることが要求されており、この譲渡行為はウク・ロボラ（uku-lobola）として知られている。結婚前の娘は、彼女の父——もし父が死んでいれば彼女の保護者（父の兄弟あるいは兄弟）——および彼女の男系の親族に属している。彼らは彼女に関して対人権と対物権の一定の権利を有している。彼女に対して犯された犯罪、たとえば強奪、誘惑、傷害、殺人などは、彼女の親族に対する加害となり、彼らは弁償される権利を持つことになる。父は酋長に、彼の娘に加えられた犯罪に対する償いを求めて訴訟を起こすかもしれない。婚姻という行為によって、父とその男系親族は、娘についてのこれらの権利の多くの部分を、彼女の夫およびその男系親族に引き渡すことになる。牛の支払いはこれら諸権利の譲り渡しに対する代償なのである。こうした人々にとって、女性の主要な価値は子供を産む母親としての価値である（だから彼らの中で不妊の女ほど不幸な望まれない人間はいない）。それ故にロボラという行為は、元来牛の支払いによってその女に生れたすべての子供たちに関する、分割されない、議論の余地のない権利を獲得するという一つの手続きなのである。それは分析によって容易に立証されるが、ここでは、場違いであるだろうから行わない。住民たちはこの原理を二様に述べている。すなわち、「牛が子供をみごもらせる」、「牛がない所に子供がいる」。離婚の際には、妻およびその子供たちは、彼女の父のもとに帰り、支払われたすべての牛は返却される。あるいはもし（通常はそうであるが）夫が子供たちを手もとに置くならば、彼が支払った牛、あるいはその一部を請求する権利を捨てなければならない。子供を産んだ妻が死亡した場合（妻が不妊の場合には支払い拒否をされるかもしれないし、また牛の払いもどしあるいはその姉妹を代りに与えることが請求されるかもしれない）、もしすべての牛が支払い済みであれば、子供たちは父の下に留まり、母の親族は子供たちに関して一切の対物権の権利はない。ここに概略を述べてきた制度は、父やその男系親族に、彼の子供たちに関する議論の余地のない完全な対物権の権利を付与しようとする、一つの簡単な法的手続きなのである。

そこで父系的あるいは母系的継承の制度は、主として婚姻の制度に集中してくる。極端な母系社会では、男は自分の子供に関して対物権の権利はまったくない。――通常は対人権の一定の権利は持っているのであるが。これらの権利は母とその親族のもとに留まっている。この結果は夫と妻の絆を犠牲にして、兄弟姉妹間の近密な絆を強調、保持することになる。したがって夫の妻に対する権利は制限される。極端に父系的な社会ではまったくその反対である。子供たちに関する対物権の権利はもっぱら父およびその親族によって行使される。兄弟姉妹間の絆を犠牲にして、夫婦間の絆が強化される。妻に対する夫の権利は相当なもので、彼女は夫の権威（potestas）のもとで、マヌ（manu）すなわち夫の掌中にある。

極端な父系制は比較的稀であり、極端な母系制はさらにもっと稀である。一般には片方の親族が優勢な権利を持ってはいるが、ある種の権利は他方の親族にも認められているといった具合に、ある手加減が加えられている。たとえば北アメリカ・インディアンのチェロキー（Cherokee）族では、人は母のクランに属しており、もし彼が殺された場合には、母のクランの人々が、そして彼らのみが弁償を求めるのであるが、しかもなお彼は父や父のクランに対しては非常に特別な関係に立っているのである。

財産の相続については、わずかのことしか述べてこなかった。これは単純な社会では、財産の譲渡は地位の譲渡に依存しているからである。たとえばナヤールでは大切な財産（土地、家屋その他）は、母系リネージによって構成されている法人の、分割されない、つまり合同の所有なのである。ズル・カフィール諸族では、息子たちが娘たちやその子孫を除外して、父の財産権の分け前を相続する。一般的に、二、三の例外はあるものの、財産の譲渡は地位の譲渡が行なわれる同一線上に従がうといってよいだろう。

父系的および母系的継承の制度に関係して、その起源は何かという問題がしばしば問いかけられる。「起源」という用語は曖昧である。一つの意味では我々は「歴史的起源」を語ることができるだろう。ナヤールの制度の歴史的「起源」とか、ズル・カフィールの、あるいはその他何でもある制度の歴史的起源は、しばしば長期にわたり徐々に発達してきた一連の独特な事件である。この意味で何らかの社会制度の起源を決定するのは歴史家の仕事である。単純社会の諸民族については、こうした歴史が知られていないので、純粋に推測にのみ頼ることになる。そしてそれは私の考えではほとんど役に立たない。しかし「起源」という用語は、別の意味でも使われるかもしれない。そして非常にしばしば二つの意味は混乱して曖昧に用いられているのである。

あらゆる社会体系は生き残るためには、一定の諸条件に適合していなければならない。もしこれらの普遍的諸条件の一つ——すべての人間社会はそれに適合しなければならないものであるが——を適切に規定することができるならば、我々は社会学的法則を持つことになる。そこで特定社会における特定の制度は、社会がその法則、すなわち必要条件に適合する手段であることを示すことができるならば、我々はこれをその制度の「社会学的起源」とよんでもよいであろう。それ故一つの制度は、一般的存在理由（社会学的起源）と個別的存在理由（歴史的起源）を持つといってもよいであろう。前者は社会学者や社会人類学者が、比較法によって発見するものである。後者は歴史家が資料を吟味して発見し、あるいは民族学者が資料の欠除のために推論するのである。

このような法則、すなわち、存続のための必要条件とは、社会体系を構成している諸部分の間にあるある程度までの機能的一貫性の法則である。機能的一貫性は論理的一貫性と同じものではない。後者は前者の一特殊形態である。機能的非一貫性は、社会体系の二つの側面があつれきを生ずるような場合にはいつでも存在するのであって、それはその体系それ自体内部で何らかの変化が起きた時にのみ解消されうる。問題は常に機能について、すなわち全体としての体系の作用についての問題である。一貫性は比較の問題である。どのような社会体系も、決して完全な一貫性に到達することはない。そしてあらゆる体系が常に絶えず変化を受けているのはこのためなのである。社会体系の中では、この点におけるどんな不適当さも変化を誘発する傾向がある。時には、決して常にというわけではないが、その社会の成員によって不適当さが自覚され、意識して回復が求められることによって変化が引き起こされる。ある程度までの機能的一貫性が必要とされるというこの法則に、我々は第二の法則を加えてもよいだろう。それは第一の法則の特例である。人間のあらゆる社会生活は、個々人間、および個々人の集団間にある諸関係の網の目から成っている社会構造の確立を要求している。これらの諸関係はすべて一定の権利と義務を含んでおり、この権利と義務は権利の衝突が構造を破壊することなしに解決することができるような方法で規定される必要がある。裁判や法的諸制度の体系を確立することによって充されているのはこの欲求なのである。

あらゆる権利の体系は、同一人物もしくは事物に関して総有する権利、合有する権利、および共有する権利の存在を必然的に含んでいる。子供の父母は二人ともその子に関して対人権の権利を有している。秩序ある家族の中では、これらの権利の間に解決されない、あるいは解決しえないような衝突は当然あってはならない。これと同じことが社会全体を通じて、人々が組みこまれているさまざまな諸関係すべての中にもあてはまるのである。二人の人間AとBがある物Zに権利を持っている、あるいはある人Zに対物権の権利を持っている場合、解決しえない衝突を避けるために、これらの権利を調整する三つの方法がある。一つは総有権(rights in common)の方式である。つまりAとBは同様な同等な権利をZに関して持っており、そしてAの権利がBの権利とは衝突しないようなものである。一つの例は南アフリカの原住民諸族に見出されるはずであり、そこでは原住民のいうところによれば、「草と水は共通なのである」。一部族の全成員は、その部族が統治権を行使している(首長によって代表されている)土地のどこでも、自分の牛に草をやり水を飲ませ、また自分自身のために水を汲んでもよい権利を持っている。

第二は合有権(joint rights)の方式であり、AとB(あるいはその他誰でも)はZに関して合同してある権利を行使する。このような合有権の設定は、直ちにここでいわれている法人を作りあげる。この権利を侵害すると、通常は直ちに法人の側からの合同行為が喚起される。それはもちろん、その公的な代理人によって実行されるかもしれない。南アフリカの一部族はその土地を合同所有しており、所有権(財産権)は首長の手にある。これらの権利の侵害は首長によって調停されるかもしれないが、戦闘行為にまで突入するかもしれない。そしてその際には、首長の下で部族全体がその権利の保持を求めるのである。第三の方式は共有権(rights in division)である。ここではAがある一定の権利をZに対して持っており、Bはまた別の一定の権利を持っている。各々の権利は慣習によって、あるいは特定の契約や協定によって規定されているかもしれない。土地や家屋の所有権者と用益権者の関係はその一例である。

人間に関する権利についていえば、総有権の行使は当然非常に限定されている。見知らぬ土地では、我々は道で出会う誰にでも方角を尋ねるかもしれないし、その人が教えてくれる情報は何でも受け入れようと期待しているかもしれない。英国の法律では、王の家来は、犯人拘留の際に「王の名前」においてどの通行人からも助力を求めることができる。原註6 人間に関する対人権の権利は、普通には合同して、あるいは共有した形で行使されている。

人間に関する対物権の権利が決して総有には行使されないことは明らかである。共有権では我々はウワーギルドについてのチュートン人の慣習の例から、それらが共有して所有されることをみてきた。しかしこんなことは稀であって、それは人々の親族内の利害関係に関して、様々な親族について、それぞれ分け前を設定することの複雑さが要求されるためである。種々の程度にまたがる男系親族と女系親族の間で、ウワーギルドをどのように分割するかということに関するノールウェーやスェーデンの初期の法律の一部をのぞき見するだけで、我々はこのような制度がその実行の面でどんな面倒に直面していたかということを理解するのである。

このことから人間に関する対物権の権利は、一般的規則として、排他的に、個人的なもの、すなわちある一人の個人に限定されなければならない（奴隷に対する所有者の権利がある場合には近似するかもしれないような状態）か、あるいは合同でなければならないという結果になる。ローマ人の父がその子に対する権利は、ほとんど独占的なものではあったが、しかしこれですらも、たしかに歴史上のある一時期にあっては、合同に行使されるゲーンズ（gens）ないしは国家の権利に服していたのであった。家父の権力ですらも絶対的なものではなかった。そこで人間に関して対物権の権利を認めている社会（そして知られている社会すべてはある程度までそうしているが）は、普通には、ごく稀な例外を除いて、このような権利を合同的に行使しようとしているといってもよいだろう。このことはある種の法人の存在を意味することになる。というのは、法人はここではある一つないし複数の権利を合同に行使する人々の集合体として定義されているからである。

法人は共通の利害関係を基盤としてのみ形成されうる。もっとも単純な社会では、共通の利害関係が作り出されるもっとも簡単な、そして多分唯一の道は、地域、すなわち同一の地縁的コミュニティや近隣に居住しているということを基盤にするか、あるいは親族を基盤にするかである。それ故法人は、二つのうちのどちらか一つ、あるいは両者の組み合せ（カリエラ族のホルドは後者の例である）の上に、作り上げられる傾向があり、さもなければ、地縁集団と親族集団という二重の法人体系が作り上げられている。

我々はここでもう一つの社会学的法則、すなわち社会構造における安定性、明確性、一貫性についての必要性ばかりでなく、それが永続していくための必要性に訴えなければならない。社会構造に永続性を与えることは、本質的に法人の機能である。たとえば近代国家は、その領土と国民に関して合有権を行使している法人としてその永続性を保持しているのである。

一つの可能性としては、我々は次のような法人的な地縁コミュニティを想像することができる。つまりそれは完全に内婚的であって、そのコミュニティに生まれた子供たちは、両親がそこにいるのであるから、母系的継承か父系的継承かを選択する問題に直面する必要がないようなコミュニティである。しかし二つの法人的地縁集団の間に通婚が始まった瞬間、系統による継承の問題が生じてくる。このような状態の中で、何も慣習的な規則が作られないで、おのおのの場合もっとも身近な関係者の同意によって、調整されていくということも可能である。アンダマン島民のホルドすなわち地縁集団の場合がこれであったようにみえる。この結果はゆるやかなはっきりしない構造を産み出すことになる。もし何らかの明確な規則が生じるとするならば、それは通常は母系的継承か父系的継承かのどちらかの形をとらなければならない。

もし親族――クラン・合同家族・統合されたリネージ――を基盤にして法人の体系を作り上げている社会があるとすれば、それは必然的に系統を単系的に算定する体系を採用しなければならない。もちろん理論的には、両親が別々の集団に属している場合に、ある特定の状況下では子供は父の集団に属し、また他の状況下では母の集団に属するというようなある種の規則を確立することも可能であろう。これは複雑な状況を産み出すことになろう。そして一般的にいって、権利の複雑な決定は、もっと単純なものに比べると機能的にはおそらく有効ではないはずである。

このようにして非常に大多数の人間社会にみられる単系的（父系的ないし母系的）継承の存在は、ある基本的な社会的必要性の中で、その社会学的「原因」ないしは「起源」にさかのぼることができるのである。私が示唆してきたのは、それらの中で主要なのは、人間に関する対物権の権利を、解決しがたい衝突を避けるために、十分正確に、規定しようという欲求であるということである。対人権の権利および事物に関する権利を明確に規定しようという欲求は二次的であろうが、しかもなお重要な要因であるだろう。

この仮説を支持するためにあげられるかもしれない多数の事実がある。私はその一つについてだけ述べるとしよう。クランを基盤にして組織されている社会では、クランのもっとも重要な行為の一つは、その成員が殺された場合に報復もしくは損害賠償を強行することである。これについて今までに知られている事例を列挙すれば、多くの頁を費すであろう。クランは法人としてその全成員に関して対物権の権利を持っているのである。もし誰かが殺されたならば、クランが傷つけられたのであり、クランは報復によってか、あるいは賠償金を受け取ることによって、満足を得る何らかの行為にとりかかる権利を有するのであり、またクランの成員はそのような義務があるのである。

したがって古代ギリシアやローマでクラン(ゲノスあるいはゲーンス)が衰退していった原因は、クランの持っていた対物権の権利(それ故対人権の権利の幾分かも)を、都市や国家に譲渡したことであった。これらの権利の性格はその移譲の途上でかなり変更されていったのは避けられないことではあったが。しかしローマではゲーンスが衰退した際にそれでもなお法人としての父権家族が残された(メイン Maine がずっと以前に指摘したように)。しかしながらその父権家族の基盤は、単に家父(pater familias)がその子供たちに対物権の権利を行使するということばかりでなく、財産や、祖先崇拝という宗教的祭儀の保持にも合同の権利を行使することであった。

社会学的法則、すなわち単系的(父系的もしくは母系的)継承の慣習の下に横たわるものとして、ここで示唆してきた社会存続のための必要諸条件は

1　人間および事物に関する権利について、解決しえない衝突をできうる限り避けるために、世間一般の認識の中で、十分厳密に公式化しておこうという欲求

2　人間同士の諸関係——こうした関係は権利と義務という面から定義される——の体系としての社会構造を永続させようという欲求

今まで述べてきたような議論の中でとってきた解釈の方法について反対するアメリカの民族誌学者たちは、公式化することができるような社会学的法則は、必ず自明の理であるに違いないといってい

る。先に公式化してきた法則は、私が信じるようにもしもそれらが正しいものであるならば、たとえ適切に表現されていなかったとしても、自明の理であるかもしれない。しかしたとえそうであるとしても、それらは少くともある民族学者たちの注意をひくようにしむけられる必要があるようにみえる。母系・父系継承の問題について、最近ある学者が[原註7]次のようなことを述べている。「単系的制度はそれ自体変則的で人工的なものである。母系制度はさらにいっそうそうなのである」。「単系的制度は、それが見出される所どこでも、社会構造の中でふつうに期待することができるような変則性から逸脱したことを表わしている」。「単系的算定は両親の双系性にそぐわないものであり、家族の一方の側を除外し、一方の側を不自然に強調するという結果を産み出している」。これらの確信を基にして、彼は地位の単系的決定はある一つの常軌を逸した民族の中に単一起源をもっていたに違いないとし、それから「伝播」という過程によってヨーロッパ、アジア、アフリカ、オーストラリア、オセアニアおよびアメリカのおびただしい数の民族に広まっていったという結論に至ったようにみえる（もちろん我々は何故一体こんなにも多様な型の、こんなにも多くの社会が、こうした「異常な」「変則的な」「不自然な」制度を受容し、保持してきたのかということに疑いをもつのであるが）。

この論文の議論では、これに反して、ある型の単系的制度は、たとえ完全にではないとしても、大部分は、秩序ある社会体系の中ではどこでも、必然的なものであるということを示してきたと私は望んでいる。それ故、普通でない稀な（我々は異常なとか変則的なとか、さらに不自然なとかいう必要はない）ものは、ヨーロッパのチュートン人のような人々を発見することである。チュートン人は（多分インドヨーロッパ語族では唯一の人々のようにみえるが）封建主義やローマ法が到来するまで、単系原理を全く全面的にではないにしろ、かなりの程度まで斥けて、個人が父を通じても母を通じても

同様の同等の権利を得るという制度を、ある一定の期間にわたって保持していたのである。原註8

このような論文は、地位の決定すなわち継承に当り、ある人々が母系原理を、また他の人々が父系原理を選択するよう決定するのは、どのような一般的要因があるのかという問題を取り扱うであろうという風に期待されたかもしれなかった。私の意見では、我々の知識や理解は、我々がこの問題を何らかの満足な方法で取り扱うことを可能とするにはまだ不十分であると思っている。

原註

1 *The Iowa Law Review*, Vol. xx no2. January 1935 より再録。

2 南オーストラリアのある地域では、折々武器を携えた一団が計画的な侵犯行為をすることが知られている。それは男たちの一行が赭土を得るためにそれがある場所に侵入するのである。これは実際には戦闘行為であり、侵入者たちは武力に訴えようと用心しているので、その権利がこのように侵害されたホルドの方は効果的な報復ができなかった。

3 相続は故人の法的地位全体の継承である。*Hereditas est successio in universum jus quod defunctus habuit.*

4 status, estate, state およびフランス語の état は後期ラテン語の estatus という同一の語からすべて派生したさまざまな形であることは常に十分記憶しておくべきである。

5 ロウィ（Prof. Lowie）および何人かのアメリカ人学者は、「シブ」を、ここでヨーロッパの慣例に従って「クラン」とよんでいるものと同意語として使用している。「シブ」という用語はそれが本来適用されていた親族の双系集団のために留保しておくのが望ましいように思われる。

6 しかしながら後者の例は、合有権の行使として解釈されるかもしれない。何故なら王は法人としてその国民の上に合有権を有している国家の代表であるからである。

7 Ronald, L. Olson, Clan and Moiety in North America, *Univ. of California Publications*, Vol. 33, pp. 409, 411.

8 男女双方を通じた継承を伴なう双系的親族の体系が、東南アジアのある地域、たとえばフィリッピンのイフガオ（Ifugao）族にみられる。これについての議論は複雑であるし、ここではその紙数がない。

第三章　親族体系の研究[原註1]

ここ七十五年にわたり、親族の問題は社会人類学において、特別なそして重要な地位を占めてきた。私はこの講演の中で、我々の学問のこの分野で用いられてきた、そして現在もなお用いられている方法論と、これらの方法論を通じて、我々が理論的に到達しうると予期している成果の本質を考えてみることにしたい。まず私は二つの方法論、すなわち私が推論的歴史の方法論と、構造的もしくは社会学的分析の方法論とよんでいるものを考察し、比較してみよう。

これらの方法論の一つは、十八世紀のフランスや英国（主としてスコットランド）の著述家たちによって、最初にある種の社会諸制度に適用された。一七九五年にステュワート（Dugald Stewart）が書いているのはこの方法論である。「哲学上の探究のこの種のものに対しては、我々の言語では適当な名称がないので、私は勝手に理論的あるいは推論的歴史という名称を与えることとしよう。この表現はその意味において、ヒューム（Mr. Hume）（彼の『宗教の自然史』*Natural History of Religion* を参照せよ）によって採用された自然史とか、何人かのフランスの学者が理論的歴史とよんできたものにかなり近く一致している」。私はステュワートの示唆を受け入れ、「推論的歴史」という名称を使用することにしよう。

推論的歴史の方法論は、多様な方向で用いられている。一つはステュワートが「人間性についての既知の諸原則」とよんでいるような、一般的に考慮すべき事柄に基礎を置こうとする試みで、たとえば政治社会について（ホッブスHobbes）、言語について（アダム・スミスAdam Smith）、宗教について（タイラーTylor）、また家族について（ウェスターマークWestermarck）、またその他にも起源に関する推論がこれである。場合によってはこの試みは、モルガン（Morgan）、シュミット神父（Schmidt）、エリオット・スミス（Elliot Smith）らの研究にみられるように人間社会発展の過程全体を取り扱うこともある。またある場合には、ロバートソン・スミス（Robertson Smith）が供犠について取り扱ったように、特定の制度の発展に関する推論的歴史もある。この方法論の中で我々がこれからここで関心を持っていこうとする特別な型は、一つないしそれ以上の社会体系の特質を、何故それが存在するようになったかという仮説によって、説明しようとする試みについてである。

親族に適用された推論的歴史の方法論の初期の一例は、一八六五年マックレナン（John F. M'Lennan）によって刊行された『原始婚姻』のエッセーの中に見出されるはずである。この本の中に展開された主要な二つのテーマを覚えておられるであろう。すなわち、一つは外婚慣習の起源は掠奪婚によるというものであり、もう一つは、「血縁関係の思想が形をなしたもっとも古い体系は、女性のみを通じた親族体系であった」という主張である。その六年後に、ルイス・モルガンの、学問的なねばり強い資料蒐集の研究として不滅の業績となった、『血族と姻族の諸体系』が出版された。さらにそれにひきつづいて、一八七七年、『古代社会』が出版され、この中で彼は社会発展の全過程に関する推論的歴史の概略を提出している。マクレナンやモルガンのこれらの業績に続いて、かなり多くの著作物が刊行され、今日に至るまでそれらは生産されつづけている。そして推論的歴史の方法論は、親族組織の多様な特性に、様々な形で適用されてきたのであった。

この方法論に追随することが、人間社会の科学的理論の発展にとって主要な障害の一つになっていると私が考えていることを皆さんは御存知のことと思う。しかし私の立場はしばしば誤解されてきた。推論的歴史に対する私の反対は、それが歴史的であるからというわけではなく、それが推論的であるからなのである。歴史というものは、過去におけるある事件や変化が、ある別の事件や状態をいかに導き出していったかということを我々に示してくれるのであり、それによって、世界のある特定地域の人間生活を、関連を持ったでき事の連鎖の一つとして解明してくれる。しかしこれは先行する事件もしくは状態と、それに後続する事件もしくは状態との両方に関して直接的な証拠が存在し、またそれらの相互作用について、何らかの実際的証拠が存在している場合にのみ可能なのである。推論的歴史においては、我々はある時点、ある場所に存在するでき事についての直接的知識を持っている。しかしそれに先行する状態や事件についての適切な知識がないので、止むをえずそれらについて推論をするのである。このような推論について何らかの確実性を確立するためには、社会発展の諸法則についての知識を持つことが当然必要とされるのであるが、我々はそれらを必ずしも持ち合わせているわけではないし、また我々がいつかはそれを得るようになるだろうとも私は思っていないのである。

私自身の親族研究は一九〇四年、リバース (Rivers) の下で始まった。私はそれより以前に彼の下で三年間心理学を学んでいたが、社会人類学では、彼の最初の、そして当時ではただ一人の学生であった。私はリバースと接触したことを大そう感謝している。そして我々は最初から方法論の問題でくい違っているようにみえたので、私は彼から得るものを期待していなかったため、いっそうありがたく思っている。何故ならリバースは、最初はモルガンの影響下にあり、後には彼の『メラネシア社会の歴史』(一九一四年a)において明らかにされているように、彼が民族学的分析とよんでいるような形で、推論的歴史の方法論をとっていた。しかし実地調査では、リバースは親族体系の理解の手段として親族相互間の行動の探求の重要性を発見し、人々に知らせたのであった。以下、私はリバースの業績の一面を批判していくであろうが、しかし今私がとっている立場は、十年の間彼と親しく議論をたたかわした際に――そしてついには、意見が一致しないという点で一致するに至ったものであるが――とっていた立場である。人間として、教師として、また科学者としてのリバースに対する私の尊敬は、彼が推論的歴史の方法論を使用することに私が反対し、批判を余儀なくするようになったという事実によっては少しも減ぜられはしないのである。

はじめに定義づけをすることが必要である。私は親族と婚姻の体系、もしくは親族と姻族の体系の代りに、短かく「親族体系」という用語を使用しよう。残念ながら英語には家族と婚姻が存在することによって生ずる、すべての関係を含むような用語はない。いちいち親族と姻族の体系というのは非常に面倒であろう。それ故私のような用語の使用法が受け入れられるだろうと希望する。このような使用法が曖昧さに通じるというわけではない。

親族体系が作り上げられている構造の単位は、私が「基本家族」とよんでいる集団であって、一緒に住んでいようがいまいが、一人の男と彼の妻、および一人ないし数人の彼らの子供たちを含んでいる。子供のない夫婦は、この意味では家族を形成していない。子供たちはひきとられたものであってもよく、こうして彼らは出生によるのと同じく養子によっても基本家族の成員となることができる。我々はまた複合家族の存在をも認めなければならない。一夫多妻婚の家族では、一人の夫と二人ないしそれ以上の妻たち、およびそのそれぞれの子供たちがいる。複合家族の別の形は、単婚社会において再婚によって作り出される。つまり、そこにはいわゆる継子関係や片親ちがいの兄弟というような関係が生み出されているのである。複合家族は一人の共通成員をもつ複数の基本家族から成っていると考えることができる。

基本家族の存在は、三つの特殊な社会関係を創出する。すなわち両親と子供、同じ両親を持つ子供たち（シブリング）、および同じ子供もしくは子供たちの両親としての夫と妻の間の社会関係である。人間は、一つの家族の中に生れ出る、あるいは養子とされる。その中で彼もしくは彼女は、息子もしくは娘であり、また兄弟あるいは姉妹となるのである。男が結婚し、子供を持つならば、彼は今や第二の基本家族に属する。そしてそこでは彼は夫であり、父となる。この基本家族のつなぎ合せが系譜的関係——他によい用語がないために私はそうよぼうとしているのであるが——の網の目を創り出し、無限に広がっていくのである。

基本家族の中に存在するこの三つの関係は、第一類の関係——私はそうよんでいるのであるが——を構成する。第二類の関係は、一人の共通成員を通してつながる二つの基本家族の連結に依存しているものであり、たとえば、父の父、母の兄弟、妻の姉妹等々のごときものである。第三類の関係は、父の兄弟の息子とか母の兄弟の妻のようなものである。このようにして我々はもし系譜的な知識があるならば、第四類、第五類、そしてN類にいたるまでの関係をたどることができる。現存するあらゆる社会においては、これら諸関係の一定数が、社会的目的のために認められている。すなわち人々はある種の権利や義務、もしくは一定の独特な行動様式をそれらの諸関係に付着させているのである。私が親族体系とよんでいるもの、あるいはより正確には親族と姻族の体系とよんでいるものを構成しているのは、このようにして認識されている諸関係なのである。

親族体系のもっとも重要な特質はその範囲である。今日の英国方式のような狭い体系では、ごく限られた親族の成員が、とにかく何か特別な行動や特定の権利・義務を伴っているものとして認識されているにすぎない。英国でも古い時代にはこの範囲はもっと広くて、人が殺されたような場合には、第五いとこまでもウワーギルドに加わる権利を有していた。ある種の非ヨーロッパ社会にみられるような非常に広い範囲の体系では、人々は何百人というような親族を認識しており、人々の行動は、それらの一人一人に対して、その存在する関係にしたがってふさわしい方法でなされている。

またある社会では、実際の系譜が何も知られていないにもかかわらず、人々はそれと同じような性質の関係によって結びつけられているとみなされているということも注意しなければならない。たとえばクランの成員は親族であるとみなされている。しかしそのうちのあるものについては、彼らの出自を共通の祖先から示すことは不可能であるかもしれない。ここでクランとよぼうとするものがリネージから区別されるのはこの点なのである。

こうして私の用いている用語としての親族体系は、――あるいはあなた方がそうよぶことをお望みならば、親族と姻族の体系は――、第一にコミュニティ内での個々人間にみられる二者関係の体系である。そしてこれらのあらゆる諸関係の中でのあらゆる二人の人間の行動は、何らかの方法で、また大なり小なりの程度で社会慣例によって規制されているのである。

親族体系はまた明確な社会集団の存在も含んでいる。これらの中の最初のものは世帯家族であり、これはある一定の時期に一つの住居もしくは集合住居に住み、共同家計とよんでもよいようなある種の経済的とりきめを伴っている人々の集団である。世帯家族はその形態、そのサイズ、またその共同生活の方式の点で異なる様々の形がある。世帯家族は単一の基本家族からなるかもしれないし、あるいは南スラブのザドルガ（zadruga）やナヤール（Nayar）のタロワド（taravad）のように、百人もしくはそれ以上の人々を含む集団であるかもしれない。ある社会では、いわゆる世帯家族の地縁的かたまりが重要である。多くの親族体系では、親族の単系集団——リネージ、クラン、モイエティ（半族——一つの社会が二つのリネージ、ないしクランから成っている、あるいはいくつかのリネージやクランを含む二つの集団から成っている場合、モイエティとよばれる——訳者註）——が重要な役割を演じている。

それ故に私は親族体系という用語を、ここで今規定した種類の社会諸関係の網の目を意味するものとして用いる。その網の目はまた私が社会構造とよんでいる社会関係の、全体的な網の目の部分を構成しているのである。親族相互間の権利と義務および彼らが社会的に接触する際に守っている社会慣例は、この体系の部分なのである。何故ならばこの関係が描かれるのは、そのような権利・義務や社会慣例によっているからである。私は祖先崇拝は、それが存在するところでは、真の意味で親族体系の部分であると考えている。何故ならそれらは生きている人々とその死んだ親族との関係として作り出されたものであり、生きている人々相互間の関係に影響を与えるものだからである。また一つの社会で親族によびかけたり、指示したりするのに用いる用語もこの体系の部分であり、人々自身が親族に対して持っている考え方も同じくこの体系の部分なのである。

「体系」という言葉を用いることによって、私が一つの仮定——重大なかつ遠大な仮定——を作り上げたとあなた方は感じておられるだろう。何故ならこの言葉は、それがどのように適用されたとしても、複合された統一体、すなわち組織された全体を意味しているからである。私の明白な仮説は、個々の親族体系の種々な特性の間には、相互依存の複雑な関係があるということである。この作業仮説を作り上げると、直ちに社会学的分析の方法論が導き出される。そしてその方法論によって、親族体系の本質を、もしもそれらが本当にそうであるならば、体系として発見しようと試みるのである。この目的に沿うためには、十分に異なった体系を十分な数だけ組織的に比較する必要がある。我々は、それらを単一の、表面的な、したがって直接的に観察することのできる性質に関してではなく、全体として、体系として、そしてそれ故に比較という過程においてのみ発見することのできるような一般的性質の点で比較しなければならない。我々の目的は、有効な抽象化、もしくは一般的な考え方に到達することであり、そうした点からこれらの現象を記述、分類することができるのである。

私は推論的歴史と体系分析の二つの方法論を、ある事例を引用することにより例証しよう。そのために私は、世界のあちこちに住むいくつかの部族の親族名称の中から一風変った特性を選び出してみよう。モルガンが北アメリカ諸部族の親族名称について研究した時、彼はいとこ名称についてある変った事柄に気がついた。チョクトウ (Choctaw) 族では、モルガンは、男が彼の父の姉妹の息子を、彼自身の父や彼の父の兄弟に用いると同じ関係用語でよんでいるのを発見した。したがって、父の姉妹の息子は、名称の点ではあたかも父の弟であるかのように扱われているといってもよいかもしれない。それと対称的に男は、彼の母の兄弟の息子を、「息子」に対する用語でよんでいる。これと一致して、彼は父の姉妹とその娘に対して単一の関係用語を適用しており、また彼の母の兄弟の娘を「娘」としている。一方オマハ (Omaha) 族では、モルガンは、男が彼の母の兄弟の息子を「おじ」、すなわち母の兄弟とよび、彼の母の兄弟の娘を「母」とよんでいること、対称的に彼は彼の父の姉妹の息子を、姉妹の息子に対して用いる用語でよんでおり、女の場合は彼女自身の息子、彼女の姉妹の息子、および彼女の父の姉妹の息子に対して単一の用語を用いていることを発見した。第一、二図は、

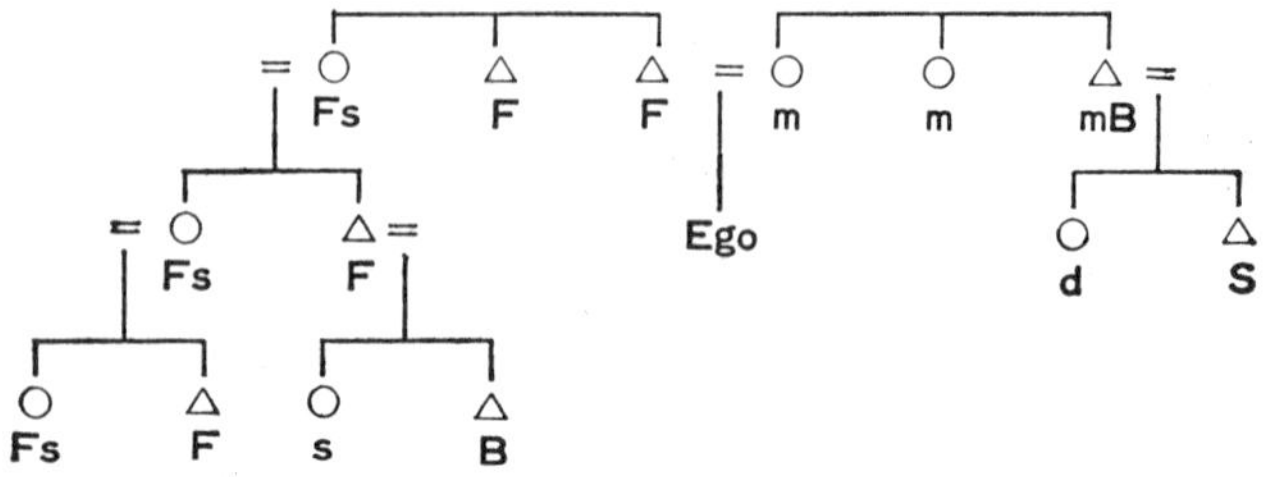

第1図　チョクトウ

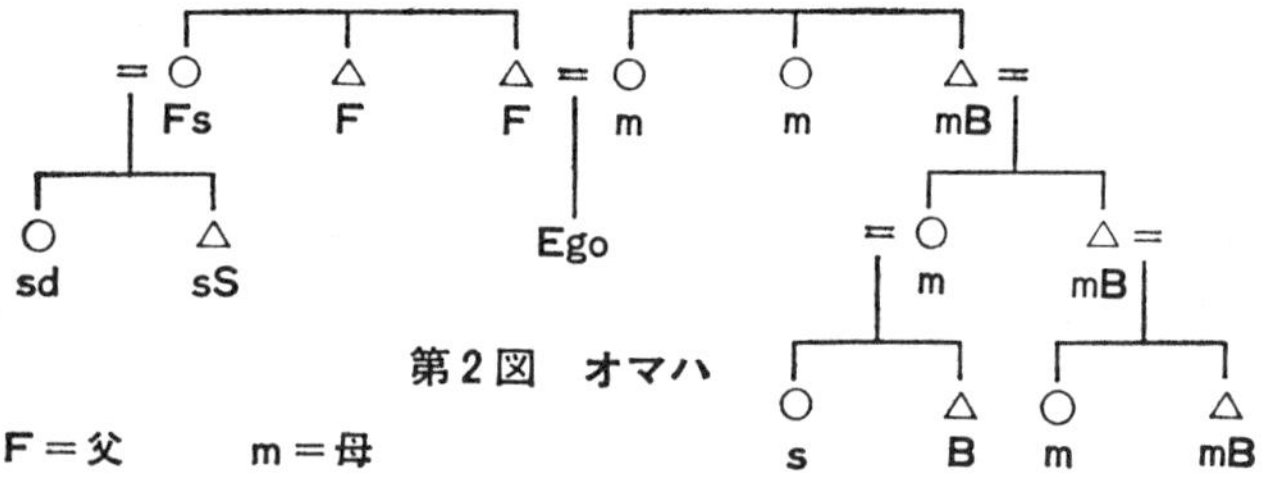

第2図　オマハ

F＝父　m＝母
B＝兄弟　s＝姉妹
S＝息子　d＝娘

これらの名称を明らかにするのに役立つであろう。

オマハ族に似た親族名称はいくつかの地域に見出される。すなわち、(1)オサーグ (Osage)、ウィネバゴ (Winnebago) 族などのような、オマハ族と関連を持っているスー (Siou) 諸族。(2)アルゴンキアン (Algonquian) 諸族のあるもので、その中から私は一例として、フォックス (Fox) インディアンをとり上げる。(3)ミウォーク族 (Miwok) を含むカリフォルニア地域。(4)バンツー系および非バンツー系の東アフリカのいくつかの部族で、ナンディ族 (Nandi) やトンガ族 (Ba Thonga) が含まれる。(5)アッサムのロタ・ナガ族 (Lhota Nagas)。(6)およびニュー・ギニアのいくつかの部族である。チョクトウ族に似た親族名称は、次のような所で見出される。(1)チョクトウ以外のアメリカ南東インディアン諸族で、チェロキー族（Cherokee）を含む。(2)大平原地域のクロウ族（Crow）やヒダッツァ族（Hidatsa）。(3)ホピ族（Hopi）やその他のいくつかのプエブロ・インディアン。(4)アメリカ北西海岸のハイダ族（Haida）やトリンギット（Tlingit）族。(5)メラネシアのバンクス諸島。および(6)西アフリカの一つのトイ語（Twi）を話すコミュニティにおいてである。

この種の親族名称を、「常識に反するもの」と考えるような人々もいるが、しかしそのことは、この親族名称が親族やその名称についての今日の我々ヨーロッパ的考え方に一致していない、ということを意味しているにすぎない。人類学者なら誰でも、ある一つの社会では常識であるものが、他の社会では常識に反するものであるかもしれないことを認めるのは容易であるはずである。チョクトウとオマハの親族名称には何らかの説明が必要である。しかし英語の親族名称にしてもその点同じなのである。英語の名称では、我々は「いとこ」という用語を父母の兄弟姉妹の子供すべてに用いているが、そのやり方は、ある種の非ヨーロッパ人にとっては、多分常識に反するのみならず、道徳にも反するものにみえるであろう。それ故に私がしようと思っていることは、チョクトウやオマハの親族名称は、ちょうど我々自身の親族名称が我々自身の社会体系の中でそうであるように、それらが生じている社会体系の中では、まさに理屈に合ったものであり、また適合したものであるということをあなた方に示すことなのである。

私は、チョクトウ体系とオマハ体系は、別々の方向に適用された――多分それは反対の方角とよんでもよいであろうが――一つの構造原理を現わしているということを指摘しよう。それ故に、私はこれらを同一原理の変型として、一緒に考察しよう。

これらの親族名称を推論的歴史の方法論によって、解明しようとする試みが行なわれてきた。その最初のものは一八九七年コーラー(Kohler)による、『婚姻についての原史』というエッセイにおいてであった。コーラーは、モルガンの集団婚理論の弁護に立ち、彼の議論にチョクトウやオマハ体系を使用した。彼はチョクトウ親族名称は母の兄弟の妻との結婚の結果であり、オマハ型体系は妻の兄弟の娘との結婚の結果であると説明した。コーラーのエッセイはデュルケム(Durkheim)によって一八九八年批評された。それは短かいものではあったが、親族理論に重要な寄与をなすものであった。デュルケムはコーラーの仮説を否定し、チョクトウ体系およびオマハ体系がそれぞれ母系出自および父系出自と関連していることを指摘した。

この主題は再びリバースによってバンクス諸島に関して考察された。彼はコーラーがしたようにこれを集団婚の問題に持ちこまないで、バンクス諸島の親族名称は母の兄弟の未亡人と結婚するという慣習に由来していると説明した。ギッフォード(Gifford 一九一六年)は、カリフォルニアのミウォーク族において、オマハ体系の特徴的な性質を発見し、コーラーやリバースの先導に従って、これは妻の兄弟の娘との結婚の慣習から生じたものだと説明した。彼らとは全く別に大体同じ頃、セリグマン(Mrs. Seligman 一九一七年)も、アフリカのナンディ族その他で行われているオマハ型特性について同様な説明を提供している。

オマハ型に関係のある議論を要約してみよう。この仮説は、ある社会――主として明確な父系組織を持つ社会――では、どういう理由からか、男が彼の妻の兄弟の娘と結婚することを許容するという慣習が採られているとする。第三図を参照すると、Dはfと結婚することが許されることになる。このような結婚が行われるならば、Gとhにとって、彼らの母の兄弟の娘であるfは彼らの継母とな

第3図

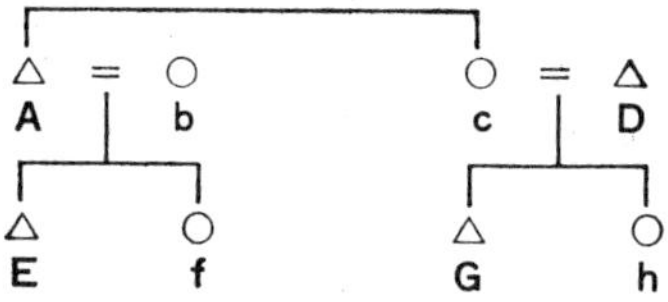

（註）Aとcは兄弟姉妹である。

り、彼らの母の兄弟の息子であるEは彼らの継母の兄弟となるだろう。そこでこの仮説は、このような型の結婚が生ずるかもしれない所ではどこでも、それを予期して親族名称が修正されたと仮定しているのである。Gおよびhは、彼らの母の兄弟の娘であり、それ故にひょっとしてやがて継母になる可能性のあるfを「母」とよび、彼女の兄弟であるEを母の兄弟とよぶのである。その反対にfはGを「息子」、EはGを「姉妹の息子」とよぶのである。チョクトウ体系については、まったくこれと対応する議論が行われている。すなわち男が時として彼の母の兄弟の未亡人と結婚してもよいという慣習があるとする。この図でみると、Gは彼の母の兄弟Aの妻であるbと結婚することになるだろう。するとEとfは彼の継子となるだろう。もしこの結婚が親族名称の上でも予期されているとするならば、EとfはGを「父」、そしてhを「父の姉妹」とよぶだろう。

オマハ族や、同様な親族名称を持っているその他の部族で、男が彼の妻の兄弟の娘と結婚してもよいと考えられていることは注意しておこう。しかし母の兄弟の未亡人との結婚は、チョクトウ型親族名称とともに、常にきまって生じているようにはみえない。これはチョクトウ型とは関係なしに、トンガ族のようにオマハ型親族名称を有する諸族の中にもたしかにみられるのである。

いわゆるコーラー仮説の基盤は、この二種のそれぞれにおいて、親族名称と特殊な婚姻の型が両立するという明白な事実である。つまりこの二つの事柄はいわゆる論理的な方法で適合するのである。

これは誰でもその資料を吟味すればわかることであろうと思う。しかしこの仮説はさらに進められる。つまりこの議論は婚姻の慣習が、特殊な親族名称の原因となった、あるいはそれを産み出した、あるいはそのような親族名称に帰着したといってもよいようなある種の因果関係を想定しているのである。これが本当に物事が生じていった過程であるというような証拠は何もあげられていない。この論は完全に先験的である。その仮説を立証することができないということが、推論的歴史の本質的弱点である。したがってこの仮説は、どのように物事が生じていっただろうかということについての推理、推論以上のものと考えることはできない。

そこでこの特殊な婚姻形態は親族名称の結果であるといっても、前の説と同じようにもっともらしく聞えるのである。オマハ型の親族名称におけるように、もし私が私の妻の兄弟の娘を私の妻の妹であるかのように取り扱うならば、そしてソロレート婚の慣習によって、私が妻の妹と結婚することが正当と考えられているとするならば、この親族名称の体系の中で妹のように扱われている女性、すなわち妻の兄弟の娘と私が結婚することは十分に許されるであろう。この仮説ももちろん証明がない点では同じである。もし我々がコーラー説を採るならば、親族名称はある意味では説明されたとみなされるが、婚姻の慣習については何の説明もない。もう一つの方の仮説では、婚姻の慣習は説明されるが、親族名称は説明されていない。私は純粋に個人的な偏見を別としても、二つの仮説のうちのどちらか一方を、他方に優先して選択する基盤がありうるとは思えないのである。

すでに姉妹型多妻婚が存在する社会においては、この婚姻慣習が親族名称そのものの結果であると認めることはできるのであるが、しかしながら親族名称は、何か別のまだ決定されていない要因による付随的な働きがないならば、婚姻慣習そのものの結果としては生じえないのである。たとえば、男が彼の母の兄弟の未亡人と結婚するという社会が時々あるが、この結婚にふさわしい親族名称は、その結婚が起きた後にのみ使用されるのである。我々は妻の兄弟の娘との結婚においてこうした手順が記されているという例を知らないが、しかしそれが起こりうるだろうということは少くとも認められる。我々が検討しているこの仮説で欠けているものは、時たま生ずるにすぎない特殊な婚姻形態に適合するために、何故親族名称全体が調整されなければならないのかという理由である。

さてこの仮説と離れ、この親族名称が生じているこれら親族体系の構造原理を、チョクトウ型かオマハ型において検討することにしよう。しかし親族名称の問題は、今までに非常に意見の不一致が大きかったので、これについて一言する必要があろう。モルガンがこの問題に最初に興味を持ったのは、民族学者としてであった。すなわち彼は地球上に住む人々の歴史的関係を発見しようと試みたのである。彼は親族名称の十分な実例を蒐集し、それらを比較することによって、アメリカ・インディアン(彼はガノワニアン**Ganowanian**とよんでいたが)とアジア人との間の、歴史的関係を明らかにすることができると考えたのであった。しかし彼はその研究の途上で、これらの名称は、以前に存在した社会組織の形態を推定するのに使用することができるとした。たとえば、イロコイ族のような北アメリカ諸部族に発見される類別的名称は、それが実際に存在している社会組織とは一致していない。それ故にこの親族名称はそういう風に組織された社会では生じえないのであり、何かある別種の社会体系の「残存」であるに違いないとモルガンは想定したのであった。

これはもちろん純粋な仮定である。しかしこれは推論的歴史の方法論が、しばしば無意識的にあるいは目につかぬ形で、我々に作るようにしむけてくる種類の仮定なのである。モルガンはこうして幻想的仮説にみちた主題の中で、もっとも幻想的な仮説の一つに到達した。その真相は彼が類別的親族名称の本質と機能を理解することに完全に失敗したからである。推論的歴史の仮説ほど、あるいはこのような仮説を創り出そうとする要求ほど、真の事物の認識や理解を妨げるに効果的なものはないのである。

初期のモルガン批判者の一人であるスターク（Starcke、一八八九年）は、私自身常にとってきた立場に立った最初の人であったと思われる。彼は一般論として、親族名称は「各部族においてもっとも近しい親戚の間に生ずる法的諸関係を忠実に反映するものである」と考えた。そしてこのような親族名称を、過ぎ去った社会の歴史的再構成をするために使用しようという試みは、健全でないと非難している。何故スタークには信奉者がこんなにも少なく、モルガンにはそんなにも多いかという理由を考察するのは興味深いことではあろうが、しかしここで私はそれを取り上げることはできない。

一九〇九年クローバー（Kroeber）は、我々の雑誌に「親族関係の類別的体系」という論文をのせた。この論文の論争に対してリバースは「親族と社会組織」（一九一四a）という講演の中で反論し、クローバーも「カリフォルニア親族体系」（一九一七）の中でリバースの批判に答えている。

私はクローバーの論文が出た時、それについてリバースと議論をした。そしてその意見の異なる両者どちらにも賛成しない自分の立場を見出したのであった。クローバーは書いている。「親族関係についての名称から、現在存在する社会制度や婚姻制度の由来をさぐろうとする通俗的な方法ほど当てにならぬものはない」。これは一八八九年のスタークの繰り返しであり、これについては私は完全に賛成したし、現在も賛成している。そしてそのためにリバースとは意見が合わなかった。クローバーはまた次のようにも書いている。「特定の事柄に対して大いに特定的原因を探し求めようとする――そしてその原因と事柄の間の関係は、主観的に選択された証拠を通してのみ確立されうるのであるが

――のが近年の人類学の不幸な特質となってきた。より広い知識をもち、動機から自由になれば、ある離れた人類学的現象の因果関係的説明は、別の離れた現象の中にはごく稀にしか見出されえないということが次第次第に明らかになってくるのである」。この論旨に私は賛成する。

しかしクローバーもリバースもともに、クローバーのいう「真の科学」を構成するためには、因果関係的説明が必要であるという点では一致しているようにみえる。リバースにとっては、人類学が因果関係的関連性を示すことができるが故に、あるいはその程度においてまで、人類学が真の科学なのである。一方、クローバーにとってリバースの方法は真の科学ではないのである。ここで私はクローバーにもリバースにも賛成しない。それは純粋に理論的な科学（物理学でも、生物学でもまた社会学でも）は、このような意味での因果関係とはかかわり合いを持っていないと考えるからである。原因と結果という概念は、応用科学、現実的生活やその芸術、技術および歴史に帰属するのが正当なのである。

このことはリバース・クローバー論争の頂点に我々を導く。リバースは親族名称の特性は、社会的ないしは社会学的諸要因によって決定される、すなわち親族名称の個々の様相は、社会組織の個々の特性に由来するものであると考えた。これに対してクローバーは、親族名称の体系の特性は、「主として言語によって決定され」、そして「社会学ではなくて心理学を反映している」とする。彼は「親族関係についての諸用語は、主として言語的諸要因によって決定され、ただ折々に、また間接的に社会的諸状況によって影響を受けるにすぎない」と書いているのである。しかし後期の論文では、クローバーは、彼のいう心理学的諸要因は、「制度、信仰、あるいは産業などが社会的現象であるのと同様に、まったく完全に社会的、文化的現象である」と説明している。それ故彼の論旨は、二種の社会現象間の区別にかかわり合ってくる。この二種の一つを彼は制度的なものとよび、「婚姻、出自、人間関係などと関連を持つ慣行」であると規定した。これらは彼の最初の論文で「社会的諸要因」とよばれていたものである。もう一種を彼は文化の「プシケ」とよび、すなわち「文化の特性を考えたり感じたりする方法である」という。これらが彼のいう心理学的諸要因を構成するのである。

このようにクローバーの論旨は、その肯定的な面からみれば、親族名称の類似や相違は、一般的な「思考方式」にみられる類似や相違との関連において説明され、ないしは理解されるべきであるということになる。否定的な面では、――そして我々が関心を持つのはその点なのであるが――クローバーの論旨は、親族名称の類似や相違と、「諸制度」すなわち婚姻、出自、人間関係と関連した慣行にみられる類似や相違との間には、規則性を伴う密接な関係は何ら存在しないということである。一九一七年、「オーストラリアとオセアニアのある地方では、親族用語と社会慣行との間に疑う余地のない一致」が存在するのを彼は認めたが、しかしこのような事柄がカリフォルニアでも見出されるはずであるということは否定している。オーストラリアやオセアニアでは、それらが注意深く探究されてきたのに対し、カリフォルニアではそうではなかったということが指摘されるかもしれない。また現在カリフォルニアに残存する諸部族の中で、それらを探究するのは今ではもう余りにもおそすぎるということかもしれない。

クローバーに反対し、ある意味ではリバースに賛成して、私は世界中すべてにわたって、親族名称と社会慣行の間には重要な一致があると考えている。このような一致は、単純に臆測されるべきではなく、実地調査と比較分析によって論証されなければならない。しかしその一致が存在しないということも臆測することはできないだろう。そしてカリフォルニアではそれが欠如していると主張することからくるクローバーの議論は、完全に納得しがたいように思われる。

クローバーにとって、人々の親族名称は親族に適用された一般的思考方式を表わしている。しかし人々の制度もまた、親族や婚姻についての一般的思考方式を表わしているのである。カリフォルニアの諸部族では、一方では親族名称に現われる親族についての思考方式と、他方では社会慣習に現われるそれとが、単に異なっているのみならず、関連がないのだと我々は推定するべきなのだろうか。要するにこれがクローバーが提唱しているもののようである。

一九一七年、クローバーは、彼の独創的な論文は、「親族体系を親族体系として理解しようとする純粋な試み」を論じていると指摘した。しかし、「親族体系」という用語で、クローバーは単に親族名称の体系だけを指している。さらにクローバーは民族学者であるが、社会人類学者ではない。この主題についての彼の主要な関心は、たとえそれが唯一のものではなかったにしても、親族名称の体系を比較することによって、できれば人類の歴史的諸関係を発見し、規定したいということであった。

私自身の考え方は、親族名称は、ちょうどそれがいうまでもなく言語の本質的部分であるのと同様に、親族体系の本質的な部分であるとする。親族名称と親族体系のその他の部分との間にある関係は、秩序ある全体内部での関係である。私の関心は世界諸地域の実地調査においても、比較研究においても、これら諸関係の本質を発見することにあった。

親族体系の実際的研究においては、名称は、きわだって重要である。これは全体としての親族体系の究明と分析に対して、最上の可能な手がかりを与えてくれる。もちろん、もし親族名称と、親族体系のその他の部分との間に、真の相互依存の関係がないならば、そんなことはできないであろう。こうした関係が存在するということを、私自身いくつかの地域で行ってきた実地調査から確信することができる。そして、親族体系について十分な実地研究を行ってきた人類学者なら誰でもそれを支持す

るだろうと私は思っている。原註2

私はクローバーとリバースの意見のくい違いを取り扱ってきたが、それは意見の対立する二人ともが指摘しているように、真の論点は単に親族名称にかかわるものであるばかりでなく、人類学という学問の一般的方法論に関する非常に重要な問題であるからである。私自身の立場は、一方でリバースの立場とまた一方でクローバーの立場とどのように異なっているかを示すことにより、もっともはっきりさせることができるように思われた。

親族体系は、言語が人間によって作り出され、作りかえられていくのと同様な意味において、作り出され、作りかえられていく。このことはそれらが通常は慎重熟慮の上で、また意識的な目的に支配されて、構成され、あるいは変化を受けているということを意味しはしない。言語は働かねばならない。すなわち言語は通信のために、多かれ少なかれ適切な道具を提供しなければならない。そしてその働くという目的のためには、それはある一般的な必要諸条件に合致していなければならないのである。諸言語を語形論的に比較してみると、屈折、膠着、語順、内的意味変化、あるいは音調や強声の使用というような様々の語形論的諸原則を使用することによって、これらの諸条件が編成されてきた種々の道程が示される。親族体系もまたそれが存在し、あるいは存続するものであるならば、働きがなければならない。これは社会慣行によって規定された社会関係の秩序ある、また働きうる体系を提供しなければならない。さまざまな体系を比較すると、ある種の構造的原則やある種の機構を利用することによって、働きうるような体系がどのようにして作り出されていったかが示されるのである。

親族体系の一つの共通な特性は、一人の個人が持つさまざまな親族が分類される、あるカテゴリーないしは部類を承認していることである。個人とその親族との間の実質的な社会関係は、権利や義務によって、あるいは社会的に是認された態度や行動様式によって規定されたものとして、多かれ少なかれ、その親族が属しているカテゴリーに従って定められている。親族名称は一般にこれらのカテゴリーを確立し認知する手段として用いられている。一つの用語はある一つのカテゴリーに属する親族に関して用いることができるであろうし、別のカテゴリーに属する親族は別の親族用語によって区別されるであろう。

我々自身の体系から取り出した一つの簡単な例を眺めてみよう。我々は親族体系の一般的風潮の中ではやや風変りなやり方をとっている。つまり我々は父の兄弟も母の兄弟も同種のカテゴリーの親族と考えている。そして我々は、もともとは母の兄弟を指す一つの用語（ラテン語のavunculusからきている）を両者にあてている。英国の法律上での法的な関係は、限嗣不動産権の設定された地所や貴族の称号を除けば、おいにとってどちらのおじも等しい。たとえばおいは、遺言がない場合、どちらのおじの地所に関しても同等な財産権を有している。英国におけるいわゆる社会的に規準化された行動の中でも、父方おじと母方おじの間に何か規則的な差異があると記することはできない。それに相応しておじと二種類のおいとの関係も一般的にいえば同じである。もっと拡大して、母の兄弟の息子と父の兄弟の息子との間にも有意な差はないのである。

別のヨーロッパ式体系を取り上げてみると、モンテネグロではこれに反して、父の兄弟は一つのカテゴリーを構成し、母の兄弟は別のカテゴリーを構成する。これらの親族は、別々の用語によって区別され、それぞれの妻たちも同様に区別されている。また個人がその二種のおじに対して持つ社会関係は顕著な差異を示している。

二種のおじに対する英国人の態度は、決して「自然」のものではない。実に世界各地に住む多くの人々は、父方の親族と母方の親族を区別しないこのやり方を自然の理に反するものであり、誤ったものであるとさえ考えている。しかし我々の親族名称は我々の親族体系全体と合致しているのである。

我々がここで取り上げていこうとする親族体系は、すべてモルガンが「類別的」親族名称とよんでいた型である。モルガンがこの語によって意味したものは、彼の著書からきわめて明瞭であるが、しかし彼の定義はしばしば無視されている。そしてそれは多分人々がわざわざ彼の著書を読む努力をしないためであろう。彼によれば本来直系親族、たとえば「父」に対して用いられる親族の用語が、傍系親族を指しても用いられる場合、親族名称は類別的ということになっている。それ故モルガンの定義によれば、英語の「おじ」という語は類別的用語ではない。何故ならそれは傍系親族に対してのみ用いられるのであるから、まさにその反対なのである。クローバーは一九〇九年、モルガンを批判し、彼の類別的名称という概念を拒否した。そして親族用語の重要な特性の一つとして、それらの用語が、直系親族を傍系親族から切り離し、あるいは区別している程度を取り上げることによって、同じような区分を利用することを進めている。このことは、クローバーが好まないのは、ただ単に「類別的」という用語だけであるようにみえる。疑いもなくこれは理想的な言葉ではない。しかしこれは長い間使用されてきたし、他の言葉が提示されてはきたが、これ以上によい語が示唆されたわけでもなかった。

私は類別的原理が親族名称に適用されているすべての体系ではなく、広い分布を持ったただ一つのタイプだけを取り扱おうと思う。これらの体系の中では直系・傍系親族間の区別は明瞭に認められ、社会生活の中でも非常な重要性を有しているが、しかしこれはある点では、兄弟姉妹集団連帯性の原則といえるような別種の構造的原理に支配されているのである。兄弟姉妹の集団は、単婚社会では一人の男とその妻との間に生れた息子や娘たちからなり、一夫多妻婚では男とその妻たちの、また一妻多夫婚では女とその夫たちの息子や娘たちから成っている。兄弟姉妹を一つの社会集団にまとめて結びつけている絆は、どこでも重要に考えられてはいるが、ある社会ではその他の所よりもいっそう強調されている。兄弟姉妹集団の連帯性は、第一にその成員間の社会関係の中に示されている。

この原則からさらに、私が兄弟姉妹集団の一体性とよぶ、もう一つ先の原則がひき出されてくる。これは成員お互い同士の行動に示されている集団の内部的一体性をさすのではなくて、その集団の外にいて、その集団成員の一人と特定な関係によって結びつけられている人との関係にみられる一体性である。

第4図

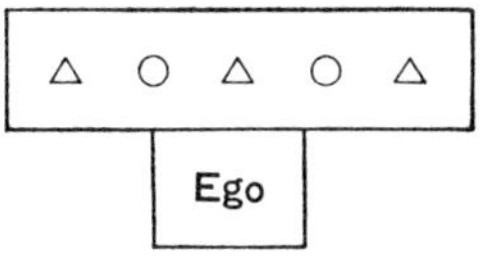

この議論をわかりやすくするには図解がよいかもしれない。第四図は三人の兄弟と二人の姉妹という集団を表わしている。そしてこの集団に対して自己は、三人兄弟のうちの一人の男の息子であるという事実によって関係を持っている。私が現在取り扱っているこの親族体系においては、自己は自分自身がこの集団の成員すべてと同種の全般的関係に立っていると考えている。彼にとってこの集団は統一体を構成している。父の兄弟姉妹と彼との関係は、彼の父と同種の全般的なものと認められている。しかしながらこの集団内部では、性と年令という区分の二原則があり、それらは考慮されなければならない。年長制が強調されない社会では、父の兄も弟も父と同じような人として取り扱われる。彼は自分自身の父に用いると同じ親族用語によって、彼らを指し、彼らによびかける。またある重要な点では、彼らに対する彼の行動は、彼の父に対する行動に類似したものになっている。この行動を規定するものは、もちろん体系が違えば違ってくる。年長制が著しく強調される社会では、兄と弟は

行動の点で、あるいは行動と親族名称の二つの点で区別されるかもしれない。しかしそれでもなお、すべての「父たち」に対する行動様式の中には、共通の要素が残っているのである。

性の相違は年令の相違よりさらに重大である。そしてこの点では我々が今考察している体系の中でもかなりの変差がある。しかし世界各地の実に相当な数の体系において、個人とその父の姉妹との関係にはある特徴がある。それは彼が彼女をいわば女性の父親とみなしているとでもいったら、正しく伝えることができるであろう。こうした体系のあるものでは、彼は実際に彼女を「女のお父さん」とよんだり、あるいは、父に対する用語をいく分修正して用いている。もしあなた方が、個人が彼の父の姉妹を、彼自身の父と同種の親族とみなすなどというのは、つじつまがあわないと思われるとすれば、それはあなた方が、行動様式によって規定される社会関係――我々がここで関心を持っているのがそれである――を考えているのではなくて、生理学的関係を考えているからなのであり、生理学的関係はここでは見当違いなのである。

これと同じことが母の兄弟姉妹集団についても生じている。母の姉妹は名称の点でも、行動や態度上のある種の原則でも母と同種の親族として取り扱われる。数多くの体系では、母の兄弟もまた、母と同種の親族として取り扱われている。彼はアフリカのバンツー諸族や、太平洋のトンガ島民にみられるように、「男のお母さん」とよばれるかもしれない。もしも年長制の原則が強調されるならば、母の兄弟は母よりも年長か年少かにしたがって区別されるかもしれない。

この種の体系に一度も直接にふれたことのない方々には、何故父の姉妹が女性である父親として、また母の兄弟が男性である母親として考えられるのかを理解するのが難かしく感じられるかもしれない。それは「父」とか「母」とかいう用語を、それらが我々自身の社会体系の中で持っている意味合いからひき離すことの困難さによっている。もしも他の社会の親族体系をかりに理解するということになるならば、このことは絶対に必須の事柄である。我々にとって奇妙にみえる他の親族名称を引き合いに出すならば、多分いくらかの手がかりになるかもしれない。私が今ここで扱っている大部分の体系は、「子供」とか「息子」「娘」という語を有し、その語を男は自分自身の子供と自分の兄弟の子供に、また女は自分自身の子供と自分の姉妹の子供に適用している。しかしあるオーストラリアの部族には「子供」について二つの別な語がある。一つは男が自分自身の子供（あるいは自分の兄弟の子供）に、また女が彼女の兄弟の子供に対して用いる。もう一つの語は、女が彼女自身の子供あるいは彼女の姉妹の子供に、また男が彼の姉妹の子供に用いている。これは親族名称の中で一体性を表現する別の方法であることがわかっていただけると思う。この一体性とは、その子供との関係で兄弟と姉妹を結びつけているものである。つまり私はある一つの用語で私の父とその兄弟姉妹からよびかけられ、また別の用語で母とその兄弟姉妹からよびかけられるのである。

兄弟姉妹集団の一体性という同じ原則は、その他の兄弟姉妹集団にも適用される。たとえば父の父の兄弟は、父の父と同一のカテゴリーに属するものと考えられており、その結果、彼の息子は父や父の兄弟と同種の何かもう少し遠い親族ということになる。基本原則をこうして拡大していくことによって、遠近の程度がさまざまの非常に多数の傍系親族が、ある一定数のカテゴリーの中にあてはめられてくる。ある個人は、このようにして「父たち」「兄弟たち」「母の兄弟たち」などなどとして類別される多くの、場合によっては何百人もの親族をもつかもしれない。しかしこの基本原則が拡大して応用されるにもさまざまの方法があるので、結果としてさまざまな型の体系が生じている。それらすべてに共通なことは、私がすでに手短かに要約してきたこの構造的原理を、何らかの形で利用している点である。

私があなた方に示そうとしているのは、類別的親族名称とは、遠近にわたる多くの親族を含みうるような親族関係の少数のカテゴリーを作り上げるために、兄弟姉妹集団の一体性を利用することによって、広範囲の親族組織をととのえている一つの方法であるということである。一つの語で指示される親族すべてに対しては、その人たちには適切であるが、他の人にはそうではないと考えられているような態度、あるいは行動のある種の要素が通常存在している。しかしカテゴリーの内部に入ってみれば、そこには大きな差異があるかもしれないし、普通はあるのである。第一に、自分自身の父とその兄弟との間には、非常に大きな差異がある。またカテゴリー内の近い親族と遠い親族との間にも差異がある。時には、別々のクランに属している一つのカテゴリー内の親族の間にも重要な差異がある。さまざまな独自の体系の中で作り上げられた、その他の差異もある。それ故に親族名称によって表わされたカテゴリーは、社会生活の中での親族の真の配列について、その骨組以上のものを我々に与えてくれることはない。しかしこの骨組は私が研究しえたあらゆる体系においては与えられているのである。

もしこの論旨が正しいものである、すなわちこれが、類別的親族名称が、それを有する諸部族の中で実際にそうであるところのものであるとするならば、モルガンの全理論が完全に地歩を失なうことは明らかである。このように解釈していけば、類別的体系は、同一基本家族内の兄弟と姉妹を結びつける強力な社会的紐帯を認識することにかかっており、親族間の複雑かつ秩序ある社会関係を整備するために、この紐帯を利用することに依存しているのである。これは基本家族に基盤を置く社会以外には存在しうるはずがない。世界中のどこを探しても、オーストラリア諸族ほど、一人の男と彼自身の子供たち、あるいは一人の父を持つ子供たち同士の間の紐帯が強い所はなく、そして御存じのように、ここは類別的親族名称の極端な事例を提供している。

兄弟姉妹集団の内的連帯性と、その集団に関連を持つ人々との関係にみられる一体性は、さまざまな社会に非常に多様な形で現われている。私はこれを取り扱うことはできないが、後の議論のために、姉妹型一夫多妻婚（二人あるいはそれ以上の姉妹との結婚）、ソロレート婚（死亡した妻の姉妹との結婚）、アデルフィック一妻多夫婚（二人ないしそれ以上の兄弟との結婚、一妻多夫婚のもっとも一般的な形）、およびレヴィレート婚（兄弟の未亡人との結婚）というような慣習が、この構造的原理の観点から解釈されねばならないということを指摘しておこう。サピア（Sapir）は推論的歴史の方法論を用いて、類別的親族名称はレヴィレート婚やソロレート婚の慣習の結果であるかもしれないと示唆している。この二つの事象が関連しているのは明瞭であると私も思う。しかし類推された因果関係に関しては、何の証拠もないのである。その真の関連性は、それらが兄弟姉妹集団の一体性という原則が適用され、利用されている別々の方法であるということである。それ故その二つの事象は一緒にも、別々にも存在しうるであろう。

クランやモイエティに分れる組織もまた、兄弟姉妹集団の連帯性と一体性の原則が、その他の諸原則と結びついたものの上に成り立っている。タイラーは外婚クランと類別的親族名称の関連性を示唆した。リバースはこれを推論的歴史の面で捕え、類別的親族名称は、外婚的モイエティに分割されている社会組織の中に、その起源があるに違いないと論じたのである。

II

我々が分析を進めるにあたって、親族体系構造のもう一つの側面、すなわち世代の分割ということを手短かに考察する必要がある。世代の区分は、基本家族の内部、つまり両親と子供という関係に基づいている。多くの親族体系の中で、異世代間の親族行動にはある一般化された傾向が見出される。たとえば非常にしばしば、個人は自分より一世代上のすべての親族に対して、多かれ少なかれ明瞭な尊敬の態度をとるよう期待されている。またある一定の距離を保つとか、余りに親密になりすぎないようにするとかいう行動上の制約がある。実際この二つの世代の間には、優越と従属という一般化された関係が存在するのである。一方これに伴って、個人とその二世代上の親族の間には、通常、友だちのような平等さの関係がある。祖父母と孫の親族名称は、この関連において意味を持っている。オーストラリア諸族にみられるように、ある種の類別的体系では、父方の祖父母は用語の点でも行動の点でも、母方の祖父母とは区別されている。しかし多くの類別的体系では、一般化する傾向がありその世代のすべての親族が、「祖父たち」とか「祖母たち」として一緒にまとめられるという結果になっている。

ついでに我々は、モルガンがマレー型とよび、リバースがハワイ型とよんだ類別的親族名称の中では、この一般化する過程が他の世代にも適用されていることに注目してもよいだろう。つまり、両親の世代のすべての親族は「父」や「母」とよばれるかもしれないし、また自己の世代のすべての親族は「兄弟」や「姉妹」とよばれるかもしれないのである。

世界の諸地方には、私が一代おきの世代の連結とよんでいる、一つの構造的原則を表わしている多くの親族体系がある。これは祖父の世代の親族は、両親の世代の親族をとびこえて、自己の世代の親族と考えられていることを意味する。この原則が極端に発達したものが、オーストラリア諸族にみられる。これは後に参照しよう。

ある体系が世代の区分をその親族名称やその社会構造の中で強調している一方では、二つないしそれ以上の世代の親族が、一つのカテゴリーに含まれるという体系もある。私が比較研究することができた限りでは、数多くのこうした事例は四種に分類されるようである。

第一類の事例では、その関係用語はある特定の世代を指す意味を持つのではなくて、非親族と近親者――その人々に対しては特定の義務や権利が認められている――の間の一種の周辺部分を、目立たせるために用いられている。このような用語が適用されるのは一般的にいって、対象となっている人々は親族として認められているのであるから、彼もしくは彼女は他所者としてではなく、ある一般的な友人のような態度をもって扱われなければならないということを意味している。そのよい例がマサイ族の ol-le-sotwa や en-e-sotwa という用語にみられる。私はこのクラスに英語の「いとこ」という言葉も含めたいと思う。

第二の事例は、ある特定の親族に対して求められている態度と、その人が属している世代に対して求められる一般的態度とが一致せず、矛盾を起こしているようなものを含んでいる。たとえば南東アフリカのある部族では、一世代上の親族には、いちじるしい尊敬が払われなければならないという一般的規則と、母の兄弟には特権的無礼が許されるという慣習の間に矛盾がみられる。これは母の兄弟を二つ上の世代に置き、「祖父」とよぶことによって解決している。反対の例がマサイ族に見出される。個人は二世代下のすべての親族とは親密な間柄にあり、彼らは彼の「孫」である。しかし、彼と彼の息子の息子の妻との関係は、親密さではなく、非常な遠慮といったようなものであるべきだと思われている。このくい違いは、彼女をその属する世代からはずして、「息子の妻」とよぶという一種の合法的擬制によって解決されている。

第三の事例は、すでに述べたように、一代おきの世代が結びつけられるという構造的原則に由来している。たとえば父の父は「兄」とよばれ、そのように取り扱われるかもしれないし、息子の息子は「弟」とよばれるかもしれない。あるいはある人とその息子の息子は両者とも一つのカテゴリーの関係内に包括されるかもしれない。これについての多くの実例が、オーストラリアやその他に存在している。ホピ族の一つの例を後であげてみよう。

第四の事例は、チョクトウ型やオマハ型の体系、およびその他のものをも含むもので、これらにおいては、世代の区分は、他の原則すなわちリネージ集団の一体性という原則を優先させるために、わきへどけられてしまっている。

リネージという用語は、しばしば曖昧に用いられているので、私がそれをどういう意味で用いているかを説明しなければならない。父系的もしくは男系的リネージは、一人の男と、ある限られた世代にわたる、男系を通じた彼の子孫すべてから成っている。したがって最少リネージでは三世代を含んでおり、四世代、五世代、あるいはn世代にわたるリネージも存在しうるのである。母系リネージは一人の女と、ある限られた世代にわたる、女系を通じた彼女の子孫すべてから成っている。一つのリネージ集団は、特定の時点に生きているリネージの全成員から構成されている。クランというのは、私がここで使用しようとする用語にしたがえば、実際にあるいは（系譜によって）論証できるリネージではないが、ある点ではリネージに似ているものと考えられている。クランは普通には多数の実際のリネージから成っている。リネージは、父系も母系もあらゆる親族体系の中に、目につかない形で存在している。しかし社会構造の中で、リネージ集団の連帯性が重要な特性となっているのは、ある種の体系においてのみである。

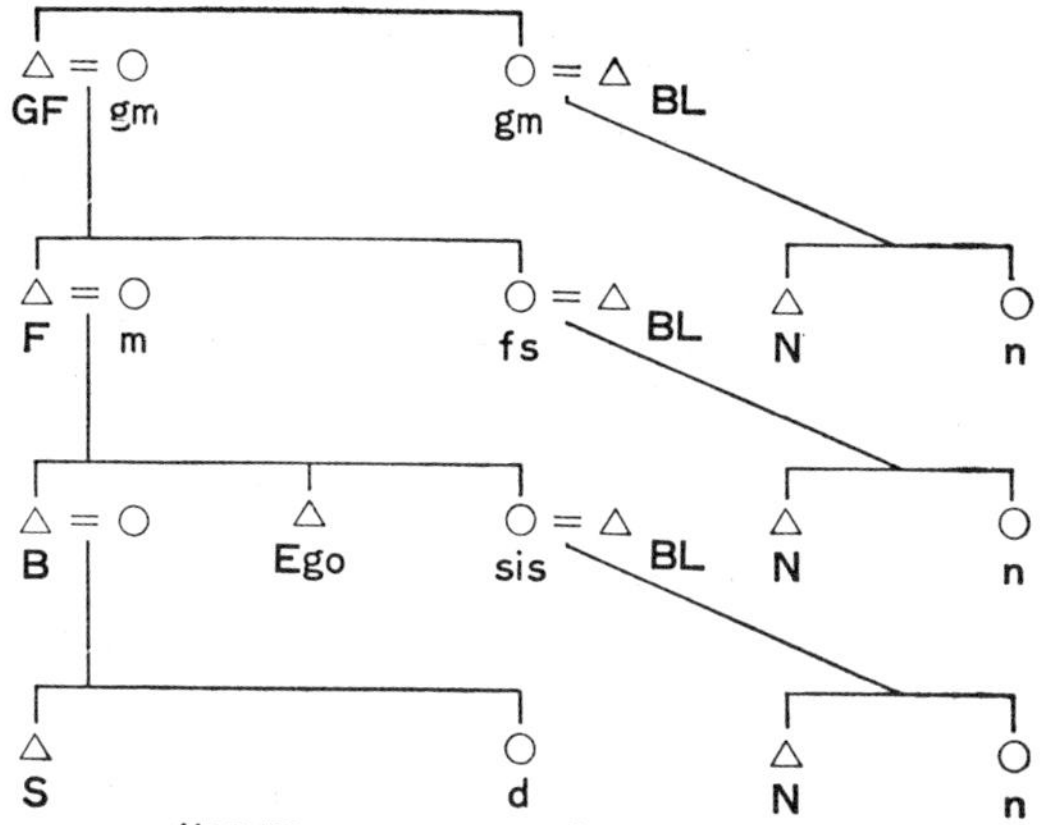

第5図　フォックス(父のリネージ)

リネージ集団が重要である所では、我々はその連帯性について取り上げることができる。その連帯性とは第一にその成員間の内的な諸関係の中に示されている。リネージ集団の一体性という原則によって私が意図するのは、このリネージには属していないが、親族の何らかの重要な絆を通じて、もしくは婚姻によって、そのリネージと関連を持っている人々にとって、そのリネージ成員が一つのカテゴリーを構成している——そのカテゴリー内部には男女の区別や、またその他の区別も多分あるが——ということである。この原則が親族用語に働きかけると、外部からこのリネージに関連を持つ人々は、そのリネージの同性の成員に対して少なくとも三世代を通じて同一の関係用語を適用することになる。それがクランに応用されたような極端に発達したものでは、何らかのやり方でクランと関連を持っている人は、そのクランのすべての成員に一つの関係用語を適用している。一例を後であげよう。

親族名称のオマハ型は、ソル・タックス(Dr. Sol Tax, 一九三七年)によって詳細に研究されたフォックス(Fox)・インディアンの体系によって説明されるであろう。議論と関係があるこの体系の

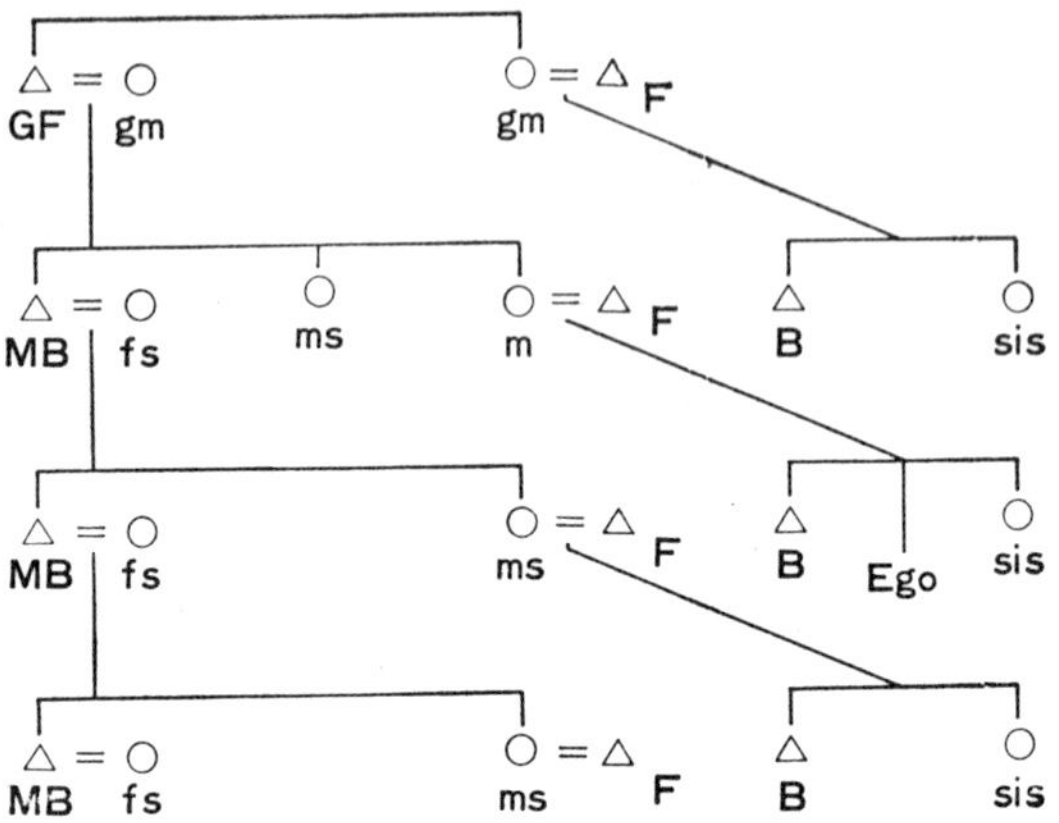

第6図　フォックス（母のリネージ）

特性は次にあげる付図（5図〜9図）で説明される。[原註3]

自分自身の父系リネージでは、彼はその親族を世代にしたがって「祖父」（GF）、「父」（F）、「兄弟」（B）、「息子」（S）、「祖母」（gm）、「父の姉妹」（fs）、「姉妹」（sis）、および「娘」（d）というように区別している。私があなた方に注意していただきたいのは、彼が「義理の兄弟」（BL）という一つの用語を、その世代を考慮せずに、三世代（彼自身の世代とその上の二つの世代）にわたるそのリネージの女性成員の夫たちに適用していること、および彼がそれらすべての女性の子供たちを「おい」（N）、めい（h）とよんでいるということである。このようにこれらの世代にわたる自分自身のリネージの女たちは、一種の集団を構成しており、自己はその女たち全員の子供や夫たち——彼らはそれぞれいくつもの別々のリネージに属しているのであるが——にとって、等しい関係に立っていると考えているのである。

母の父系リネージに目を転ずると、自己は母の父を「祖父」（GF）とよぶがその下、三世代にわたるそのリネージの男性すべてを「母の兄弟」（MB）とよんでいることがわかる。同様に彼は、彼自身の母を除いたこれら三世代の女性を「母の姉妹」（ｍｓ）と翻訳される用語でよんでいる。また彼は「父」（F）という用語を、四世代にわたるこのリネージの女性すべての夫たち（母の父の姉妹の夫も含めて）に適用しており、この女性全員の子供は、彼の「兄弟」および「姉妹」である。彼は一体となった集団の成員であるある特定女性の息子であり、それ故にその集団の他の女性の息子たちは彼

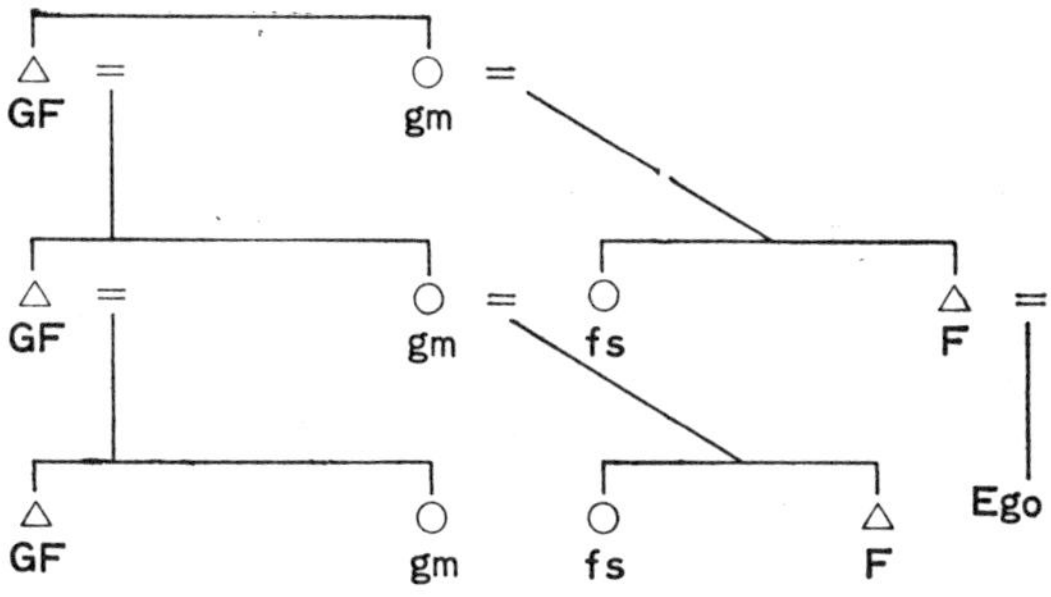

第７図　フォックス(父の母のリネージ)

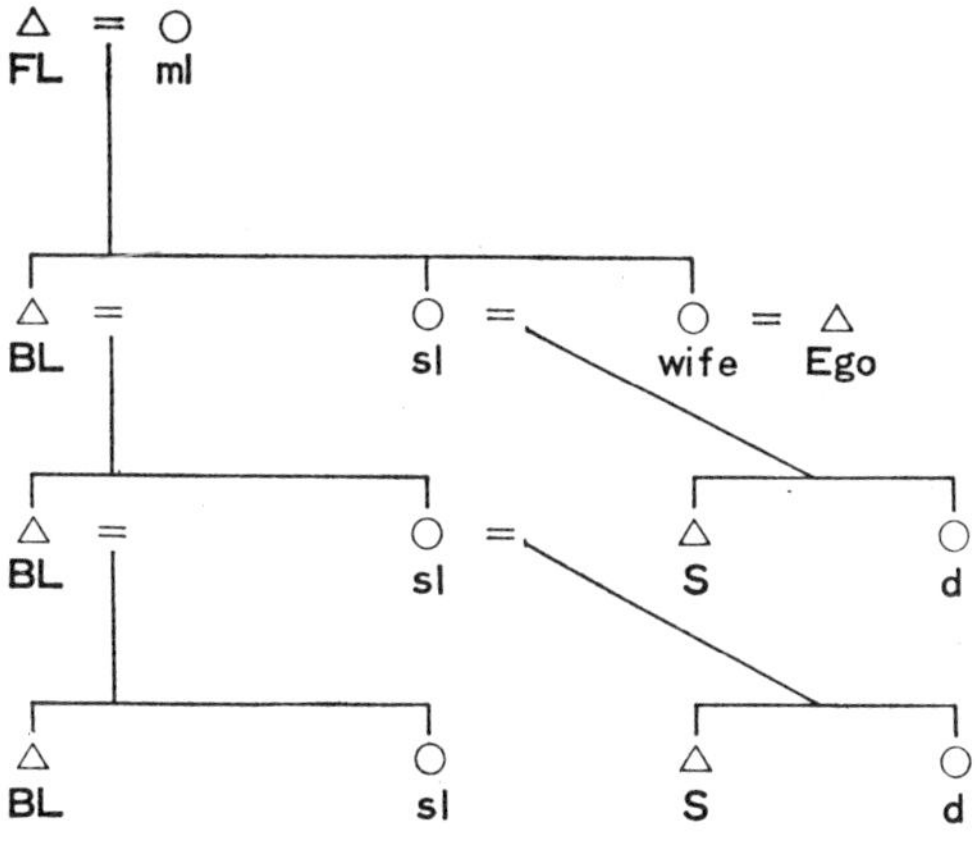

第８図　フォックス(妻のリネージ)

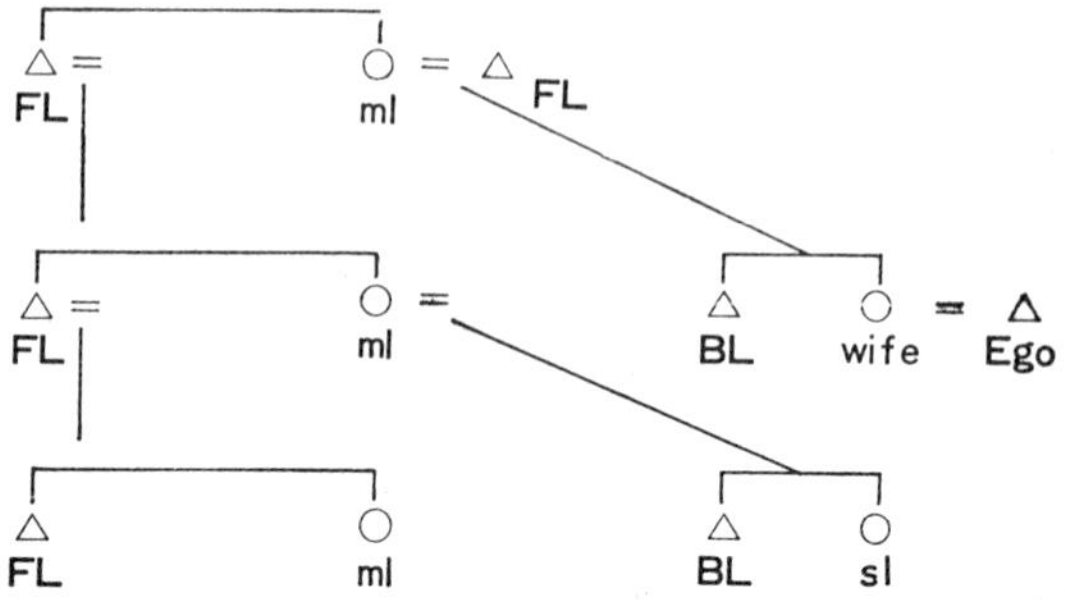

第9図　フォックス(妻の母のリネージ)

の「兄弟」なのである。

父の母のリネージでは、自己は三世代にわたるすべての男女を「祖父」とか「祖母」とよんでいる。これらの「祖母」たちの子供らは、世代にかかわらず全員彼の「父たち」および「父の姉妹たち」である。母の母のリネージでも、彼はすべての男性を「祖父」、すべての女性を「祖母」とよんでいる。しかしそれを示す図を挿入する必要はないと考えた。

妻のリネージでは、彼は妻の父を我々が「義理の父」(FL)と翻訳するような用語でよんでいる。これは「祖父」という語の変形である。[原註4]「義理の父」の息子たちや、彼の兄弟の息子たちは、「義理の兄弟たち」(BL)であり、娘たちは、「義理の姉妹たち」(sl)である。「義理の兄弟」の子供たちはまたもや「義理の兄弟」であり、「義理の姉妹」である。このようにしてこれら二つの用語は、三世代にわたってリネージの男女成員に適用されている。一方、「義理の姉妹」全員の子供たちは「息子たち」および「娘たち」である。

第9図は妻の母のリネージを示す。このリネージでは、三世代を通じて、すべての男たちは「義理の父」とよばれ、すべての女たちは「義理の母」とよばれている。

フォックスの親族名称にみられる親族の類別は、ある種の人々が我々を信じさせようとしたように、単なる言語上の問題だけなのだろうか。タックスの考察（一九三七年）は、そうでないことを我我に確信させてくれる。彼は次のように書いている。

親族名称は、知られているすべての親族（系譜的関係が辿れない場合すらもあるが）に対して適用されており、この結果部族全体が、何対かの関係にまとめられるような少数の型に分割されている。これら各々の型は多かれ少なかれ、明瞭な伝統的行動様式を伴っている。一般的にいうならば、近親者の行動は非常に強くその様式に従い、疎遠な親族の行動はもっと弱い。しかし何らかの理由によって、一対となった近親者同士が「彼らがそうするべきようにはお互い同士行動していない」というような場合も数多くある。

タックスはさらに進めて関係のさまざまな型に対する行動様式を規定する。こうして、親族名称という手段をとることによって、あるいはその親族名称の中に表現されることによって、親族がカテゴリーに分類されるということは、また社会行動の規則の中にも現われるのである。これがオマハ型の他の体系にもあてはまるということについてはよい証拠がある。そしてクローバーの論旨に反して、多分これはすべての体系についてもあてはまるという仮説を、我々は正当なものとして受け入れてもよいだろう。

フォックス・インディアンに関してここで描いたものに類似する図は、オマハ型の他の体系についても作ることができる。様々な体系を注意深く吟味し、比較すると、種々の変差はあるものの、親族名称とそれに付随する社会構造の両者の基礎となる、一つの構造的原理が存在することが示されると思う。一つのリネージ内の三世代（時にはそれ以上）は一体として考えられている。ある個人はあるいくつかのリネージと特定の点で関連している。つまり、フォックス族ならば、彼の母のリネージ、彼の父の母のリネージ、彼の母の母のリネージ、彼の妻のリネージ、および彼の妻の母のリネージと

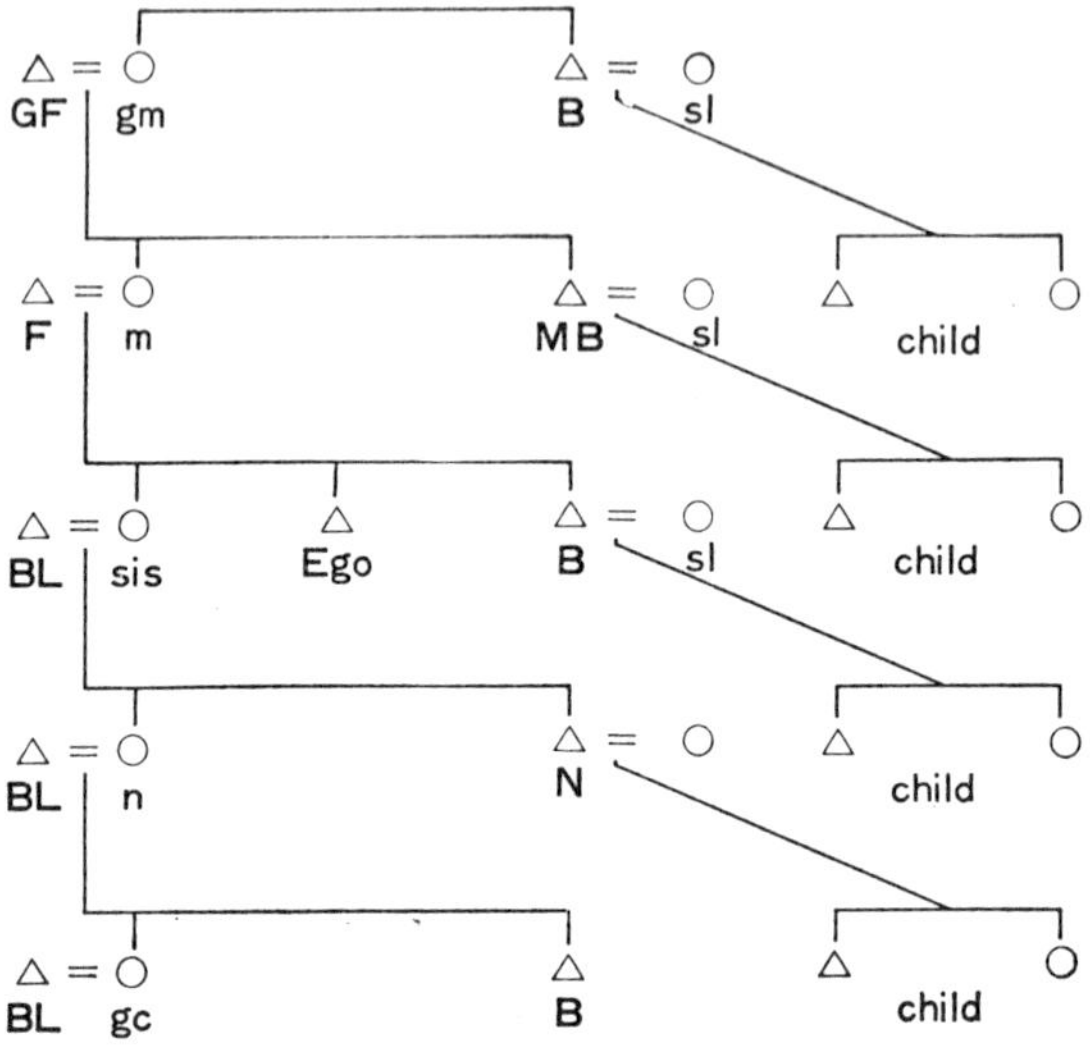

第10図　ホピ（母のリネージ）

関連を持つ。おのおのの場合に、彼は彼が現実に関連を持っている世代に関係しているのと同じ方法で、そのリネージのそれに継続する世代とも関係していると自分自身をみなしているのである。このようにして、母のリネージのすべての男は、彼の「母の兄弟たち」であり、祖母のリネージの男たちは彼の「祖父たち」であり、妻のリネージの男たちは彼の「義理の兄弟たち」となるのである。

父系リネージ一体の構造的原則は、この名称の原因として考えられた仮説的なものではない。これはこの型の体系を比較分析することによって直接に観察することができる。すなわち換言すれば、これは事実の観察から直ちに抽象されるものである。

さて次には、リネージ集団の一体という原則が母系リネージに適用されている社会を検討してみよう。そのために、私はホピ・インディアンの体系を選んだ。これはフレッド・エガン（Dr. Fred Eggan 一九三三年）[原註5]が、博士論文の中で巧妙な方法で分析しているものであるが、不幸なことにまだ出版されていない。この体系のもっとも重要な

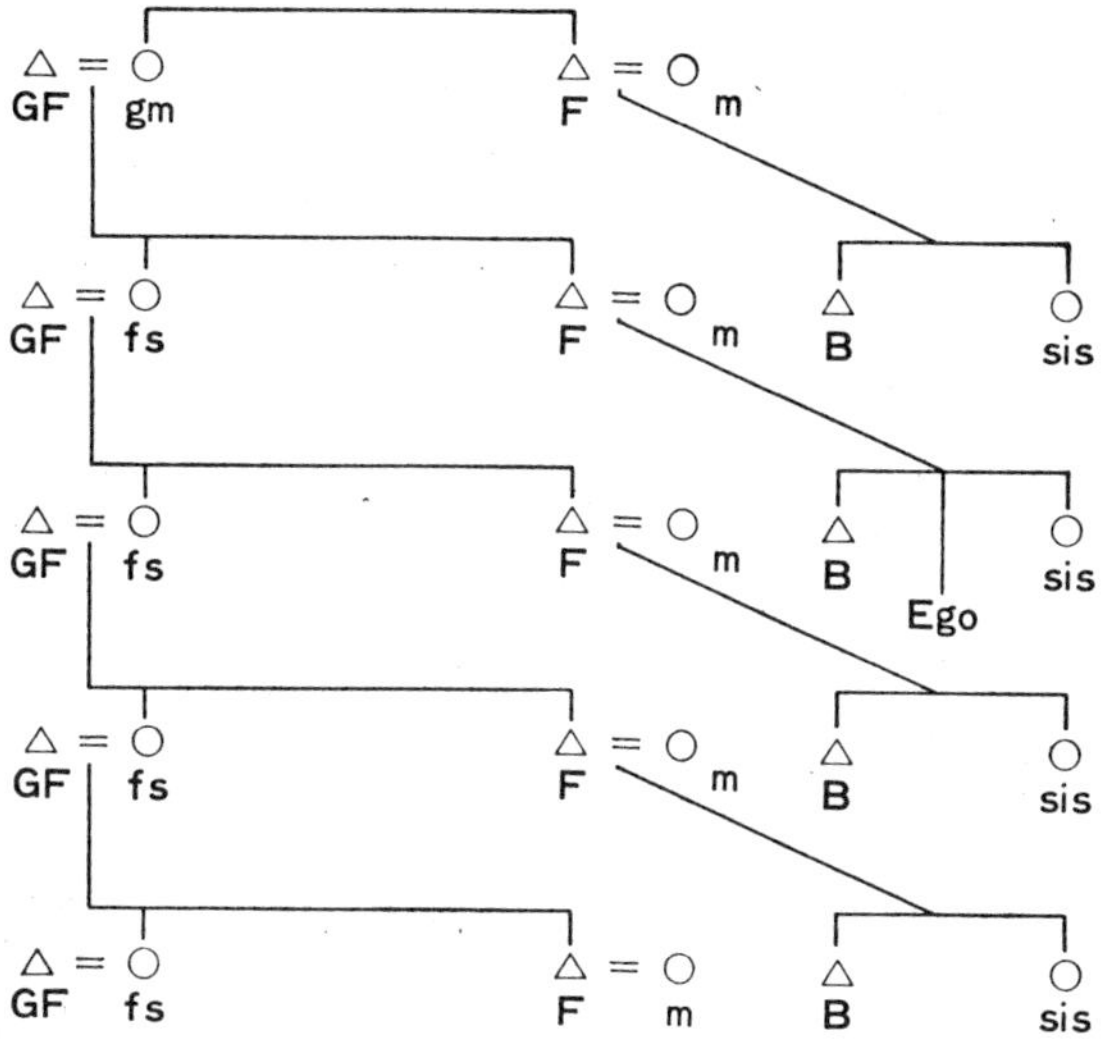

第11図　ポピ(父のリネージ)

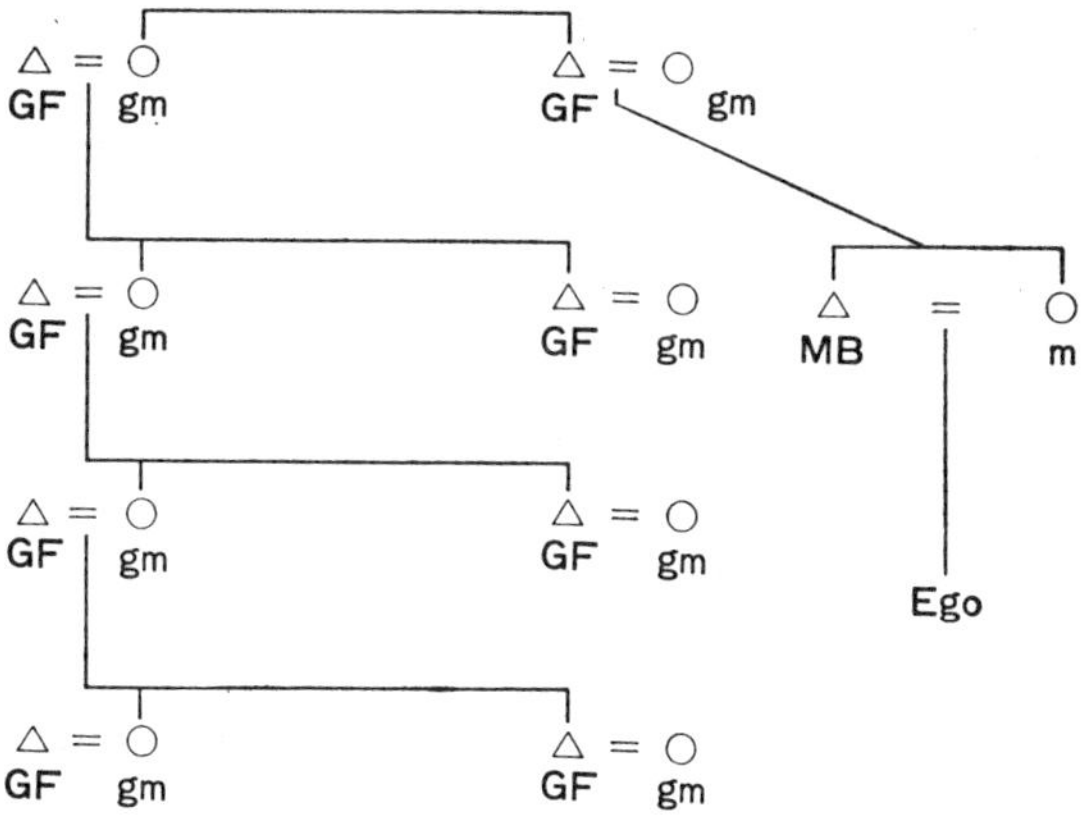

第12図　ホピ(母の父のリネージ)

特性は次に示す図で説明される。

ある個人自身のリネージは、もちろん母のリネージである。彼は自分のリネージの女たちを、世代にしたがって、「祖母」(gm)、「母」(m)、「姉妹」(s・i・s)、「めい」(n)、および「孫」(gc)と区別している。彼のリネージの男たちについては、母の兄弟（MB）、「兄弟」（B）、および「おい」（N）を区別する。しかし彼は、彼の母の母の兄弟と彼の姉妹の娘の息子を彼の兄弟と同じカテゴリーに含めている。ここに現われた構造的原則は、一代おきの世代の連結としてすでに言及したものである。注意しなければならないのは、彼自身のリネージのすべての男性成員の子供たちを、世代を顧慮することなしに、彼自身の子供たちと同一のカテゴリーに含めていることである。十図をフォックス・インディアンの五図と注意深く比較するべきである。この比較は啓発的である。

父のリネージでは、自己は五世代にわたるすべての男性成員を「父」とよび、また父の母（祖母）を除いたすべての女たちを「父の姉妹」とよんでいる。このリネージの女性成員全員の夫は「祖父」であり、このリネージの男性成員全員の妻は「母」である。「父たち」の子供たちは「兄弟」であり「姉妹」である。十一図を六図と注意深く比較するべきである。母の父のリネージでは、自己は四世代にわたるすべての男女を「祖父」および「祖母」とよぶ。ホピは自己が父の父のリネージ全体と関係を持っているとは考えていない。それでここには例の原則は適用されていない。「祖父」とよぶのは自分自身の父の父である。

エガンは、ホピがこのように親族を類別するというのは、単に親族名称や言語の問題であるばかりでなく、社会生活の多くを規制する基盤になっていることを示した。

フォックスとホピの二つの体系を比較することによって明らかになったと私が思うのは、その根本的な類似性である。推論的歴史では、この類似性は多様な歴史的過程の偶発的結果ということになる。私の理論では、同一の構造原理が、一つは父系リネージに、またもう一つは母系リネージに、体系的に適用された結果なのである。

もちろん、私はチョクトウ型やオマハ型に属する変化に富む体系すべてを論ずることはできない。しかしそれらがある特性の中で示している変差は、非常に興味深く、また重要である。もしあなた方が私の理論をテストしてみたいと思われるならば、あなた方自身でそれらを、あるいはそれらのある物を検討してごらんになるのがよいだろう。どの体系でもそれを分析するもっとも簡単な方法は、ここでフォックスやホピについて示したものと同じように、いくつかのリネージの図表に分解していくことである。どのような体系でもこうした図表は、リネージの一体性という一般的原則が適用される正確な道筋を表わしてくれるであろう。その適用される方法はある程度異なっている。しかしこの原則は、この型のすべての体系に現われているのである。

当然のことながら、あなた方はこれらの体系においては、あらゆる年令層にわたるおびただしい数の親族が、「祖父」とか「祖母」とかよばれていることにすでに気づいておられるだろう。この点に関しては、手短かに指摘しなければならない十分な理由があるように思われる。類別的親族名称を持っている社会では、一般的な規則として、一つの用語に包括されるさまざまな親族に対して、当り前な、あるいは適切であると考えられている、多かれ少なかれ明確なある行動様式がある。しかしその方法に関しては重要な差異がある。ある例ではこの行動様式は特定の権利や義務と関連して、あるいは特定の行動の方式によって規定されうる。たとえばオーストラリアのカリエラ族では、男は「父の姉妹」というカテゴリーに含まれる全女性を、もっとも注意して忌避しなければならない。このカテゴリーには非常に多数の女性が含まれ、彼の妻の母もその一人である。また別の例では、ある一つの用語を適用するということは、何か特定的な関係を意味するというより、ある一般的な態度を意味しているにすぎない。そして特定の法的もしくは個人的関係は、このような一つのカテゴリーの中の、ある特定の個人との間にあるかもしれない。多くの類別的体系では、祖父や祖母という用語はこのように使われていて、その用語が適用されるすべての人々に対しては比較的遠慮のない、友人のような一般的態度が含まれているのである。祖父母と孫は自由な気楽な関係であることができる人々である。これは一代おきの世代相互の関係を作り出すという、著しく広範な、実のところほとんど普遍的ともいえる方法と関連を持っている。

フォックス型やホピ型体系では、祖父母のリネージの全成員は、祖父母と同一のカテゴリーに組み込まれており、祖父母に適切と考えられている態度が、それらの人々にも拡大されている。このことは何も明確な権利や義務の一式を意味するものではなく、ただ行動のある一般的な型を意味しているにすぎない。そしてその型とは、チョクトウ型やオマハ型に属していない非常に多数の社会で、二世代上の親族に対して適切と考えられているような性質のものなのである。

私はこれをもう少し深く議論したかったし、オマハ型の変型（ンダウ Ndau のような）である、母の兄弟や母の兄弟の息子が「祖父」とよばれているようなものも取り扱うべきであった。しかし時間がわずかしかないので、この点に関連して大へん興味深いチョクトウ型の一特殊型にあなた方の注意を向けておこう。チェロキー族は七つの母系クランに分かれていた。父のクランでは、自己は彼の父の世代およびそれに続くすべての世代の男女を、「父」および「父の姉妹」とよんでいた。そして父のクランとその個々の成員すべてには、多大の敬意が払われなければならなかった。男は彼の父のクランの女とは結婚できなかったし、もちろん彼自身のクランで結婚することはできなかった。彼の父の父のクランや彼の母の父のクランでは、彼はすべての世代の女性全員を「祖母」とよぶ。このようにして、彼はリネージではなしに、クラン全体——一つのクランは何百人という数があったに違いなかったのであるが――を一体として取り扱っているのである。彼が「祖母」とよんでいるすべての女性との間には、自由な気ままな間柄でいることが許される。そして男は、「祖母」すなわち彼の母の父のクランあるいは父の父のクランの女と結婚するのが、とりわけ適切なことと考えられていた。

次にチョクトウ型やオマハ型親族名称のそれぞれの原因であると提唱されてきた、特殊な結婚の慣習を、簡単に考察してみよう。妻の兄弟の娘との結婚は、理論的に可能であり、時折にすぎないが、オマハ型組織を持つ部族のあるものの中で多分実際に生じている。フォックス族では近年この種の結婚は見られなくなったが、以前にはあった慣習だといわれている。すでに我々はこの結婚慣習と親族名称が一致適合することをみてきた。その理由を理解するのは今や簡単なはずである。というのは一寸考えれば、この独特な結婚は、リネージ一体の原則がソロレート婚あるいは姉妹型一夫多妻婚と、結びついて適用されたものだということが示されるからである。これらの婚姻慣習の普通の形では、我々はただ兄弟姉妹集団の一体という原則とのみかかわり合いを持つ。つまり一人の男がある特定な兄弟姉妹集団に属する一人の女と結婚する。そしてそれによって彼は一体となったその集団と特定の関係を作り上げるのである。その集団の男たちはこれからずっと彼の義理の兄弟たちとなる。彼はその集団の一人の女と婚姻関係に立っている。それ故にその他の女たちに対しては、彼は疑似的婚姻関係とでもよんだらよいような関係に立っているものとみなされるのである。たとえば彼女たちは彼の子供たちを、彼女の「子供たち」であると考えるだろう。それ故に彼がもし第二の妻を娶るとするならば――第一の妻の生前であろうと死後であろうと――彼は当然妻の姉妹と結婚するのがふさわしい。

姉妹型一夫多妻婚は、妻たちが姉妹同士であるならば、他人同士である場合よりも、深刻な争いにおちいることがより少ないであろうという事実のためだと考えられること、またソロレート婚は、継母が継子に対して、もし彼らが彼女自身の姉妹の子供である場合には、それ相当な愛情を注ぐことが多いであろうという事実によって同じく正当化されていることも、私は十分に気づいている。これらの提議は私の解釈と矛盾するわけではなく、むしろそれを支持してくれる。何故ならば、構造的原理としての兄弟姉妹集団の一体性という原則は、一家族内での兄弟や姉妹の連帯性に基盤を置いているからである。

オマハ型の体系に目を転ずると、ここでは兄弟姉妹集団の一体性という代りに、もっと大きな集団、すなわち三世代にわたるリネージ集団の一体性があることを知る。一人の男がこの集団の一人の女と結婚すると、一体としてのこの集団と関係を持つに至り、そのすべての男たちは今や彼の義理の兄弟たちとなる。また彼は同時に、彼の妻の姉妹のみならず、彼の妻の兄弟の娘たち、また場合によっては彼の妻の父の姉妹をも含めて、すべての女たちと、私が疑似的婚姻関係とよんだ関係に入るのである。ソロレートの原則によって、何らかの新らしい社会的絆を結ぶことをせずに、彼が第二の妻を娶りうる集団は、こうして彼の妻の兄弟の娘たちを含むところまで拡大されている。そしてこの親族と結婚するという慣習は、リネージの一体性という原則が、父系リネージの体系内で適用されたという結果にすぎないのである。特殊な婚姻の形態と特殊な親族名称の体系が一緒に生じた場合には、それら両方に一つの構造原理が応用されたものであるという事実によって直接的な関連を持っている。一方が他方の歴史的な原因であると想定する根拠は何もない。

この問題は、母の兄弟の未亡人と結婚するという慣習に立ち至ると、はるかに厄介になってくる。この型の婚姻は、バンクス諸島、北西アメリカ、トゥイ語を話すアキム・アブアクワ (Akim Abuakwa) の人々の中で、チョクトウ型の親族名称と結びついて見出される。しかしチョクトウ型の親族名称がない他の多くの地域にも見出されるのである。この型の婚姻はまた母系出自と関連を持っているわけでもない。というのは、その制度の点からみて、明らかに父系的であるアフリカの社会にも見出されるからである。この慣習があると報告されているすべての事例に適用するような何らかの理論的説明は、あるようにはみえない。今は事例を分析してこの主題を議論する時間がないのである。

私はもう一つの理論に手みじかにふれねばならない。それはデュルケムのコーラー批判（一八九八）にまでさかのぼるもので、それによれば、チョクトウ型とオマハ型親族名称は母系出自、父系出自それぞれが強調された直接的結果であると説明されている。幸いにも、マーガレット・ミード（Dr. Margaret Mead 一九三四）によって優れた分析が行われた、アドミラルティ諸島のマヌス島民の体系の中に、これに関連して引用することができる決定的な事例がある。マヌス体系のもっとも重要な特性は、父系的クラン（ミードはジェンティーズ gentes とよんでいるが）の存在であり、主要な力点は父系出自に置かれている。父系リネージの連帯性はこの体系の多くの特性の中に表わされているが、しかし親族用語の中にはない。この父系出自の強調は、母系リネージを認識することによってある程度まではバランスが保たれているのであり、それは諸種の特性の点でチョクトウ型に似かよわせた親族名称の中に現われている。たとえばピンパプ（pinpapu）という一つの言葉が父の父の姉妹と、女系を通じた彼女のすべての女性子孫に用いられている。またパティエ（patieye）という一つの言葉が、父の姉妹と女系を通じた彼女のすべての子孫に用いられている。母系リネージの一体性は、こうした用語の使用ばかりではなく、ある個人がそのリネージ成員との間に持つ一般的な社会関係の中にも表現されており、親族構造の複合全体の重要な特性となっているのである。

従来流行していた、そして今もなおそうなのではないかと私は危惧するのであるが、奇妙な考え方の一つは、もしある社会がリネージを認識するとすれば、それは父系リネージか母系リネージどちらか一方のみを認識することができるというものである。私が思うには、この馬鹿げた見解の源は、そしてまたすでに事実が知られた上でもこれに固執するというのは、母系出自は父系出自よりも、未開である、すなわち歴史的に古いものであるとする推論的歴史の初期の仮説に帰因している。今世紀の初頭から、ヘレロ族のように母系父系両方の出自が認められているような社会について、我々は知るようになってきたが、それらは「過渡的」な形態として却下されてしまったのであった。これは推論的歴史の方法論や仮説に執着すると、物事をあるがままに見ることが妨げられるというもう一つの例である。リバースがトーダ（Toda）族の体系が父系リネージと共に母系リネージを認めていることや、ニュー・ヘブリーデス諸島で母系モイエティに加えて父系集団の組織があることを発見できなかったのは、これが原因であると私には思える。推論的歴史の方法論的前提は別として、ある社会が父系・母系両方のリネージの基盤の上に、親族体系を構成しては何故いけないかといえば、そんな理由は何もない。そしてまさにこうしている社会が沢山あるのである。

推論的歴史の方法論を私が批判する時、私は人類学の中での実証の必要性を主張しつづけてきた。それでは、チョクトウ＝オマハ型親族名称についての私の解釈が正当であるということを、私はどうやって実証することができるだろうか。多くの議論が可能であるが、ただ一つをとり上げる時間しかない。そして多分それで十分であろうと考えられると望んでいる。これはリネージやクランの一体性が表現されているが、チョクトウ型にもオマハ型にも属していないという親族名称の存在から引用される。そこで私は一例として、南オーストラリアのヤラルデ（Yaralde）族について述べてみよう。

ヤラルデは地縁化した父系的トーテム・クランに分割されている。個人は彼の父のクランに属する。では我々は彼の他の三つのクランとの関係、すなわち、彼の母のクラン、彼の父の母のクラン、および彼の母の母のクランを考察してみよう。ヤラルデ族は、アランダ族のような他のオーストラリア諸族と同じように、祖父母に対する四種の用語があり、それぞれ男女ともに適用されている。マイヤ（maiya）という語は父の父、および父の兄弟姉妹、さらに自己自身のクランの二つ上の世代の成員全員に用いられている。次のンガイチャ（ŋaitja）は、母の父および彼の兄弟姉妹、すなわちその世代に属する母のクランの人々に用いられる。三番目のムッツァ（mutsa）は、父の母や彼女の兄弟姉妹ばかりでなく、その同じクランに属するすべての人々に、世代や性別にかかわりなく用いられる。そのクランはまとめてその個人のムッツァウルイ（mutsaurui）とよばれている。同様にバカ（baka）は、母の母、彼女の兄弟姉妹、および彼女のクランのすべての世代にわたる全成員に適用され、そのクランはその個人のバカウルイ（bakaurui）といわれている。ここにみられる構造的原理は、クランの外にいてその集団と関連を持つ人にとって、そのクランは統一体を構成しており、その中では世代の区分が抹消されるということである。これをフォックス、ホピ、およびチェロキー体系における祖父母のリネージやクランの取り扱いと比べてみよう。

母のクランの親族についてのヤラルデ名称は十三図に示されている。ここで注意されるのは、母の兄弟の息子と娘は、オマハ体系におけるように、母の兄弟（wano）とか母（neŋko）とはよばれていない点である。そして母の兄弟の息子の息子や娘たちが、「母の兄弟」とか「母」とかよばれている。もしも私がこれを特殊な婚姻形態があったということから説明しようとするならば、これは妻の兄弟の息子の娘との結婚があったということになるだろう。私はこうした結婚がヤラルデ体系で禁止されていただろうということは確かではない。しかし、それがヤラルデ型親族名称を産み出す有効な原

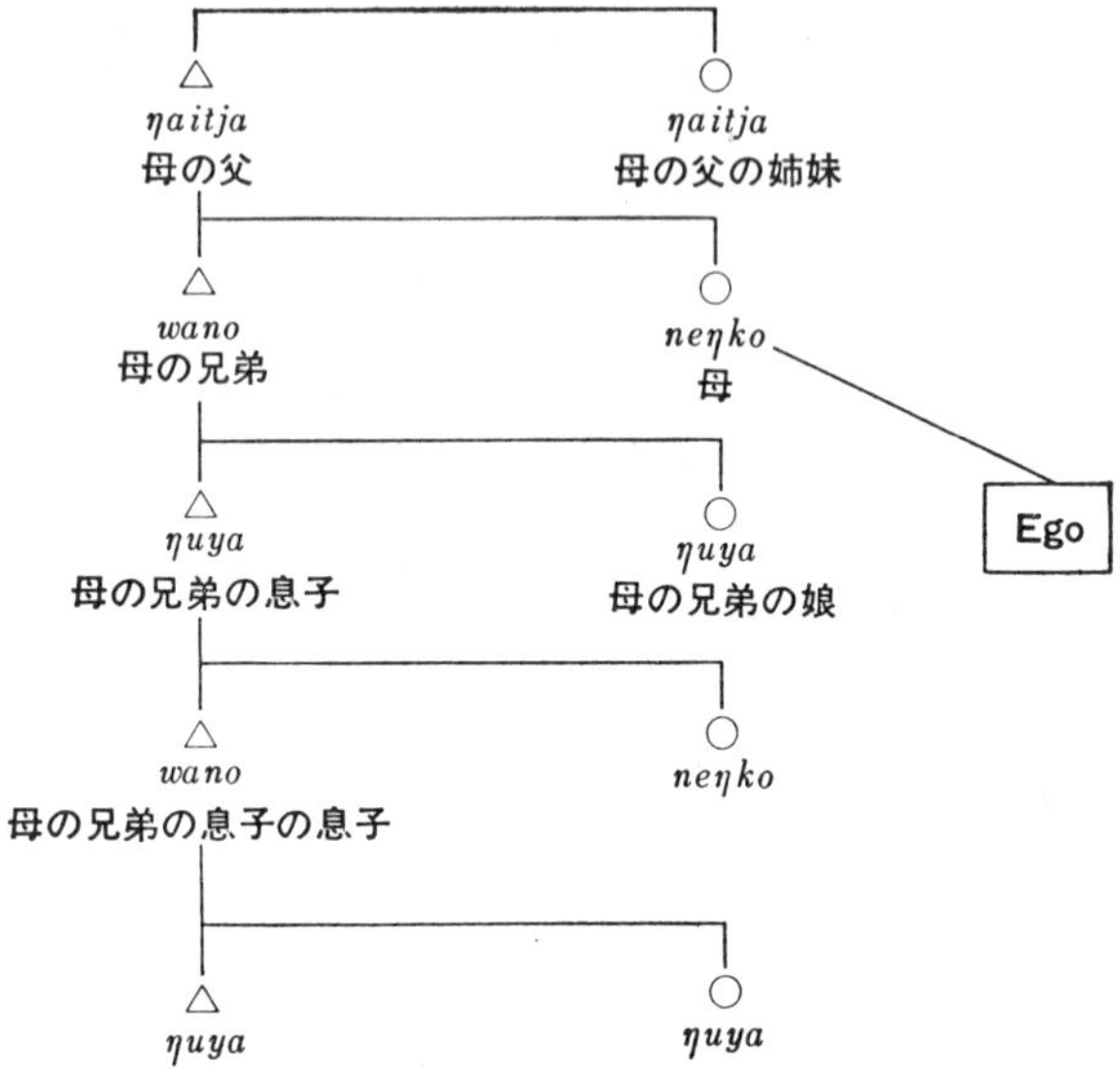

ŋaitja, neŋko, ŋuya ｝ ŋ は $\overline{ng}$

第13図　ヤラルデ(母のリネージ)

因として考えられるほど、規則的な慣習ではないことを確信している。そしてこれは、父の母のクランや母の母のクランの名称上の単一化を何ら説明しないであろう。ここに含まれている構造的原則は、明らかに、一つおいた世代同士の混合である。これはオーストラリアでもこのように著しい重要性があり、我々はすでにホピ体系で眺めてきたものであった。ヤラルデによく似た体系は、北西オーストラリアのウンガリンイン（Ungarinyin）族にもみられるが、それを指示するだけにとどめよう。

　この講演の初めの方で、私は、親族名称のオマハ型はそれが見出される社会体系の中では、ちょうど我々の親族名称が我々の社会体系の中でそうであるように、理にかなっており、適合したものであるということを示そうとつとめると述べておいた。私はこれに成功したと期待している。基本家族とそれに由来する系譜的諸関係の基盤の上に、我々英国人は我々自身のためにある親族体系を作りあげたのであり、それは秩序ある社会生活の必要性をみたし、またかなり筋の通ったものなのである。フォックスやホピ族も、同様な基盤の上に割合に筋の通った別の型の体系を作り上げたのであって、それは別の方法で、またもっと広い範囲に渡って、社会的凝集の必要に備えられているのである。我々がそれぞれの事例の親族名称を、秩序ある一体系の部分として眺めるならば、直ちにそれらを理解するのである。オマハ型親族名称と妻の兄弟の娘との結婚という慣習との明瞭な関連性は、首尾一貫した働きを持つ一つの体系の二つの面の間の関係としてみられるのであって、原因とか結果とかいう関係としてではない。

もしあなた方が、「オマハ族（あるいは我々がすでに考察してきた他のどんな部族でも）が、そういう体系を持つに至ったのはどのようにしてであろうか」という質問を出されるならば、構造的分析の方法論がその答えを提供しないことは明らかである。しかし推論的歴史もその答えを提供しはしないのである。オマハ型親族名称について提示された、しかし純粋に仮説的な説明は、ある異常な結婚の慣習を採用したことに由来するというものである。これは我々が何故オマハやその他の諸族がこの慣習を採用するに至ったかという理由を知るまでは、何の説明も我々に与えてくれることにはならない。何故特定の社会が今あるような社会体系を持っているのかという質問に答える唯一の可能な道は、相当な期間、一般には数世紀にわたるその歴史を詳細に研究することである。ここで我々がとり上げている諸族に関しては、このような歴史の資料が完全に欠如している。このことはもちろん非常に残念ではあるが、それについて我々はどうすることもできない。もしもあなた方が、どのようにして英国が立憲君主制とか議会政治とかの、現在の体制を持つに至ったかということを知りたいならば、あなた方は歴史の書物を紐とくであろう。そしてそれらはあなた方にその体制の詳しい成り立ちを教えてくれるであろう。このような歴史的発展の記録がまったくないとしたならば、そうであったかもしれない事柄を推論するために、時間を費すことに価値があると人類学者は思うのであろうか。

たとえ歴史的記録があるとしても、その記録は我々にどのようにして特定の体系が、何か別の特定の体系から生じてきたのであるかということを教えてくれるだけである。たとえば、過去十世紀間の英国の親族体系の変化を歴史的に記述することは可能であろう。そしてこれはウワーギルドの制度に示されるような、チュートン人の双系的シブの体系にまでさかのぼるであろう。しかしなお、我々は、ローマ人が男系リネージという別の体系を持っていたのに、何故チュートン人はこの種の体系を有していたのかということについてはわからないのである。社会科学にとって歴史の持つ大きな価値は、社会体制がどのように変化したかという研究のために、歴史が我々に材料を提供してくれることである。この点に関して、推論的歴史はまったく価値を持たない。

しかしもしあなた方が、英国の親族体系や英国の政治体制がどのようにして生じてきたかということではなしに、それが現時点でどのように作用しているかということについて質問なさるならば、これは人類学的実地調査と同種の研究によって解答されうる質問であって、歴史的考察は、たとえ絶対にというわけではなくても、比較的に重要ではなくなってくる。社会体系がどのように作用しているかというような知識は、人間生活をいくらかでも理解するためには多大な価値を持っている。そしてこれは人類学者たち――彼らの主要な任務は歴史を持たない人々の歴史やその制度の歴史を書くことだと思いこんでいる――によって、しばしば無視されてきたし、今もなお無視されているのである。

もしもあなた方が私があげてきた分析を受け入れ、しかもなお推論的歴史の方法論を用いたいと望まれるならば、あなた方が推論しなければならないのは、ここに数え上げられてきたすべての部族が、何故に彼らの親族体系をリネージの一体性という基盤の上に、作り上げることを選んだのだろうかという点である。

こうした社会学的分析の方法論から、どのような種類の成果が得られると期待することができるだろうか。もちろん、社会現象についてのあらゆる解釈は、歴史的解釈でなければならないと要求している人々や、またいわゆる心理学的解釈、すなわち個々人とかその動機の面からの解釈を要求している人々には、何物も意味のあるものとして受け入れられはしないであろう。我々が論理上期待しうる成果は次のようなものであると示唆しておこう。

1　これは我々が親族体系を組織的に分類することを可能とする。組織的分類はどのような類の現象のどのような科学的取り扱いにも本質的なものであり、このような分類は一般的特性の面でなされなければならない。

2　これは個々の体系の個々の特性を理解することを可能にする。これは二つの方法でなされる。すなわち(a)その個々の特性を一つの秩序ある全体の一部として示すことにより、また(b)識別される一組の現象の中の一特殊例であることを示すことによってである。たとえば私はチョクトウ型やオマハ型の親族名称は、ヤラルデの親族名称をも含んでいる一つの組に属していること、そしてそれらはすべてリネージの連帯性と継続性という一般原則――これらは非常に多くのさまざまな社会に、多くの別の形で現われているのであるが――の特殊な適用なのであるということを示そうとしてきた。

3　これは人間社会の本性についての有効な一般化、すなわち過去、現在、未来にまたがるすべての社会の普遍的特性についての有効な一般化に、究極的に到達すると我々が望みうる唯一の方法論である。もちろん我々が社会学的法則という時、意味するのはこのような一般化なのである。

推論的歴史の方法論においては、一つ一つの問題が通常は孤立して考察されている。一方、構造的分析の方法は、一般理論を目的としている。それ故に非常に多くの異なる事実や問題が、一緒に相互の関連をもって考察される。この講演ははなはだしく長いものではあったが、ここで私はただ親族構造の一般理論の中で二、三の点に、ふれることができただけであることは明らかである。私は以前出版されたものの中で、他の一、二の点を手短かに取り扱ったことがあった。今日取り扱ってきた一般理論の格別な部分は、諸関係の型を確立する理論であるといってよいかもしれない。私は多くの社会の中で、個人とその両親の世代の間に、ある型の関係を作り上げようとする傾向があることを述べてきた。さらに祖父母の世代の親族に対しては、通常は自由な気ままな行動であるような型の関係を作り出すという、もっと顕著な傾向があることも述べてきた。私はこの点について、ついでにふれた以外にはとくに取り扱おうとはしなかった。この発表の主要な部分は、それ自体より一般的な構造的原理もしくは一連の原理の事例である二つの構造的原理とかかわってきた。兄弟姉妹集団の一体性という原則によって、ある個人と彼が何らかの方法で関係を持つ兄弟姉妹集団全員との間に、ある型の関係が作り上げられている。我々が類別的親族名称とかソロレート婚やレビレート婚のような慣習を解釈しなければならないのは、この原則に照すことによってであると私は考えている。リネージ集団の一体性という原則によって、ある個人と彼が何らかの方法で関係を持っているリネージ集団の全成員との間に、ある型の関係が作り上げられている。我々がフォックスやホピやヤラルデの親族名称、またその他世界のあちこちの多くの地域にみられる類似の体系を解釈しなければならないのは、この原則に照らすことによってであると私は考えている。

もしあなた方が、世界中の二百とか三百とかの親族体系を研究するために時間をかけてみるならば、それらが提示する著しい多様性に深く印象づけられるであろう。しかしまたオマハ型親族名称というようなある特定の特性が、遠くはなれたまた広い地域にわたって、何度も現われてくる道程にも感銘を受けることであろう。これらの多様性をある種の秩序だったものに分解していくのが分析の仕事であり、その手段によって我々は、多様性の下にかくされた、様々な方法で適用され組み合わせられている限定された一般原則を見出すことができると私は信じている。リネージの連帯性はあれこれの型をとっているが、親族体系の大多数に発見されている。チョクトウ型やオマハ型の親族名称は、いわゆる極端な発展をみせているが、それらがアメリカ、アフリカ、アジア、オセアニアのそれぞれ別別の地域で、多くのさまざまな語族の中に、また多様な「文化」の型と結びついて存在するというのは少しも驚くには当らない。

昨年私は一般的な面で、私が社会構造の研究をどのように理解しているかということを説明した（一九四〇b）。この講演では特定の事例をあげるというやり方によって、ある探究方法の性質の幾分かをあなた方に示そうと務めてきた。しかしこの方法論は親族研究にだけ適用することができるのだとは思わないでいただきたい。これはあれこれのやり方ですべての社会現象に適用しうるのである。何故ならば、これはただ諸事例を比較することによって抽象的な一般化を導き出す方法論であり、これは帰納的科学の特性である方法論なのである。

「一体何故方法論に関して騒ぎまわるのか」と、多分あなた方の中のある人々は質問するかもしれない。我々は初めに目的と、それを達成するにふさわしい方法論について、ある程度合意に達するまでは、その成果の有効性とか価値についても合意に達することはできない。他の自然科学ではこのような合意があるのに、社会人類学ではないのである。我々は意見が合わない場合には、できうる限りその差異の根拠を規定していくことが、議論の最初の目的となるはずである。私は自分の立場を皆さん方の前に示したが、私と意見を異にする人々に対して、何ら不公平がなかったよう望んでいる。人類の道案内として、人間社会の本性の科学的理解を提供するというのが、社会人類学者の皆に認められた仕事なのであるが、私が比較してきた二つの方法論のうち、どちらがその科学的理解にもっともよく役立つだろうかという判断をするのはあなた方なのである。

原註1　王室人類学協会の会長講演一九四一年。*Journal of the Royal Anthropological Institute* より再録。

2　私の立場は誤解されてきた。その結果、オプラー(Dr.Opler 1937b)は、彼の論文**Apache Data concerning the Relation of Kinship Terminology to Social Classification** の中で間違って表現している。しかしオプラーの別の論文(1937a) **Chiricahua Apache Social Organisation** の最初の二つのパラグラフの中では、当時の彼の見解、すなわち私の見解でもあるものについて述べている。

3　これらの図の中で△は男、○は女を表わす。＝という印は夫婦の結合を示し、そこから下へ下る線は彼らの子供たちを指す。文字（頭文字は男性、小文字は女性）は、同一の用語が何人もの親族に対して用いられる類別的体系の親族名称の代用である。GFは祖父について用いられる用語の代りであり、同様にgmは祖母の代りである。その他ではFは父、mは母、msは母の姉妹、fsは父の姉妹、MBは母の兄弟、FLは義理の父、mlは義理の母、Bは兄弟、sisは姉妹、BLは義理の兄弟、slは義理の姉妹、Sは息子、dは娘、Nはおい（厳密にいえば姉妹の息子）、nはめい（ある男の姉妹の娘）、GCもしくはgcは孫である。

4　義理の父、および義理の母についてのフォックスの用語は、祖父および祖母についての用語の変形である。オマハ族では、祖父母という用語は、形を変えずにそのまま義理の両親と、フォックス族で「義理の父」、「義理の母」とよばれている人びとに適用されている。

5　この論文は現在改訂されて出版されている。Eggan : *Social Organisation of the Western Pueblos*. The University of Chicago Press, 1950.

《参照文献》

Durkheim, E. (1898). 'Zur Urgeschichte der Ehe, Prof. J. Kohler', Analyses III, La Famille, *Année Sociologique,* Vol. I, pp. 306–319.

Eggan, F. (1933). 'The Kinship System and Social Organisation of the Western Pueblos with Special Reference to the Hopi', *Ph. D. thesis,* University of Chicago.

Gifford, E. W. (1916). 'Miwok Moieties', *Arch.and Ethn. Publ., Univ. California,* Vol. XII, No. 4.

Gilbert, William H., Jr. (1937). 'Eastern Cherokee Social Organisation', in *Social Anthropology of North American Tribes* (ed. Fred Eggan). Chicago University Press, pp. 283–338.

Kohler, J. (1897). 'Zur Urgeschichte der Ehe', *Zeitschrift für Vergleichende Rechtswissenschaft* (Stuttgart), Bd. 11.

Kroeber, A. L. (1909). 'Classificatory Systems of Relationship', *J. R. Anthrop. Inst.,* Vol. XXXIX, pp. 77–84.

— (1917). 'California Kinship Systems', *Arch. and Ethn. Publ. Univ. California,* Vol. XII, No.9.

Mead, Margaret(1934). 'Kinship in the Admiralty Islands', *Anthrop. Papers Amer. Mus. Nat. History,* Vol. XXXIV, Pt. II, pp. 181–358.

M 'Lennan, John F. (1865). *Primitive Marriage.* Edinburgh: Adam & Charles Black.

Morgan, Lewis H. (1871). 'The Systems of Consanguinity and Affinity', *Smithsonian Institution Contributions to Knowledge*, Vol. XVII.

– (1877). *Ancient Society or Researches in the Lines of Human Progress from Savagery to Civilisation.* London: Macmillan; New York: Henry Holt.

Opler, M. E. (1937a). 'Chiricahua Apache Social Organisation', in *Social Anthropology of North American Tribes* (ed. Fred Eggan), Chicago University Press.

– (1937b). 'Apache Data Concerning the Relation of Kinship Terminology to Social Classification', *Amer. Anthrop.*, Vol. XXXIX, pp. 201–212.

Radcliffe-Brown, A. R. (1918). 'Notes on the Social Organisation of Australian Tribes', Pt. I, *J. R. Anthrop. Inst.*, Vol. XLVIII, pp. 222–253.

– (1924). 'The Mother's Brother in South Africa', *South African J. Science*, Vol. XXI.

– (1930–31). 'The Social Organisation of Australian Tribes', Pts. I–III, *Oceania*, Vol. I, pp. 34–63, 206–246, 322–341, 426–456.

– (1935). 'Patrilineal and Matrilineal Succession', *Iowa Law Review*, Vol. XX, No. 2.

– (1940a). 'On Joking Relationships', *Africa*, Vol. XIII, No. 3, pp. 195–210.

– (1940b). 'On Social Structure', *J. R. Anthrop. Inst.*, Vol. LXX, pp.1–12.

Rivers, W. H. R. (1907). 'On the Origin of the Classificatory System of Relationship', in *Anthropological Essays Presented to Edward Burnett Tylor*. Oxford: Clarendon Press. (Reprinted in *Social Organisation*. London: Kegan Paul, 1924, App. 1, pp. 175–192.)

– (1914a). *History of Melanesian Society*. Cambridge University Press.

– (1914b). *Kinship and Social Organisation.* London: London School of Economics.

Seligman, Brenda Z.(1917). 'The Relationship Systems of the Nandi Masai and Thonga', *Man*, Vol. XVII, 46.

Starcke, C. N. (1889). *The Primitive Family* (The International Scientific Series, Vol. LXVI). London: Kegan Paul.

Stewart, Dugald (1795). Introduction to *Essays of Adam Smith.*

Tax, Sol. (1937). 'The Social Organisation of the Fox Indians', in *Social Anthropology of North American Tribes* (ed. Fred Eggan). Chicago University Press, pp. 241-282.

第四章　冗談関係について[原註1]

いわゆる「冗談関係」についての、ペドラー（Mr. F. J. Pedler）の論文[原註2]は、ラボレー[原註3]（Prof. Henri Labouret）やポーム[原註4]（Mlle. Denise Paulme）によってすでに発表された、同じ主題についての二つの論文にひきつづくものであり、これら諸関係の本質を何らかの一般的な形で理論的に討議することは、雑誌『アフリカ』の読者諸氏には興味のあることではないかと思われる。[原註5]

「冗談関係」という用語によって意味されるものは、他の人をひやかしたり、からかったりし、そのからかわれた方はそれに対して何ら立腹してはならないという二者間の関係であり、それは慣習によって容認され、またある場合には強要されている。これらを二種に大別することが重要である。一つは、その関係が対称的であり、二人のうちどちらのものも相手をひやかしたり、からかったりする。もう一つの形では、その関係は非対称的である。つまりAはBの迷惑をかまわずBをからかい、Bはお返しをすることなく、そのからかいを調子よく受け流す。あるいはAはBを好きなだけからかうが、そのお返しにBはAをほんの少しばかりからかうといったようなものである。さまざまな社会には、この関係の多様な形が存在する。ある事例では冗談やからかいはただ言葉の上だけのことであり、他の事例ではばか騒ぎも含まれている。またある場合には冗談は猥褻を含むが、他の場合には含まない。

この種の基準化された社会関係は、アフリカばかりではなくアジア、オセアニアおよび北アメリカにおいても非常に広範に分布している。この現象を科学的に理解するためには、広く比較研究をすることが必要である。これについてのある程度の材料は、人類学の文献の中にすでに存在しているが、しかし決してそれは望みうるようなことすべてについてではない。というのは不幸にもこうした関係が、それらがあるままに正確に観察され、記述されているのはまだごく稀であるからである。

冗談関係は友情と対立の独特の組合せである。このような行動が、もし他の社会関係の中で起これば、敵意を表明したり、引き起こしたりするようなものであるだろうに、これは深刻な意味をもたないし、また深刻に受けとられてはならない。そこには見せかけの敵意と真の友情がある。別の方法でおきかえてみると、この関係は許容されている無礼の一つである。それ故にこれについての完全な理論はどれでも、社会関係および社会生活一般における尊敬の位置づけの理論の一部であるか、あるいはそれと一致していなければならない。しかしこれは非常に広範なまた非常に重要な社会学的問題である。何故ならば、社会秩序が完全に維持されるということは、ある人々、事物、思想、あるいは象徴物に対して示される尊敬の適切な種類と程度に依存していることが明瞭だからである。

婚姻による姻族間にみられる冗談関係の諸例は、アフリカや世界のその他の地域にごく普通に見出される。[原註6]ポームは、ドゴン（Dogon）族では、男が彼の妻の姉妹およびその娘たちと冗談関係に立つことを報告している。しばしば、この関係は男と彼の妻の兄弟姉妹双方との間にもある。しかしある場合においては、男は彼の妻の弟妹に対しては冗談の言葉づかいをするが、妻より年長の兄姉に対してはそうではないというような区別もある。妻の兄弟や姉妹との間の冗談は、男と彼の妻の両親との間にある極端な尊敬——しばしば部分的なあるいは完全な忌避——を要求するような慣習と通常結びついている。[原註7]

冗談と忌避が連合しているこの慣習が見出される構造的状況の本質は、次のように記述されるかもしれない。結婚とは社会構造の再調整を含むものであり、それによって女性と彼女の親族との関係は著しく変化をうけ、彼女は彼女の夫との間の新しい非常に密接な関係に加わっていく。夫はまた同時に彼の妻の家族との特別な関係に組みこまれるが、しかし彼はその部外者である。あまりに単純化しすぎる危険があるかもしれないが、簡略にするために、夫と彼の妻の家族の関係だけを考えてみよう。この関係は接着と分離、また社会的接合と社会的分裂(もしも私がそういう言葉を使ってよいものなら)の両方を含んでいる、と述べることができる。その男性は彼がある家族、リネージ、あるいはクランの中に生れたということによって決定された、彼自身の明確な地位を社会構造の中に有している。彼の権利と義務、および彼が他の人々と共に分け持っている利害関係や行為の主体は、彼の地位に由来している。結婚前には、彼の妻の家族は彼にとって部外者であり、同様に彼も彼の妻の家族にとって部外者である。これは結婚によってなくなることのない社会的分裂の構成要素となる。社会的接合は、妻が彼女の家族との関係を変形されてはいるが継続し、彼らが彼女および彼女の子供たちに引きつづいて関心を持つことから由来している。もしも本当に妻が購入され、支払われるのであるならば、——アフリカではそうであると物を知らない人々はいうのであるが——夫と彼の妻の家族との間には、何ら永続的な密接な関係が生ずる余地はないであろう。奴隷は購入することができるが、妻はそんなことはできないのである。

社会的分裂は利害関係の分化と、それ故に衝突と敵意の可能性を含むものであるが、一方接合では闘争を避ける必要がある。その二つを組み合わせている一つの関係では、どんな風にして安定した秩序ある形態をとることができるであろうか。こうするには二つの方法がある。一つはそういう関係にある二人の人間の間で極端な相互的尊敬を保ち、直接の個人的接触を制限することである。これは数多くの社会で、男と、彼の妻の父母との間の行動に特徴的な、非常にかたくるしい関係の中に表わされている。もっとも極端な形では、男と彼の義母との間のあらゆる社会的な接触を完全に避けるということもある。

この忌避を敵意のしるしであると誤解してはならない。もちろん人は賢明であるならば、その敵とあまりに深い関係を持つことは避けるのであるが、これはそのこととはまったく別の事柄である。私はかつて一人のオーストラリア原住民に、何故彼が義母を避けなければならないのか聞いたことがあった。彼の答えは「何故といえば彼女は世界中で私の一番の友だちだからだ。彼女は私に妻をくれたのだ」であった。聟とその妻の両親の間にある相互的尊敬は友情の一つの現れである。これは利害関係の分岐によって生ずるかもしれない衝突を防いでいる。

このような極端な相互的尊敬と遠慮に代るもう一つのものは、冗談関係であって、これは相互的な無礼と放縦である。どのように深刻な敵意もからかいというふざけた敵対によって妨げられる。そしてそれが規則的にくり返されることにおいて、その関係の基本的構成要素の一つである社会的分裂を絶えまなく表現し、あるいはそれを思い起こさせるものとなっている。一方社会的接合は、その侮蔑に対してまったく立腹しないという友情によって保持されている。

妻の家族内部で、極端に尊敬されて取り扱われる人々と、無礼であることが義務とされているような人々との間の区別は、世代を基盤として、また場合によってはその世代内の長幼を基盤として作り上げられている。通常敬意をもって待遇される親族は、一世代上の人々、つまり妻の母と彼女の姉妹たち、および妻の父と彼の兄弟たち、また時には妻の母の兄弟である。冗談関係は当人自身の世代の人であるが、しかし非常にしばしばその世代内部で年令による区別があり、妻の弟妹らはからかわれるが、妻の兄姉は尊敬されるかもしれない。

ある社会では男は結婚するよりもはるか以前に、まったくのところ彼がこの世に生まれるか否かの時に、婚姻による親族を持っているといってもよいだろう。これは強制結婚とか優先結婚という制度によってもたらされている。簡略にするために、このような組織をただ一種だけ考えてみよう。多くの社会では、男は彼の母の兄弟の娘と結婚するのが望ましいと考えられている。これは交差いとこ婚として知られている慣習の形である。そこでこの類の女性いとこは、あるいは類別的親族体系によって交差いとことして分類されるすべての女性は、彼には妻となる可能性のある人々であり、彼女たちの兄弟は彼にとって義兄弟となる可能性を有している。北アメリカのオジブワ（Ojibwa）・インディアン、ウガンダのチガ（Chiga）族、およびフィジー諸島民やニュー・カレドニアでは、その他の地域と同じく、この結婚形態がみられ、男と彼の母の兄弟の息子や娘たちの間の冗談関係が附随している。これらの一例を引用すれば、次のようなことがオジブワ・インディアンについて記されている。「交差いとこ同士が会った時、彼らはお互いに相手を困らせようとしなければならない。彼らはお互いに、『からかい合い』、我々の規準と同様彼らの規準でももっとも野卑な言葉を用いる。しかし『思いやりのある』間柄であるので、誰もそれには立腹できない。このようにして冗談をしない交差いとこは、社会的ゲームをしない野暮な人と考えられている」。[原註8]

ここでみられる冗談関係は、すでに議論してきたものと基本的には同種のものである。これは結婚前にあり、結婚後も義理の兄弟や姉妹との間に続けられている。

アフリカのある地方では、結婚とはまったく関係のない冗談関係が存在している。先に述べたペドラーの記述は、二つの別々の部族、スクマ（Sukuma）族とザラム（Zaramu）族間にある冗談関係に言及しており、証言の中で、スクマ族とヂグア（Zigua）族との間、またヽゴニ（Ngoni）族とベンバ（Bemba）族との間に同様な関係があったことが述べられていた。この女性の証言はスクマ族においても、他の多くのアフリカ諸部族の中にみられるように、結婚によって関係づけられた人々の間に、荒っぽいからかいの慣習があることを示唆している。[原註9]

二つの部族間の冗談関係は明らかに珍らしいものであり、たしかにペドラーが示唆しているように注意深く研究される価値があるものであるが、クラン間における類似な関係はアフリカの他の地域で観察されてきている。これはラボレーとポームによって先に述べた論文中にも記述されているし、またタレンシ（Tallensi）族についてはフォーテス（Dr. Fortes）によって研究されており、フォーテスはこれをやがて出版する刊行物の中で取り扱うであろう。[原註10]

これらの諸例では、二つのクランは特に通婚によって関係づけられているわけではない。それらの間の関係は、見せかけの敵意と結び合わされた、真の友情と相互援助を含む一つの連盟である。

これら諸例にみられる一般的構造的状況は次のように思われる。個々人はある一定の集団、たとえばクランといったような集団の成員である。そしてその内部での彼と他者との関係は、社会生活の主要な側面すべてにかかわり合いを持つ権利と義務の複雑なセットによって定められており、それらは一定の制裁によって支えられている。ところで彼自身の集団の外側にも、一般的に同種の法的道徳的諸関係の延長面で、彼自身の集団と結び合わされているような他の集団があるかもしれない。たとえばペドラーの記述から我々が得た知識によれば、東アフリカではヂグア族とザラム族は互いに冗談をいわない。何故なら彼らは ndugu（兄弟）であるので、彼らの間にはなおも緊密な絆があるからである。しかし社会的諸関係がこのように規定されている領域をこえた所には、別の集団が存在している。そしてその集団は、個人自身の集団にとって部外者であるが故に、彼らとの関係には実際の敵意、もしくは敵意の可能性が含まれてくるのである。このような二つの集団の成員間の固定された関係の中には、集団の分離性が認められるに違いない。冗談関係が確立されているのは、まさにこの分離性が認められるばかりでなく、強調されている時なのである。敵意を示すこと、絶え間なく無礼を働くことは、この構造的状況全体の基本的部分である社会的分裂の継続的表現であるが、それをおおって、その状況をこわすことも弱めることさえもなしに、友情と相互援助という社会的接合が与えられているのである。

それ故に、ここで進めている理論は、クランあるいは部族間における連盟を構成している冗談関係も、また結婚による姻族間におけるそれも、ともに、接合的および分裂的構成要素——私はそう名づけたのであるが——が保持され、結び合わされている社会行動を、一定の安定した体系に組織する方式であるということである。

その包含されている意味を追求し、さまざまな事例にそれが適用されるものを詳細に検討することによって、この理論に対する十分な証明を準備するためには、一つの短い論文ではなくて一冊の書物を必要とするであろう。しかし、種々の親族関係の中で、尊敬と無礼とが現われる方法を考慮することによって、おそらくある程度の確証を提出することはできるであろう。もっともそれは二、三の重要な点をごく手短かに指し示す以上には何も試みることはできないのではあるが。

親族体系の研究においては、その人たちに対して払われる敬意の種類と程度に応じて、様々な親族を区別することが可能である。[原註11] 親族体系はその詳細な点では大いに異なっているが、非常に広くゆきわたって見出されるある種の原則が存在する。それらの一つは、人は彼自身の一代上の世代に属する人々には、はなはだしく尊敬を示すことを求められているということである。大多数の社会では、父親はきわだった敬意が払われねばならぬ親族である。これはいわゆる母系社会、すなわち母系クランや母系リネージに組織されている社会でさえそうである。この尊敬的な態度は、一世代上のすべての親族、またはさらに進んで親族でない人々にまで拡大する傾向が非常にしばしば認められている。従って年令組（age-sets）に組織されている東アフリカの諸部族では、男は彼の父の年令組に属するすべての男たちとその妻たちに、特別の敬意を示すように求められるのである。

この事柄の社会的機能は明白である。社会的伝統は一つの世代から次の世代へと受けつがれていく。伝統が維持されるためには、その背後に権威がなければならない。それ故、権威は普通には一世代上の成員によって所有されていると認められており、訓育をほどこすのは彼らなのである。その結果として、二つの世代の成員間の関係は、通常不平等の要素を含んでいる。つまり両親およびその世代に属する人々は、彼らに従属している子供たちに対して優位な立場にあるのである。父とその息子の平等でない関係は、父に対して息子が敬意を払わなければならないということによって保たれている。この関係は非対称的である。

次に個人とその祖父母および彼らの兄弟姉妹との関係に目を移してみると、大多数の社会では、二世代上の親族は一世代上の親族に対するよりも、はるかにわずかな敬意しか払われていないことを見出す。そしてここには極立った不平等さの代りに、友情といったような平等さに近づく傾向があるのである。

社会構造のこの特性は、とりわけ重要ではあるが、それを十分に論議することは紙面の都合上不可能である。多くの事例では、社会構造の中で祖父母と孫が一まとめにされ、子供たちや両親とは対置されている。この問題を理解する重要な鍵は、人間が生れ、成長し、そして死んでいくという社会生活の時の流れの中では、孫はその祖父母と交替するものであるという事実である。

多くの社会では実際の冗談関係が、――通常は比較的おだやかな種類のものではあるが――一世代とんだ世代の親族間に存在している。孫は彼らの祖父母や、類別的親族名称によって祖父とか祖母とよばれている人々をからかい、祖父母らはそれと同じお返しをする。

祖父母と孫は親族の絆によってつなぎ合わされている。一方彼らは年令によって、またコミュニティの社会生活に孫たちが完全に参与するようになっていく過程にある時、祖父母たちは次第にそれから隠退していくということから由来する社会的な相違によって隔てられている。彼自身の世代および両親の世代の親族に対するさらにいっそう重要な義務は、個人に多くの自制を課している。しかし二世代上の親族、つまり祖父母やその傍系親族に関しては、比較的遠慮のない無邪気な友情といった関係を確立することができるし、また通常は確立されている。この例においても、冗談関係が、社会的接合と分裂の組み合わさった関係を秩序づける方法であるということが示唆されている。

この論文は、これら諸関係を詳細に考察することによって論証してはいないが、たとえそうでないとしても、強力な裏づけは得られるだろうと私は思っている。ただ一つだけ例証となる点をのべる余地がある。この関係における冗談のごく一般的な形態は、孫が祖父の妻と結婚したいとか、あるいはもし祖父が死んだら結婚するつもりであるとかいうふりをすることであり、または祖母がすでに自分の妻であるかのように振舞うことである。一方祖父は孫の妻が彼の妻であるとか、妻であってもよいというふりをするかもしれない。[原註12] この冗談の要点は、祖父母と孫の間の年令差を無視するふりをすることである。

世界各地には、男が彼の母の兄弟をひやかしたり、さもなければ彼らに対して無礼にふるまうような社会がある。これらの場合では、冗談関係は一般に非対称的のようにみえる。たとえば、おいはおじの財産に手をつけてよいが、その反対はできない。あるいはナマ・ホッテントット（Nama Hottentots）族では、おいはおじの畜群の中から上等の家畜を一匹とってもよいが、そのお返しにおじはおいの畜群の中からみすぼらしい家畜を一匹もらうのである。[原註13]

母の兄弟に対して特権的な無礼を許すこの慣習が、もっとも顕著な形で生ずるような社会構造の本質は、父系リネージの強調や、父方親族と母方親族の間の際だった区分によって特徴づけられており、それらはたとえば南東アフリカのトンガ（Thonga）族、太平洋のフィジーやトンガ諸島、北アメリカの中央スー（Siouan）諸族などにみられる。

以前に出版した論文の中で、私は母の兄弟に対する特権的親密さの慣習の解釈を提出したことがあった。[原註14] 簡単にいえば次のようなことである。社会体系の継続のためには、子供たちは世話をされ、訓練をされる必要がある。彼らを世話するには、愛情のこもった利己的でない献身が要求され、訓練するためには、その訓練の方法に従わせることが要求される。我々がかかわり合っている社会では、両親とその他の親族の間の機能が何かしら二つに区分されている。支配と訓育は主として父、および彼の兄弟、そして一般的にはまた彼の姉妹によって行使されている。彼らに対しては敬意を払い、服従しなければならない。一方愛情のこもった世話をすることに関して、主として責任を持つのは母親である。それ故、母と彼女の兄弟姉妹に対しては、援助と気安さを求めることができるのである。母の兄弟はトンガ諸島では「男のお母さん」とよばれており、いくつかの南アフリカの諸族でもそうである。

これらの社会における母の兄弟の特別な位置についてのこうした解釈は、私がすでに言及した論文を書いて以後、さらに進められてきた実地調査によって確認されてきた。しかし私はそれが書かれた時点で、尊敬と無礼の社会的機能という一般理論に論議や解釈を一致するようにするためには、さらにそれらを補充する必要があることに十分気づいていた。

母の兄弟との冗談関係は、ここに概略をのべているこうした関係の一般理論とよく適合しているようにみえる。個人のもっとも重要な権利と義務は、彼をその父系親族——生きていようと死んでいようと——に結びつけている。彼が所属するのは彼の父系リネージや父系クランである。母のリネージの成員は、彼に対して非常に特別な思いやりのある関心を持ちはするけれども、彼らにとって彼は部外者なのである。したがってここにも当該二者の間には、接着もしくは接合と、分離もしくは分裂を含む関係が存在することになる。

しかし、この事例では、その関係が非対称的であるということを覚えておこう。[原註15] おいはおじに対して無礼をなし、おじはその無礼を受ける。ここには不平等があり、おいが上位である。これは住民自身によって、認識されている。トンガ諸島では、姉妹の息子は彼の母の兄弟にとって主人（eiki）であり、ジュノー（Junod）は（アフリカの——訳者註）あるトンガ人が「姉妹の子供たちであるおいは主人だ。彼は母方のおじに対してどんな勝手なことでもする」といっていることを引用している。[原註16] それ故におじとの冗談関係は二つの世代間にみられる通常の関係を無効にしてしまうのみならず、それをひっくり返してしまうのである。しかし父および父の姉妹の優位が、彼らに示される尊敬において表わされているのに対して、母の兄弟に対するおいの優位は、許容された無礼という反対の形式をとっている。

人は彼自身の世代より上の世代の親族に対して尊敬を払い、社会的に優れた人として接するように思えるような広くゆきわたった傾向があることはすでに述べた。そして母方のおじをからかったり、迷惑をかけたりする慣習は、明らかにこの傾向と相入れないものである。二つの行動原理間の矛盾は、南東アフリカのトンガ族やンダウ（Ndau）族の、一見非常に風変りな特性を持つように思える親族名称を理解するのに役立つ。トンガ族ではマルメ（**malume** 男である母）という用語が、母の兄弟を指す語としてあるにもかかわらず、この人はまた、そして多分より頻繁に祖父（**kokwana**）として表現されており、彼はまたその姉妹の息子を指して孫（**ntukulu**）といっている。ンダウ族では、母の兄弟や母の兄弟の息子たちも「祖父」（**tetekulu** 文字通りには大きいお父さん）とよばれ、彼らの妻たちは「祖母」（**mbiya**）とよばれている。一方姉妹の息子および父の姉妹の息子は「孫」（**muzukulu**）とよばれている。

親族を類別するに当って一見気まぐれなようにみえるこの方法は、母のリネージの男性親族が、ある個人にとってすべて同一の一般的関係に立つものとして、一緒にまとめられるという一種の合法的擬制として解釈することができる。そしてこの関係は一方には特権的親密さといったようなものがあり、他方には心づかいと甘やかしがあるので、基本的には孫と祖父母との間にふさわしい関係であると認められるのである。これは実の所大多数の社会において、この行動の型がもっともしばしば生じてきている関係なのである。この合法的擬制によって、母の兄弟は一世代上の世代——その世代の成員は尊敬されるべきだと思われている――に属することを止める。

ンダウ族の親族名称にみられる、もう一つの合法的擬制を考察することによって、この解釈を立証することは無駄ではないかもしれない。これらすべての南東バンツー諸族では、父の姉妹や自己の姉妹、とくに長姉は、非常な尊敬をもって対さなければならない人々である。彼女らは二人とも、本人自身の父系リネージのメンバーでもある。ンダウ族では、父の姉妹は「女である父」(tetadji)とよばれ、姉妹もそうよばれている。[原註17] そんなわけで親族名称類別の擬制により、姉妹は父の世代に置かれている。その世代にはきわだった尊敬が払われなければならないような人々が含まれているのである。

南東バンツー諸族では、冗談関係にある二種の親族、祖父と母の兄弟を同一化している。我々がこれを理解する上で、祖父と義兄弟が一まとめに分類されているある事例を考察することが役立つかもしれない。北アメリカのチェロキー(Cherokee)・インディアンは、多分ある時期二万人位であったが、七つの母系クランに分れていた。[原註18] ここでは男は彼自身のクラン、および彼の父のクランの女性とは結婚できなかった。同じクランの共通の成員であることは、彼を彼の兄弟および彼の母の兄弟に結びつける。彼の父に対し、また父のクランの彼自身の世代、および父の世代のすべての親族に対して、彼は慣習により多大の尊敬を払うよう要求されている。彼は「父」という親族用語を彼の父の兄弟のみならず、彼の父の姉妹の息子たちに対しても用いている。ここにもう一つ先に述べたようなものと同種の擬制の例がある。彼自身の世代の親族で、尊敬を払うことが求められ、彼の父の母系リネージに属する親族は、あたかも彼の両親の世代に属しているかのように話しかけられる。彼の直接の親戚の本体は、母のクランおよび父のクランという二つのクランの中に含まれている。その部族内の他のクランに対しては、彼はある意味では部外者である。しかしそれらのうちの二つとは彼は結びつけられている。すなわち、彼の二人の祖父、父の父および母の父のクランである。彼はこれら二つのクランすべての成員を、年令にかかわりなく、「祖父」とか「祖母」とよんでいる。彼はこれらすべての成員と冗談関係に立つ。結婚すると、彼は妻の両親を敬まわなければならないが、彼女の兄弟姉妹には冗談をいう。

興味深くまた決定的な特色は、男は「祖母」とよんでいる女性、つまり彼の父の父のクランあるいは母の父のクランの成員と結婚することが、特にふさわしいと考えられているということである。もしこのような結婚が生ずれば、彼の妻の兄弟姉妹は、以前から「祖父」「祖母」としてからかっていた人々の中に含まれていることになり、彼は結婚後もなお妻の兄弟姉妹らをからかい続けるのである。このことは、男は母の兄弟の子供たちと冗談関係を持ち、この娘たちの一人と結婚することが望まれるという広く分布した機構に類似している。

またチェロキーでは、男は父の姉妹の夫に対して一方的な冗談関係にあるということも、おそらく述べておくべきであろう。バンクス諸島のモタでも同一の慣習が見出されている。二つの事例とも、社会が母系的基盤に組織されており、母の兄弟が尊敬され、父の姉妹の息子は父とよばれる（そこで父の姉妹の夫は「父」の父ということになる)。そして父の姉妹の夫に対しては特別の用語があるのである。我々がこうした解釈を確かなものにするに先立って、この慣習が生じている社会をもっとよく観察する必要がある。私はアフリカのどこかの地域から、このような事柄が報告されたとは記憶していない。

この論文で試みてきたことは、はっきりした冗談関係が期待されるような構造的状況の本質を、もっとも一般的な抽象的な面で規定することである。我々は基本的な社会構造が、親族によって整えられているような社会を取り扱ってきた。社会構造内のある位置に生れついたとか、養子にされたとかいう理由によって、個人は多数の他の人々と結びつけられる。彼はそれらのある人々とは、明確な特定の法的関係にあることに気がつく。すなわちそれは権利とか義務とかいう用語で規定することができるような関係である。こうした人々が誰であろうかとか、権利や義務は何であろうかということは、社会構造によって作り上げられている形態に依存している。このような特定の法的関係の一例として父と息子、あるいは兄と弟の間に通常存在する関係を取り上げてもよいであろう。同種の一般的型の関係は、リネージ、クラン、あるいは年令組の全成員というように、かなりの範囲にまで拡大されうるかもしれない。否定的のみでなく肯定的にも、つまりしてはならないという事柄と、しなければならないというような事柄によって規定される特定の法的関係のほかに、禁止というような用語でほぼ完全に表現され、そして政治上の社会全体にまで拡大されるような一般的法的関係がある。たとえば他人を殺したり傷つけたり、あるいは他人の財産を取ったり、こわしたりすることは禁じられている。そしてこれら二種の社会関係のほかに、非常に多様な変形を含むもう一つの関係が存在しており、これらは多分連盟とか提携の関係とよぶことのできるものである。たとえば、二人の人間あるいは二つの集団が、贈物とかサービスの交換によって結び合わされているというのは、多くの社会にある非常に大切な連盟の一形である。[原註19] もう一つ別の例は、アフリカに広く分布している義兄弟の制度にみられる。

この論文の論旨は、冗談関係がこの意味での連盟の一特殊形であるということを、示そうとしてきたことであった。ラボレーによって記録された事例にみられるように、物品やサービスの交換による連盟は、冗談関係と連合しているかもしれない。[原註20] あるいはまたこれは忌避の慣習と結び合わさっているかもしれない。たとえばアンダマン諸島では、夫の両親と妻の両親はお互い同士あらゆる接触を避けていて口をきくことはない。しかし同時に彼らは若夫婦を通じて、しばしば贈物のやりとりをするのが当然であるという慣習がある。しかし贈物の交換は、冗談関係や忌避関係がなくても存在するかもしれない。たとえばサモア（Samoa）では、男の家族と彼が結婚する女性の家族との間に贈物の交換があり、また酋長と「代弁」酋長（talking chief）との間にも非常によく似た交換がある。

　また義兄弟による連盟においても、ザンデ（Zande）族にみられるように冗談関係が存在するかもしれないし[原註21]、また名前の交換によって作り上げられる何かしら似たような連盟においても、お互いに嘲笑しあうということがあるかもしれない。しかしこの種の連盟にも、極端な尊敬やさらには忌避というような関係もありうる。たとえば南オーストラリアのヤラルデ族やその近隣諸族では、お互いに離れたコミュニティに属し、したがって多かれ少なかれ敵対関係にある二人の少年は、各自のへその緒を交換することによって連盟を結ぶことになる。このようにして作り上げられた連盟は神聖なものであり、二人の少年はお互いに決して口をきいてはならない。彼らが成長した後には、お互いに定期的に贈物を交換することとなる。そしてこれは彼らが属している二つの集団間に、一種の交易上の機構を用意することになるのである。

　こうして四種の連盟とか提携が考えられる。すなわち(1)通婚によるもの、(2)物品やサービスの交換によるもの、(3)義兄弟になるとか、名前や聖なる事物の交換によるもの、(4)冗談関係によるものである。これらは別々に存在したり、あるいは様々な方法でからみあって存在している。これらの組合せを比較研究することは、興味深いが複雑な問題を提出することになる。ラボレーやポームによって記述された西アフリカの事実は、我々に価値のある材料を与えてくれる。しかし社会構造のこれらの問題を満足いくように取り扱うことができるためには、もっとつっこんだ集中的な実地調査が必要とされるのである。

私が今まで連盟という語でよんできたものを、真の契約による諸関係と比べてみる必要がある。契約による諸関係は、二人の人間あるいは二つの集団が加入する特定の法的関係であって、ここでは両者は相互に一定の積極的な義務を負っており、その義務の遂行を怠れば法的制裁をこうむる。一方義兄弟による連盟では、相互援助という一般的な義務があり、これらを遂行させるための制裁は、エヴァンス・プリッチャード（Dr. Evans-Pritchard）によれば、呪術的とか儀礼的とかよばれるような種類のものである。贈物の交換による連盟においては、受けとった贈物に対して等価のお返しをするという義務を怠れば、連盟を傷つけ、その代りに敵意の状態を作り出す。そしてまたそれは怠慢な一方の側の威信を失わせる原因にもなるかもしれない。モースはこの種の連盟の中にも呪術的制裁があると論じていたが、[原註22] そのようなものが常にあるかどうかは非常に疑わしい。そしてたとえそれがあったとしても、しばしば二次的重要性に留まっているといってよいだろう。

冗談関係はある点では契約上の関係とは正反対のものである。ここでは遂行されるはずの特定の義務の代りに、特権化した無礼、自由さらには放埒さえもがある。そして唯一の義務は、その無礼が慣習によって定められたある範囲内に留まっている限りは、立腹しないことであり、またその限界を越えないということである。この関係で怠慢であるということは、ちょうどエチケットの規則を破ることに似ている。すなわち当事者が身のふるまい方を知らないと考えられるのである。

真の契約上の関係においては、二者は一定の共通の利害関係によって結ばれ、それに関連して各々は特定の義務を受諾している。その他の諸点で、彼らの利害関係が多岐にわたっているということは問題ではない。冗談関係、および男とその妻の母といったようなある種の忌避関係では、一つの基本的な決定要素は、社会構造が彼らを彼らの利害関係が分岐するような仕方で区分しているのであり、したがって衝突や敵意が生ずるかもしれないということである。極端な尊敬とか、部分的あるいは完全な忌避を伴う連盟は、こうした衝突を避け、両者を結びつける。別のやり方で、冗談による連盟も同じことをやっているのである。

この論文で試みてきたこと、あるいは試みることができたであろうことのすべては、冗談関係の位置づけを社会構造の一般的比較研究の中で提示することである。私が提携とか連盟とか仮に名づけたものは、一般的な義務、エチケット、道徳あるいは法律というような方面から規定され、政治社会の共通成員によって作り上げられる関係とは区別される。またそれらは、契約に参加する各々に、ある特定の義務が課せられていることによって規定され、そしてそれには各人がそれ自身の意志によって加入するという契約上の関係とも異なっている。それらはまたさらに、家庭的集団、リネージあるいはクランの共通の成員である人々によって作られた関係とも異なっているのであり、そうした関係はすべて社会的に容認された権利と義務のセット全体という面から規定されねばならない。提携という関係は、社会的にある点で分離している個々の人々や集団の間にのみ存在することができるのである。

この論文はただ形に表われた、そして規準化された冗談関係のみを取り扱っている。他人をからかったり、冗談をいったりすることは、もちろんあらゆる人間社会に共通の行動様式である。それはある種の社会状況の中で生ずる傾向がある。たとえば私は英語使用諸国のある階級で、求愛の予備行動として若い男女の間に馬鹿さわぎがあるのを見たことがあり、これはチェロキー・インディアンが「祖母」をからかうやり方に非常によく似ていた。たしかに、形式化していないこういう行動は、社会学者によって研究される必要がある。この論文の目的としては、からかいは常に友情と対立の複合であるということが注意できれば十分である。

ある特定の社会で､独特の形態をとって存在しているこの制度を科学的に説明することは､それが広範に分布する一定の諸現象の中の、特殊な一例であるとみなすことを可能にさせるような徹底的研究によってのみ達成することができるのである。このことは、冗談関係の独特な形態やそれに付随する事がらが、首尾一貫した体系の一部として理解することができるように、全体としての社会構造がくまなく吟味されなければならないことを意味する。もしもある社会が今持っているような構造を何故持っているのかと問われたならば、それは歴史の中にあるというのが、唯一の可能な答えであろう。アフリカ人社会のように、歴史が記録されていないならば、我々はただ推論にふけるだけにすぎないが、推論は我々に科学的知識も歴史的な知識も与えてはくれないのである。[原註23]

原註1 *Africa*, Vol. XIII, No.3, 1940, pp. 195—210より再録。

2 Joking Relationships in East Africa, *Africa*, Vol. XIII, p. 170.

3 La Parenté à Plaisanteries en Afrique Occidentale, *Africa*, Vol. II, p. 244.

4 Parenté à Plaisanteries et Alliance par le Sang en Afrique Occidentale, *Africa*, Vol. XII, p. 433.

5 マルセル・モースは *Annuaire de l'École Pratique des Hautes Études, Section des Sciences religieuses*, 1927-8 中に､この主題に関する短かい理論的な議論を出している。またエガンも *Social Anthropology of North American Tribes*, 1937, pp. 75-81 の中で､取り扱っている。

6 *Africa*, Vol. XII, p. 438.

7 これらの広く分布している慣習についてあまりよく知らない人々は､次の書物を参照するのがよい。
Junod, *Life of a South African Tribe*, Neuchâtel, Vol. I, pp. 229-37.
F. Eggan (ed.), *Social Anthropology of North American Tribes*, Chicago, 1937, pp. 55-7.

8 Ruth Landes, Mead 編, *Co-operation and Competition among Primitive Peoples*, 1937, p. 103.

9 ついでにいえば，許容されており，義務的な慣習とすらなっていたかもしれないものを遵守した男に，たとえ酌量すべき事情があるということをつけ加えたとしても，一般の暴行罪を宣告するというような判例を，司法長官が行ったことは，満足しがたいものといえよう。ただその男がある女性を，彼女の母の兄弟の面前でからかったということで，エチケットを破ったかもしれないことは十分ありうるようにみえる。何故ならば，世界の多くの地域で，冗談関係にある二人の人間が，どちらかの親族の面前で相互にからかいあうこと（とくに猥褻が含まれている場合には）は，不適当であると考えられているからである。しかしそれでもエチケット違反が，そのことを暴行とするわけではないだろう。少しばかりの人類学の知識を持っていたならば，その司法長官は証人に適切な質問をすることにより，その事件とそれに含まれているすべての事柄を十分に理解することができたであろう。

10 Fortes, M., *The Dynamics of Clanship among the Tallensi*. Oxford University Press, 1945.

11 たとえば以下のものに記述されている親族体系を参照するのがよい。

Eggan, Fred, *Social Anthropology of North American Tribes*, University of Chicago Press, 1937.

Mead, Margaret, Kinship in the Admiralty Islands, *Anthropological Papers of the American Museum of Natural History*, Vol. XXXIV, pp. 243-56.

12 たとえば Labouret, *Les Tribus du Rameau Lobi*, 1931, p. 248.

Sarat Chandra Roy, *The Oraons of Chota Nagpur*, Ranchi, 1915, pp. 352-4.

13 A. Winifred Hoernlé, Social Organization of the Nama Hottentot, *American Anthropologist*, N. S., Vol. XXVII, 1925, pp. 1-24.

14 The Mother's Brother in South Africa, *South African Journal of Science*, Vol. XXI, 1924. 本書第一章。

15 母の兄弟と姉妹の息子との間の関係がほぼ対称的であり，したがって一種の平等さがみられるという社会も若干ある。これはトーレス海峡の西部諸島にみられるようである。ただしここでは両方とも相手の財産をとってよいといわれているが，嘲笑とか冗談についての情報はまったくない。

16 *Life of a South African Tribe*, Vol. I, p. 255.

17 ンダウの親族名称については次を参照。

Boas, Das Verwandtschafts system der Vandau, *Zeitschrift für Ethnologie*, 1922, pp. 41-51.

18 チェロキーの説明については次を参照。

Gilbert, *Social Anthropology of North American Tribes*, pp. 285-338. に所収。

19 Mauss, Essai sur le Don, *Année Sociologique*, Nouvelle Série, tome I, pp. 30-186. を参照。

20 *Africa*, Vol. II, p. 245.

21 Evans-Pritchard, Zande Blood-brotherhood, *Africa*, Vol. VI, 1933, pp. 369-401.

22 Essai sur le Don.

23 この論文に概略をのべた一般理論は、一九〇九年以来、社会構造形態の一般的研究の一部として、いくつかの大学で行った講義において提出してきたものである。これを現在のような形にまとめあげるについては、メイヤー・フォーテス(Dr. Meyer Fortes) との議論に負うている。

第五章　冗談関係についての再考[原註1]

雑誌『アフリカ』の一九四八年十月号にみられるグリオール（Prof. Griaule）の論文「下剤的な連盟」（L' Alliance cathartique）は、かなり重要な方法論的問題点を提起している。我々が特定の社会で見出すある慣習あるいは制度を理解しようとするに当って、それを取り扱う二つの方法がある。一つの方法はそれが複数の慣習や制度の体系もしくはそれらの複合体――その中に今問題とする慣習や制度が見出されるのであるが――の中で果している役割を吟味し、またそれがこの複合体内で人々自身にとって持っている意味を吟味することとである。グリオールはボゾ（Bozo）族とドゴン（Dogon）族がお互い同士侮蔑しあうという慣習をこの方法で取り扱っている。彼はこれをドゴン族自身がマンゴウ（mangou）という語でよんでいるさまざまの慣習、制度、神話、観念の複合体の中の一つの要素として考えている。また彼は原住民自身がこの侮蔑の交換にもたせている意味をも我々に提示している（二五三頁）。分析の具体例として、この論文はすばらしいし、現在次第に増大しつつある西アフリカ社会についての我々の知識にとっても、すばらしく重要な貢献をしている。

しかしながら、また別の方法も我々に開かれている。すなわちそれは二人の人間が、その他の関係の中で行えば、ひどく無礼に当るような言動をとることが、慣習により許容されている、あるいは要求されてすらいるような社会関係の、あらゆる型を広く比較研究することである。グリオールはこの方法をとることに反対しているようにみえる。いわゆる「冗談関係」すなわち「からかいの親族」の比較研究について、すでに述べられていることを参照すると、彼は次のように書いている。「我々はこの問題について出版されている諸業績に対して否定的な態度をとる」。

民族誌学者は北アメリカ、オセアニア、アフリカからこの慣習のさまざまな事例を報告してきた。それによれば、親族やもっと普通には婚姻によって、ある特定の関係にたつ人々は、失礼なあるいは侮蔑的なやり方でお互い同士行動することが許容され、あるいは要求されており、それに対して立腹することはないのである。こうした関係は「冗談関係」とよばれるようになってきたが、これはたしかにとくによい名称というわけではない。この慣習の中でもっとも数が多くかつ広範に分布している事例は、男とその妻の兄弟姉妹との間の関係にみられる。しかしある場合には交差いとこ間や男とその母の兄弟との間、またもう少し緩和された形で祖父母と孫の間にも見出されている。そこでここに比較社会学の問題が提起されるのである。すなわち、「この型の行動を適切とし、意味をもたせ、機能させているこれらすべての関係の中には何があるのだろうか？」

社会学的研究者を驚かせる第一の事実の一つは、妻の兄弟姉妹との「冗談」の慣習は、ごく普通には、妻の母、しばしば妻の父、そしてもっと頻度が低くなるが妻の母の兄弟との間の厳格な忌避の慣習と結びついていることである。忌避の慣習と冗談の慣習はまったくの反対であり、双極的に対立するものであることは明らかなので、この問題はとりもなおさずこの二つの型の慣習を取り扱うものとなってきた。そしてこのことはまたひるがえって、その他の種類の諸関係をも考慮する必要を生じさせた。

私がこうした問題全体に興味をもったのは、一九〇八年アンダマン諸島における忌避の慣習の解釈を探し求めている時であった。そこでは男の両親と彼の妻の両親は、相互に避け合わなければならない。彼らの関係はアカ・ヤット (aka-yat) という用語によって記述されているが、その語幹は「禁止」を意味し、接頭辞は口に関係しているので、それ故話すことに関係してくる。こうした関係に立つ人はお互いに話してはならない。ところが一方彼らは規則的にお互い同士贈物のやりとりをするだろうという報告を受けた。アンダマン島民はこれを説明して「彼らはその子供たちが結婚しているのだから仲の好い友人である」という。この友人関係としての忌避関係の概念を私は他の地域でも見出した。たとえばオーストラリアでは、男は彼の妻の母とのあらゆる社会的接触を注意深くさけているが、彼女は彼のもっとも親しい友人である、何故ならば彼女が彼に妻を与えたのだからという説明を私は一度ならず聞かされた。さらにまた冗談関係も普通は友情の一つとして言及されている。「私は母の兄弟をからかったり彼の財産を自由にすることができる。何故なら私たちは仲のよい友人であるから。私は彼の姉妹の息子なのだ」。「私は祖父や祖母に冗談をいうことができるし、また彼らは私に冗談をいう。それは私たちが仲のよい友人であるから」。

このような背景の中で、「友情」とは何を意味するのだろうか。これは明らかに兄と弟、父と息子の間にある連帯とか相互援助の関係とは何かしら異なっている。比較分析を基盤として考えると、「友情」を公言するということは、二人の人間がお互い同士おおっぴらな喧嘩や衝突に入りこまぬような義務を意味しているようにみえる。二人の人間の間のおおっぴらな衝突を回避する一つの方法は、彼らがお互いに避け合うか、あるいはまた相互に非常に目立つような尊敬をもって相手に対することであるのは十分に明らかである。またお互いに侮蔑しあい、しかもそれらを深刻にうけとらない義務があるような関係は、疑似的な衝突を作り出すという手段によって、真の衝突を避けるものであるということもかなり明らかであるように私には思われる。

この理論はその他の種類の慣習を参照することによって、力づけられるが、それらの中で紙面の節約のために、一つの種類の典型的な二事例に関してのみ述べてみよう。アンダマン島では同一の成人式で一緒に成人となった二人の男は、それ以後互いに話をすることは禁じられるが、定期的に贈物を交換するという報告を受けた。ここでもその説明は、「彼らは仲のよい友人である」ということであった。南オーストラリアでは、通常は敵意を持っている二つのクランの中でほぼ同じ頃生れた二人の少年は、へその緒——乳児では体に付着しており、後に落ちる——の一部を交換することによって特別な関係に結び合わされる。この関係に立つ二人の男はお互いに決して口をきいてはならないが、各人は友人に贈物をたずさえて相手のクランを危険なしに訪れ、お返しに贈物を受け取る。またもやこの関係も親しい友情の一つとして記述されている。この関係のおかげで各人はもしそれがないならば敵意にみちている地域で安全なのである。

世界各地からの非常に多くの事例を詳細に検討することが一般理論の公式化を立証することになるように私には思われる。しかしこれら「友情」の特殊形は、いうまでもなく全般的な社会的関係の諸形態を研究することによってのみ十分に処理しうるのであって、この論文はその非常に広範な主題を取り上げる場所ではない。ある社会関係は、慣習によってその程度や表現される方法は異なるが、尊敬に基づくことが要求されている。また別の社会関係はある程度の親密さ、また極端な場合には放埒さが許容されるような関係である。エチケットの規則とは、社会関係のこうした特性を規準化する一つの方式である。多くのアフリカ社会で父に対して息子が払わねばならぬ尊敬は、この方法で示されねばならない。忌避関係はある意味において尊敬の極端な形であり、一方冗談関係は親密さの一形態であり、無礼な行動、極端な場合には放埓さをも許容している。たとえばそれはある場合には、ドゴン族とボゾ族の間におけるように、猥褻な事柄を、気ままに行ってもよいような関係となっている。猥褻な会話はすべての、あるいは大部分の社会においては、特別に親密な関係に立つ人々の間の日常的な社会交渉の中でだけ許容されている。多くのアフリカ社会で性的事柄を父親の前で口にすることが禁止されており、義父の前ではなおいっそう禁じられているということは、尊敬と親密あるいは放埓な行動との間の対照を例証している。

雑誌『アフリカ』原註2の少し前の号に私が要約をのせた理論に対して、グリオールは否定的な態度をとっているが、その私の理論というのは次のような立場から出発している。つまり妻の両親に対する忌避あるいは極端な尊敬の慣習、また妻の兄弟姉妹に対する特別に許された「冗談」は、多くの社会で婚姻の結果生じた構造的状況の型の中で、社会的均衡を確立、保持しようとする手段として考えられるという立場である。この状況では二つのはっきり区分された社会集団、つまり家族とかリネージがあり、それらは一方の集団の男性と他方の集団の女性との結合を通じて、相互に連関を持つことになる。夫は妻の集団の外側にあってそれから社会的に分離しており、妻との関係を通じて、彼女の集団の個々人と、間接的なすなわち仲介を通した関係に立っている。社会的均衡を保つために要求されるのは、彼はできる限り妻の集団と衝突するべきではなく、その集団あるいはその集団成員との間に、「友情的」関係を保持しなければならないということである。忌避の慣習も「冗談」の慣習もともに、こうした状況が社会的に統制されている手段なのである。

それでは妻の両親に対する行動と、妻の兄弟姉妹に対する行動の間に何故差があるのだろうか。この解答は広く認められる一般的原則、すなわち一世代上の親族には尊敬が要求され、同世代の人々との間には親密さと平等の関係が適切とされるという原則の中に求められる。もちろんこの原則には例外的事例もあり、たとえば父の姉妹の夫や母の兄弟に対して、冗談関係や特に許された親密さもみられる。

このように、この理論において考慮されている特別な構造的状況というのは、分離性を維持している複数の集団の状況である。これらの集団は、おのおのその集団内の成員間では内的諸関係を有するそれ自身の体系を持っており、そしてまた一方の集団の一員は、特定の個人的関係を通じて別の集団と間接的な関連を持っているのである。婚姻の例をとれば、間接的関係というのは、男が妻を通して持つ関係である。母の兄弟との冗談関係の慣習は、ある個人が父系集団に属し、それ故に彼の母を通じて母の集団との間接的な関係を有している社会に見出される。祖父母との親密な関係は広く見出される慣習であって、しばしば冗談関係という形をとる（オーストラリア、アフリカ、北アメリカおよびインドのオラオン〔Oraons〕族においては）が、これは社会的に分離されている二世代間の関係を強調している。祖父母は父母の世代の親族とは対照的であり、自己の祖父母との関係は両親を通じた間接的なものである。交差いとこ間の冗談関係（フィージー諸島、オジブワ〔Ojibwa〕・インディアン）は、しばしば結婚可能となる親族の関係であるが、またこの関係は母や父の姉妹を通じた間接的なものでもある。

この理論に対する興味深い決定的事例は、母系的クランを有しているクロウ（Crow）・インディアンによって提供されている。男は彼の父のクランの全成員を尊敬しなければならない。彼はそのクランの成員ではないが、彼とそのクラン成員との関係は、緊密な連帯といったようなものである。この部族の他のクランの中には、彼の父のクランの男性成員の息子である人びとが見出されるはずである。彼らは彼自身のクランとも、また彼の父のクランとも異なる別のクランに属している。こうした人々に対する彼の個人的関係は、彼の父方のクランを通じた間接的なものであり、彼は冗談関係に立っている。彼は彼らに無礼な発言をしたり、また彼らからこうした言動を受けるが腹を立てることはない。クロウ族ではこの関係は行為を社会的に規制する手段にまで発展した。それは冗談関係の間柄の親族が、相手の欠点に世間の注意を喚起することもあるからである。

チェロキー・インディアンもまた母系クラン組織を有しており、男は彼の父方クランの全成員に尊敬を表わすよう求められていた。しかし彼の父の父のクランと彼の母の父のクランに対しては、彼はただ両親を通じて間接的な関係を有している。彼はこれらのクランの女性全員を「おばあさん」とよび、彼女と親密なあるいは冗談の関係を持つことができた。こうした「おばあさん」との結婚は認められていたので、彼女は妻とか義姉妹となりうる人々であった。

婚姻を通じてあるいは親族によって、関係づけられている人々の間にみられる冗談関係に関して、私が提示したこの理論は、次のようなものである。すなわち二つの集団があり、その分離性が強調されていて、両者の間には、一方の集団のある人と他方の集団の成員もしくはその成員の一部との間に、間接的な関係が作りあげられているような、ある種の一般的な構造的状況内での社会的制度としてこれが生じてきているというものである。この関係は分離（別々の集団に属しているので）および接続（間接的な個人的関係を通じて）が表明され、強調されるものであるといってよいかもしれない。忌避や冗談による「友情」のこうした関係は、リネージやクランのような集団の内部に存在する、複雑な義務の体系を含む連帯の関係とは著しい対照をなしている。この理論をさらに発展させるためには、異なる集団に属している人々との間で、定期的に贈物を交換することによって作り上げられているような関係とも、比較する必要があるだろう。したがってこの理論は未開社会に見出されるはずである社会関係の諸型を、体系的に取り扱おうとする試みのほんの一部にすぎないのである。

民族誌家によって記録された冗談関係の大部分の事例は、婚姻を通じてあるいは親族によって結びつけられた個々人間の関係である。それ故フランス語でそれに言及するならば親族（parenté）の関係ということになる。しかし似たような事例は別の集団間にも見出されており、ある集団のある成員は他の集団のすべての成員を悔蔑したり、名誉を毀損するような言動をとることが許容され期待されている。一つのよい例がカリフォルニア諸族の「コヨーテ半族」と「山猫半族」とによって提示されている。[原註3]最近ではこれに似た慣習がアフリカ（北ローデシア、タンガニーカ、西アフリカ）から報告されており、この種の関係が一部族内の二つのクランの間とか、二つの部族間に存在しているそうである。これらは明らかに幾分か別種の問題を提示している。そして冗談関係についての一般理論を有効とするためには、すべて集団間のこうした関係を考慮に入れねばならないことは明らかである。

部族とかクランは各々がそれ自身の独自性と分離性を保持している別個の分離した集団である。一クラン内部でのその成員たちの関係は、このノートにおいて私が使用してきた特別な意味での連帯といったようなものである。二つのクランはある場合には、集団としての二つのクラン間に、およびその成員同士の間に、連帯性をもった永続的結合があるというような方法で結び合わされているかもしれない。しかし一方、二つのクランの間には積極的なもしくは潜在的な敵意もあるかもしれない。また第三の可能性もある。つまり二つの特定クランの間に連帯でも敵意でもなく「友情」という関係――ここでは集団の分離が強調されるが、集団間の、あるいは両者の成員間のあからさまな衝突は、お互い同士怒らせたり、立腹したりすることなしに、相互に侮蔑しあってもよいという関係を作り上げることによって回避する――もあるかもしれない。この種の事項は、メイヤー・フォーテスによるタレンシ（Tallensi）族のクランの説明の中で、十分明らかにされている。[原註4] 敵意が回避される似たような関係は、タンガニイカから報告された事例にみられるように、二つの部族間にも存在するかもしれない。この点で、アフリカで記録されたクラン間や部族間の冗談関係は、これらの関係をもつすべての事例を、ある一般的な構造的状況の型に帰属させる一つの理論の範囲内に、もたらすことができるように私にはみえる。こうした理論が試みていることは、どのような共通する社会的特性がこの型の行動を適切とし、意味をもたせ、作用させているのかということを発見するために、制度化された諸関係の一定の認められうる型について、あらゆる既知の事例を取扱うのであり、そのことをはっきりさせるべきである。

ある特定の点でドゴン族とボゾ族の関係は、アフリカの他の地域から報告されている関係、つまり侮蔑のやりとりの点で、類似しているのは明らかである。それらが他の諸点においても類似しているという証拠は何もないし、また多分全体として似ていることはないだろう。この関係は「連盟」として記されているが、これは戦争で共同して他に当るというような、二国間の連盟とは非常に異なるものである。それ故「連盟」という用語は必ずしも適切ではないが、しかし私が本当に適切な用語を見出したというわけでもない。私は「友情」という用語を用いてきたが、これについては、住民自身が友情といっている点で正当性がある。オーストラリア諸族では、ある男は「友人」――その人との間に彼は特別な個人的関係を持つ――を持つかもしれない。ある地方では、もし両者が近い親族でないならば、妻自身の姉妹の夫がこのような友人になる。他の地方では、男は彼が類別的親族用語で

「兄弟」とよんでいる人々の中から「友人」を選択してはならない。「兄弟」間ではその間の関係は親族体系によって固定されている。彼は類別的親族関係で「義兄弟」に当る人——ただし自分自身の義兄弟を除く——を友人に選択してもよい。何故なら義兄弟は常に必ず別の集団に属しているからである。ここに友情と親族による関係の間の明瞭な区別がみられる。

それ故に私は、「友情」関係とよぶ一連のものを「連帯」関係とよんできたもの、つまり親族によって、すなわちリネージとかクランという集団の成員性によって確立されている関係から分けている。これらの用語は現在の分析の目的のためにのみ用いられているが、それはこの件に関しては、社会人類学の他の多くのものがそうであるように、まだ的確な専門用語を利用することができないからである。

我々はこの意味での「友情」の一型として、物品やサービスの継続的交換を基礎として、個人間あるいは集団間に作り上げられている関係を考えることもできるだろう。贈物の交換という世界中に広く分布する慣習は、この関連において考察されなければならない。しかしまた別の変った型もある。たとえば一方の集団は他集団の死者を埋葬したり、その他の儀礼的なサービスを行うかもしれない。北西アメリカでは、ある集団はその「友人」集団を招いて、自分たちのためにトーテム・ポールを立ててもらっている。両集団間のこの関係を構成している要素は、ごく普通には、ある程度のそしてある種類の対立——対立とは社会的に統制され規制されている敵対を意味する——である。二つの集団は、たとえばフットボールのような競争的なゲームを、定期的に行うかもしれない。北アメリカのポトラッチでは、高価な品物を交換するということの中に競争や対抗がある。友情的対抗の社会的関係は、理論的にかなり重要なものである。オックスフォード・ケンブリッジ両大学は、定期的にボート競漕やフットボールなどで競い合うことによって、ある関係を維持している。このようにして冗談関係はより大きな関係の一つの例である。何故なら、これは慣例的な規則によって統制されている見せかけの敵対がある友情関係の一つであるからである。

グリオールによって記述分析されたドゴン族とボゾ族の間の「連盟」は、明らかに私がここで「友情」として言及してきたものの一例である。ドゴン族とボゾ族は、言語や生活様式によって区別される別々の部族である。両者の通婚が禁止されているため、両集団の成員間に親族関係を作り上げることが阻止されているので、この分離はそのまま保持されている。「友情」は、超自然的制裁の下で、連盟集団の成員の血を流すことを禁じたり、贈物やサービス——たとえば一方の集団の人々が他集団の人々を儀礼的に浄めるというようなサービス——の定期的な交換の中に表われている。これらに加えて、「冗談関係」があり、二集団の成員の間で侮蔑のやりとりが行われるのである。ここで、我々がかかわり合っているのは、この最後のものなのである。

この連盟は当該二部族によって、神話や観念という彼ら自身の宇宙論的体系の枠の中で表現されている。そしてグリオールの論文は、彼および彼の共同研究者らが、この宇宙論についての研究成果を表わした一連の出版物に加えられる重要なものである。この侮蔑のやりとりをドゴン族が解釈するのはこれらの観念の見地からである。[原註6] 侮蔑のやりとりはそれが両者の肝臓から不純物をとり去るのであるから「下剤的」である。このようにしてグリオールはドゴン族とボゾ族の間の侮蔑のやりとりについて、それが原住民自身にとってどのような意味を有しているかということを示し、またもろもろの制度や観念、神話の複雑な体系内での相互連関を示すことによってその解釈を我々に与えてくれた。彼は連盟のもっとも重要な機能は、「浄化」——他にもっと適当な用語がないために彼はそうよんでいるのだが——することであると見出している。そこでアフリカの広大な地域に発見されるこの型の連盟を仮に「下剤的連盟」とよぶことを提唱している。もちろん彼は我々がタレンシ（Tallensi）族やベンバ（Bemba）族のクラン間や、タンガニーカの部族間に行われている侮蔑のやりとりにも、この名称を適用するべきであると示唆はしないであろう。

マルセル・モース（Marcel Mauss）と私は、別々な集団に属する人々の間の「友情」関係——そう私がよんできたものであるが——についての満足すべき一般理論を見出すべく、長年にわたって探し求めてきた。このような理論の一部は、物品やサービスの贈与や交換の研究であるに違いない。また別の一部は「冗談関係」の研究であるに違いない。グリオールが彼の言葉に従えば「否定的態度」をとっているのは、このような研究に対してである。彼はさまざまな冗談関係の事例をまとめて分類し、一般的解釈を求めるのは、まるで葬式でも結婚式でも教会の鐘がなりひびく儀式をまとめて分類し、「鐘の儀式」とよぶようなものだとしている。これは社会人類学の方法論の問題であり、私には非常に重大であるようにみえる。何故ならグリオールは、社会諸制度の一般的な理論的解釈に到達する手段としての比較法の科学的な有効性に、疑問を抱いているようにみえるからである。

我々が一般解釈に到達することができるのは、比較法を使用することによってのみである。もしそうでない別の方法をとるならば、それは我々自身を歴史家のやり方に似た個別的なものの解釈に限定することになる。この二種の解釈は両方とも正当であり、抵触することはない。そして両方とも社会とその制度の理解のために必要とされるのである。ドゴン族が肝臓を浄化する手段として侮蔑のやりとりをすると説明することは、我々がドゴン族のこの制度を、こうしたやりとりが明瞭な特性となっている「友情」の広く分布する型の一つの例として取り扱うことを妨げはしない。

冗談関係についての私の理論が、あるいは他の一般理論が満足なものであるかないかということが問題なのではない。問題は別であって、つまり、このような一般理論が可能であるかどうか、あるいはこの一般理論に到達しようとする試みを、個別的解釈に甘んじるために捨て去るべきであるのかどうかということなのである。

方法論上の同じ問題はグリオールの論文の結論に関連して生じている。彼はドゴン・ボゾ連盟の解釈についての必要について簡単にふれて、「一対となった二集団の体系として、そしてその二つの部分は相互的な特権と義務を持っている」としている。彼は「ドゴン族の形而上学の基盤自体に」この解釈を見出している。「実際に世界の初めの時から規則は双性であった。生物は一対となって生まれなければならなかった」。それ故にこれは双生児についてのドゴン族の考え方からみた個別的な解釈である。

一対となった集団の間にあるこのような関係は、世界中の多くの地域に見出されるはずである。その顕著な事例は南北アメリカ、メラネシア、オーストラリアの半族組織である。二元的なものの統合を表現し、二つの集団を一つの社会につなぎ合わせるもっとも通常の方法は、天と地、戦争と平和、赤と白、陸と水、コヨーテと山猫、鷹の一種と烏といったような対立する一対のものによっている。それ故その底に横たわっている概念は、ヘラクレイトスの哲学におけるように対立するものの結合という概念である。これは中国人では、陰陽の哲学において高度に精密化した。すなわち陽と陰は男と女、昼と夜、夏と冬、能動と受動などとなる。陰陽はともに夫と妻の結合とか、一年を形づくるための夏冬の結合というような統合や調和（tao）を作り出すために必要とされるという格言がある。

それ故ドゴン族が一対となった集団を人間の双生児によって表示しているのは普通ではない。しかしこれはアフリカに非常に広く分布している考え方――双生児は二つの部分に分れた一つの全体であるとする――の一つの特殊な発展にすぎないとみなすこともできるのである。アフリカの双生児に関する慣習の比較研究は、この考え方が非常に多様な方法で発達したことを示している。

グリオールや彼の仲間たちによって記録されたドゴン族の宇宙論では、二元性の統合についてのもっとも基本的な考え方は、双生児の出生についてのそれではなく、むしろ中国の陰陽におけるような男性原理対女性原理の対立であるようにみえる。人類は男女両性の原理を付与されて生れるのであり、彼らが真に男性となり女性となるのは割礼や陰核手術によってである。そこでここにも夫と妻の性的結合の中に、対立するもののヘラクレイトス的結合があるのである。ドゴン族の宇宙論的観念、あるいはその幾分かを理解する有効な一つのかぎは、この男女の二元性が双生児の統合にみられる二元性と結び合わされている方法である。後者の二元性の型は二という数に該当し、前者は男性の象徴である三という数と、女性原理を象徴する四という数の対立に該当する。これは足せば七となり、七は完全なものの象徴である。

ドゴン族の象徴的表現は、西アフリカ以外の世界の他の地域において見出されたものと驚くほど類似している。それらをいくらかでも科学的に理解する基盤は、グリオールやその共同研究者によってなされたような、こうした個別的研究であるに違いない。しかしそれらはできうる限り広い地域にまで拡大した組織的な比較研究によって、補足される必要があるだろうということが示唆されるのである。二元性の統合という概念は、宇宙論の体系を形成する際においてのみならず、社会構造を組織化する際においても人々に用いられてきた。このことについての比較研究は、冗談関係の比較研究のように、非常に重要な諸点でドゴン族の体系を理解する助けとなるかもしれないと期待されるのであって、そのような研究なしには、ドゴン族の体系は特定民族のただ一風変った作りものとしかみえないであろう。

原註

1 *Africa*, Vol. XIX, 1949, pp. 133-140 より再録。

2 *Africa*, Vol. XIII, No. 3, 1940, pp. 195-210 第四章参照。

3 文献目録参照。

4 Fortes, M., *The Dynamics of Clanship among the Tallensi*, London : Oxford University Press,1945.

5 文献目録参照。

6 *Africa*, Vol. XVIII, No. 4, pp. 253-4.

文献目録

Fortes, M. *The Dynamics of Clanship among the Tallensi*. London : Oxford University Press, 1945.

Moreau, R. E. The Joking Relationship (utani) in Tanganyika, *Tanganyika Notes and Records*, 12,1941, pp. 1—10.

—Joking Relationships in Tanganyika, *Africa*, Vol. XIV, No. 3, 1944, pp. 386—400.

Paulme, Denise, Parenté à plaisanteries et alliance par le sang en Afrique occidentale, *Africa*, Vol. XII, No. 4, 1939, pp. 433—44.

Pedler, F. J. Joking Relationships in East Africa, *Africa*, Vol. XIII, No. 2, 1940, pp. 170—3.

Radcliffe-Brown, A. R. On Joking Relationships, *Africa*, Vol. XIII, No. 3, 1940, pp. 195—210. 本書第四章。

Richards, A. I. Reciprocal Clan Relationships among the Bemba of N. Rhodesia, *Man,* Vol. XXXVII, p. 222, 1927.

Schapera, I. Customs relating to Twins in South Africa, *Journal Afr. Soc.,* Vol. XXVI, cii, pp. 117—37.

第六章　トーテミズムの社会学的理論[原註1]

トーテミズムの定義に関して、従来若干の意見の相違があり、議論が行われてきた。私はできる限りそうした議論にまきこまれないようにしたいと思っている。科学において初めに定義をするのは、特殊な研究のために一連の現象を区分するためである。用語というものは、単に見かけだけではなくて、実体においても相互に密接に関連しあっている数多くの現象を、我々の注意をひくために一まとめにするならば、そしてその限りにおいては有効である。この論文における私の論題の一部は、どのように広義にあるいは狭義に、我々がトーテミズムを定義しようとも、現象のもっと大きな群、すなわち神話や儀礼における人間と自然種の一般的関係について、体系的に研究しない限りは、我々がそう名づけているその現象の理解に到達することはできないということになろう。「トーテミズム」が専門用語としてその有用性を失なってしまったのではないかということが十分に問われてよいであろう。

しかしながら我々の議論を手引し、制限するためにある定義を設けることは必要である。私は一つの社会がいくつかの集団に分れ、各集団と一つないし複数の対象物——それは通常は動物ないし植物のような自然種であるが、時には人工的な物あるいはある動物の一部分であるかもしれない——との間に特別の関連があるような場合には適用するものとして、広い意味でこの語を使用しよう。この用語はある場合にはもっと狭い意味で使用されており、当該の集団がクラン、すなわちその集団のすべての成員が一系的な出自によって、密接に結び合わされていると考えられている外婚的集団である場合にのみ適用されている。原註2 私は「クラン・トーテミズム」は、広義のトーテミズムの一変種にすぎないものと考えることにしよう。

たとえクラン・トーテミズムという狭義の意にしろ、もう少し広義の意にしろ、トーテミズムは一つの事柄ではなく、数多くの多様な制度に付せられた一般的な名称であり、その諸制度はすべて何かを共通にしている、あるいは共通にしているようにみえるのである。たとえば、オーストラリアで単一の同質的文化がくまなく広がっている一つの限定された地域においてすら、数多くの様々なトーテミズムの異形が報告されており、さらに現在進行中の系統だった調査によって、新しいものが発見されつつある。

オーストラリア大陸の東南部においては、性トーテミズム、すなわち男女両性という二つの性グループと二つの動物種との関連が発見されている。たとえばニュー・サウス・ウェールズの海岸地域では、コウモリは男性のトーテムないしは男性を代表する動物であり、女性のそれはキバシリである。

オーストラリアの多くの地方では、部族は二つの外婚的モイエティ(半族)に分割され、ある所では父系、ある所では母系である。ある事例では、半族は動物の種、通常は鳥類にしたがって命名されている。こうした名称の中には、烏と白オウム、白オウムと黒オウム、鷹の一種と烏、ブロルガ(オーストラリア産鶴の一種——訳者註)と七面鳥、丘カンガルーと脚長カンガルーといったような一対がみられる。その他の例では、半族の名称の意味はまだわかっていない。そしてそれらのうちあるものは、いずれにしても動物名でないことはたしからしい。

このような双分を有する多くの部族では、半族が動物の名に従って名づけられているかどうかということは別にして、動物の、あるいは時にはその他の自然物の分類がみられ、ある物は一方の半族に、他のものは他方の半族に属すると考えられている。

このような半族トーテミズム――もし我々がこの語を半族と一つないし複数の自然物とのこのような関連に使用してよいとするならば――は、オーストラリアにおいて多くの変った形で見出されているし、またさらに別の形ではメラネシアや北アメリカに見出される。

オーストラリアの大部分の地域では、部族は四つのグループに分れている。これは今までしばしば「クラス」とよばれてきたが、私は「セクション」とよんだ方がよいと思う。この四分割を理解するもっとも簡単な方法は、それが一組の父系半族と一組の母系半族の交差によって構成されていると考えることである。[原註3]

これらのセクションは、一般に動物種の名前に従って命名されているわけではない。もっとも一セクションの名称が一動物の名称でもあるという例が一、二あるにはあるが。たとえばユクムビル（Yu-kumbil）のバンジュル（Bandjur）というのは、一つのセクションの名称であり、同時にコアラの名である。しかしいくつかの部族では、各セクションと一つないし複数の動物種の間に明らかな関連がみられる。たとえば西オーストラリアのキンバリー地方のニゲナ（Nigena）族においては、四セクションは四種類の鷹と関連を有している。この関連は地域によってはセクションのメンバーが、自分自身のセクション、あるいは他のセクションと結びつけられている動物を殺傷したり、食べたりすることを禁ずるという所まではいっていない。しかしクイーンスランドの一部では、各セクションは動物の多数の種類と関連を持っており、セクションのメンバーは自分自身のセクションと結びつけられている動物を食べてはならないという規則がある。

この「セクション・トーテミズム」は、いっそうの吟味が必要である。ところで我々はセクション・トーテミズムの三種を区別することができよう。第一は、各セクションが、ちょうど性トーテムが、性別グループの代表であったのとほぼ同じような方法で、セクションを代表するある一種の動物と結びついているものである。第二の形は、各セクションがある限定された数の動物種と特別な儀礼的関係に立っており、そのセクションのメンバーはそれを食べてはならないというものである。第三の形では、多数の動物が四つのセクション各々に帰属するものとして分類されているが、自身のセクションに属する動物を食べてはならないという規則がないものである。これら三形に共通している一つの事柄は、各セクションは、一つないし複数の動物種と関連を持っていることによって、他のセクションから区分され、その個別性を与えられている点である。

ある部族では四セクションはさらに二分され、八つの下位セクションに区分されている。これらの部族のあるものでは、この下位セクションとある自然種との間に特別な関連が存在している。我々がこの問題を有益に議論するためには、さらに調査が必要である。

さてクラン・トーテミズムにもどってみると、オーストラリアにはこの短かい論文では実際のところ、ただ列挙するだけでも多すぎるほどの多様な形態が見出される。さまざまな母系的クラン・トーテミズムは、オーストラリア大陸の東部、北部、西部という三つの別々の地域、あるいは四地域に生じている。メルヴィル（Melville）およびバサースト（Bathurst）諸島には、二十二クランに再分された三つの母系フラトリー（胞族――いくつかのクランがとくに密接な関係をもって結びつき一つの集団を構成している場合、フラトリーとよばれる――訳者註)がある。各クランは通常は動物ないしは植物である自然種の一つと関連を有しているが、一、二のクランは二つのトーテムを、また一クランは三つのトーテムを持っている。クランとトーテムとの間の関連は部族の生活の中では、ほとんど重要でないようにみえる。トーテムの殺傷や使用を禁ずることもなく、トーテムの儀礼もない、またトーテミズムは神話の中でもわずかしか影響を与えていない。

ニュー・サウス・ウェールズ、ヴィクトリア、および南オーストラリアに住むいくつかの部族では、母系クラン・トーテミズムは、何かしらもう少し重要であるようにみえる。ここでは母系半族はある場合にはトーテムに従って命名されているが、ある場合にはそうではない。そして各半族は多数のクランに分割されている。各クランはそれに帰属すると考えられている一つないし複数の自然種を有している。一クランが数種の自然物と関連を持っているような所では――多くの部族が大体そうなのであるが――、それらのうちの一つが他のものよりも重要であると考えられており、クランはその名称に従って名づけられている。この地域全般にわたって、我々が知る限りでは、トーテムを殺したり食べたりすることに対する禁止はない。

母系トーテミズムと関連をもつトーテム儀礼は、みたところわずかしか発達していないし、念入りなトーテム神話についての何らかの痕跡も見出せない。

オーストラリア全体を通じて社会的目的のためにもっとも重要な集団はホルド、すなわちある一定領域を占拠所有する小集団であり、通常このホルドが厳密に父系的であるということは注目されてよい。とすれば母系トーテムクランの組織があるところはどこでも、そのクランは多数のホルドに分散した人びとから成っていることになる。かくて個人は二重の組分けに入る。大部分の社会的目的のためには、個人は父を通じて帰属する地縁集団、すなわちホルドに依存している。一方同時に人は母を通じてトーテム集団へ関係づけられるが、その集団の成員は部族中に分散している。

オーストラリアの父系トーテミズムを簡単に記述するのは、母系トーテミズムよりももっと困難である。それが存在するところでは、第一次的なトーテム集団は通常ホルド、すなわち小さな父系的地縁集団である。ある地域ではホルドが一つのクランである。つまりそれは男系をたどる近接の親族から成っており、それ故に外婚的である。しかし別のわずかな地域では、ホルドはこの意味でクランではない。

父系トーテミズムの一つの例として、マレー川の河口に住む諸部族（ヤラルデ〔Yaralde〕族その他）を取り上げるのがよいだろう。ここでは各ホルドは地縁的クランであり、各クランはそれらと結びついた一つないし複数の自然物を有している。自己のクランのトーテムを食べてはならないという禁止はないが、ある程度トーテムは尊敬されている。トーテム儀礼とか、念の入ったトーテム神話があったという証拠はない。トーテムの機能は、ただ単にその集団を代表するものとして作用しているだけのようにみえる。

多分もっとも重要であり、またたしかにもっとも興味深いオーストラリアのトーテミズムの形態は、今これから我々が簡単に考察しようとするものである。これは四種類のものが重なり合って関連している。(1) ホルド、つまり父系的地縁集団。(2) 動植物とか、雨、太陽、暑気、寒気、赤ん坊といったような一連の相当数の対象物。(3) ホルド領域内にある何らかの聖地。しばしば泉などがそれにあてられる。各聖地はその集団の一ないし複数のトーテムと、特別に関連づけられている。(4) この世界の初めの神話時代に、これら聖地で生まれたと想像されるある種の神話的存在。このトーテミズムの体系はオーストラリア大陸の非常に広範な地域にわたって、多様な形態の中で現在追求され、研究されている。以前は大陸中央部の事例がもっともよく知られていたが、この地域のアランダ族のものはやや変型しており、いわば例外的である。今では前記のようなトーテミズムの体系は、西オーストラリアの広大な地域にわたって存在している、もしくは存在していたことが知られている。近年マッコネル (Miss McConnel) によりケープ・ヨーク半島でも発見され、研究されている。本年初めには、私がニュー・サウス・ウェールズの北部と南クィンスランドにまたがるオーストラリア東海岸にもかつてそれが存在したと提示することができた。

この型のトーテミズムが発見される所では、自然種の増殖のための儀礼体系が通常附随している。ホルドのメンバー、もしくはその中のある人々が、自然種と関連を持つトーテム・センターすなわち聖地におもむき、そこでその自然種の増殖をもたらすと信じられている儀礼をとり行う。また聖なるトーテム・センターや、彼らの祖先となった神話的存在についての念入りな神話もある。

この種のトーテミズムは別形のトーテミズムを有する部族の中で共存することもありうる。たとえばディエリ (Dieri) 族では、これは母系的なクラン・トーテミズムの体系と共に存在している。ある地方ではまたセクション・トーテミズムと共存している。

最後に、オーストラリアのある地方で、時として個別トーテミズムとか個人トーテミズムとか呼ばれているものがあることに注目しておこう。これは個人と一つないし複数の動物種の間にある特別の関係である。よい例はニュー・サウス・ウェールズのいくつかの部族のもので、ここでは呪医が一つないし複数のこうした個人トーテムを有している。呪医が呪術を行うための能力を獲得するのは、この動物種との関連を通じてである。我々がこれをトーテミズムと呼ぼうと呼ぶまいと、これはトーテミズムと密接な関係を持っており、トーテミズムに関する理論であるならば、それが満足すべきものであるためには、これを考慮に入れなければならないことはまったく明瞭である。

オーストラリアの諸制度についての観察は、短かい不完全なものではあったが、自然種と集団ないし個人との間の特別な関係が、この地域では数多くのさまざまな形態において存在しているということを我々に示してくれた。我々はトーテミズムのいかなる形態も持っていない部族（たとえば北ダンピア・ランドのバッド〔Bad〕族のような）から、トーテミズムの単純な形態が存在するが、部族の生活の中では比較的わずかな重要性しか持っていない、メルヴィル島民のような諸部族を通過して、母系的クランと父系的ホルドの二つのトーテミズムが接合した複雑な組織を持ち、きわめて念入りなトーテム儀礼とトーテム神話とを伴っているディエリ族のような部族に至るまで、あらゆる段階を見出す。これらのトーテム体系が共通にしている唯一の事柄は、社会の分割されている諸部分が、それらのおのおのとある自然物もしくは自然のある一部との間にある関連によって、特徴づけられているという一般的な傾向である。この関連は多くのさまざまな形態の中でどんな形をもとりうるのである。

過去におけるトーテミズムについての理論的討議は、その起源についてのもっともらしい類推にほとんどもっぱら関心が向けられてきた。もし我々が起源という語を、一つの制度とか慣習あるいは文化のある状態が存在するようになった歴史的過程を意味するものとして使用するならば、世界中に存在するトーテミズムの種々な形態からみて、非常に多種の起源があったに違いないことは明らかである。トーテミズムの一起源を論ずることができるとするならば、我々が一つの一般的用語の下に包括させているこれら多様な制度すべてが、単一の形態から徐々に変形してこのようになったと考えなければならない。このような仮定を正当化する証拠は、私にはまったくないようにみえる。しかしたとえそう仮定したとしても、それでもやはり、トーテミズムの原型はどんなものであったろうかとか、またその原型から現存するさまざまなトーテミズムの体系が生みだされてきたとてつもなく複雑な一連のでき事とか、またどこで、何時、いかにしてそのトーテミズムの仮定的な原型が成立するようになったかというようなことについて推測できるだけである。そしてこのような推測は、決して帰納的検証ができないのであるから、推測以外の何物でもなく、また文化の科学には何の価値もない。

社会学もしくは社会人類学――その語を私は自然科学において用いられているのと同じ帰納的方法によって文化現象を研究するものと理解している――にとって、トーテミズムの現象は、ある別の問題を提供してくれる。帰納的な学問の課題は、個別の中に普遍的なもしくは一般的なものを見出すことである。文化を取り扱う科学の課題は、それが対象とする複雑な材料を、少数の一般的法則もしくは原則にまで低減させることである。このような方法でトーテミズムに接近するならば、それが次のような問いかけの形で提起された問題を、系統だてて説明することができるだろう。その問いかけとは、「トーテミズムとは人間社会に普遍的な現象の一特殊形であること、またそれ故にそれはすべての文化の中にさまざまな形で存在しているということを示すことができるだろうか?」というのである。

トーテミズムの社会学的理論に到達するためのもっとも重要な試論は、なくなったデュルケム(Prof. Durkheim)の『宗教生活の原初形態』(*Les Formes élémentaires de la Vie religieuse*)という書物である。私はこの業績は社会学の理論にとっては、大切なまた永遠の貢献であると思うが、しかし完全な、満足すべきトーテミズム論を提示してはいない。私はできる限り短かい紙面で、デュルケム理論の失敗していると思われる部分を指摘してみよう。

デュルケムは、トーテムはそれをトーテムとしている集団の成員にとって「うやまうべき」(sacred）ものであるとしている。それはセイクリッドという用語を、今日英語やフランス語においてそれが持っている意味とはやや異なり、幾分近いとはいえ、ラテン語において（sacer）という語が持っていた意味とさえもまったく同じではなく、用いることとなる。私はできる限り特殊な意を含んでいないような語を使用したいので、トーテムはセイクリッドであるという代りに、人間とそのトーテムの間に「儀礼的関係」があるという方が望ましいと思う。社会がその成員に、ある対象物に対するある態度を強制しており、その態度にはその対象物と関連して、伝統的行動様式において表現されるある程度の尊敬が含まれている場合にはいつでも、「儀礼的関係」があることになる。したがってキリスト教徒と一週間の最初の日は、儀礼的関係の典型的な例である。

一定の対象物に対してあらゆる社会は、私がここで儀礼的態度と名づけている思考や行動の態度を採用しており、その成員に強制している。異なる社会においてのみならず、同一社会においてもさまざまな関連において、この多様な態度がみられるが、しかしこれらの態度すべては何らかの共通点を持っている。その上儀礼的態度は非常に不定的なものから、明確なまた高度に組織化されたものに至るまで変差があるかもしれない。

それ故に、社会学のもっとも重要な課題の一つは、文化のこの普遍的な要素の機能を発見し、その法則を公式化することである。この一般的課題は明らかに数知れぬ部分的な問題を含んでおり、トーテミズムの問題もその一つである。その問題とは、何故ある社会においては、ある種の自然物に対する儀礼的態度が、特定社会集団の成員に課せられているかを発見することであるといってもよいかもしれない。トーテミズムという小さな問題の解決は、それがもっと大きな問題——すなわち一般的な儀礼的関係の理論——の一般的解決と適合しているか、あるいはその一部でないならば、満足すべきものとはなりえないことは明瞭である。

一般的問題に関していえば、デュルケムの理論は儀礼的態度の第一の対象は社会秩序それ自体であるということ、あらゆる事物はそれが社会秩序に対してある関係に立つ場合には、儀礼的態度の対象となるということである。この一般理論に私は賛成するが、しかしこれは社会秩序とのもっと重要な関係の型を規定することに成功するまでは、明らかにほとんど意味をもたない。そのより重要な関係の型というのは、儀礼的態度の対象になるような関係に立つ対象ということになるのである。

デュルケムのトーテミズム理論を、私自身の言葉でいいなおすと次のようになる。クランのような社会集団は、それがその成員の心の中で愛着感情の対象である場合にのみ、連帯性と永続性を有している。こうした感情を存続保持するために、その感情は時折集合的な表現を与えられなければならない。法則――それは容易に立証することができると思うのだが――によって、社会感情の定期的な集合的表現は儀礼的形態をとりやすい。そして儀礼においては、またここで再び必然的な法則に従えば、その集団を代表するものとして働く多かれ少かれ何らかの具体的な対象が必要とされる。そこで集団への愛着感情は、その集団自体を代表するある対象と関連を持った、何らかの公式化された集合的行動の中に表現されなければならなくなるだろうというのが通常の過程である。

一つの典型的な例が我々自身の社会の中に見出される。国家の連帯性は国民の心の中の愛国心に依存している。この感情は上述の法則に準拠して、国旗、王、大統領というような具体的対象と関連して、主たる表現の幾分かを見出す傾向がある。そしてこうした対象物はこのようにして儀礼的態度の対象物となる。

アフリカにせよ、ヨーロッパにせよ、王の神聖さの一部は、王が国家的連帯性や統一性の代表者であるという事実に依っている。そして王を取りまいている儀礼は、愛国的感情が保持される手段である。同様に我々は国旗の中にも「うやまうべきもの」の対象を見出す。何故ならば国旗は社会集団やその連帯性の具体的な物的代理物あるいは象徴であるからである。

デュルケムはクランのトーテムを国旗と比較している。この比較はトーテミズムすべてに当てはまらないにしても、そのある型については、非常に一般的な意味で有効である。しかしその比較は別として、この理論はトーテムは社会集団の具体的な代表、もしくは象徴であるが故に「うやまうべきもの」――デュルケムのいい方によれば――である、あるいはその故にトーテムは儀礼的態度の対象――私はそういういい方の方を好むのであるが――となるということである。そしてトーテムに対する儀礼的態度の機能は、その社会集団の連帯性を表現し、存続保持させるためのものであるということになる。

私自身の言葉におきかえて右にのべてきたデュルケムの理論に私は賛成するが、しかし私はこれを完全なものとはみなしていない。第一にトーテミズムは上述の機能の他に、別の機能を有しているように私には見えるからである。第二にこの理論は今までにのべられた限りでは、アメリカ、アジア、アフリカまたオーストラリアにおいて、一体何故そのように多くの人々が、クランやその他の社会集団の象徴あるいは代表物として、動植物を選択しているのかということを説明していない。なるほどデュルケムはこの疑問に対して解答を与えてはいるが、しかしこれはまったく不満足なものである。彼はトーテミズムの本質的要素としてトーテムの記章とかデザイン、すなわちトーテム動植物の描写されたものの使用を考えており、自然物が社会集団の記章として選択されるのは、それらがこのような方法で利用されやすいからだと示唆している。

この仮説は我々がそれを事実に照してみる時、たちまちにして地に落ちる。オーストラリアでは、性トーテム、あるいは半族トーテム、セクション・トーテムのデザインは何ら用いられていないし、クラン・トーテミズムについてみても、そのトーテムを型どることをしない多くの部族がある。デュルケムにとっては非常に重要な、まさにトーテミズムの本質的部分であるトーテムのデザインは、中央・北オーストラリアに顕著ではあるが、大陸全般にわたってはいない。

さらに社会集団の記章として、何故自然物が選択されたかということについて示唆されている理由は、トーテミズムのように広く分布している制度について、満足のいく説明をするには余りにも偶発的な性格を有している。世界各地に分布するこれらすべての人々が、何故各社会集団とある動植物をこのような方法で関連させることにより、その社会集団を表現するのが適切であるとみなしているかということについて、何かもっと重要な理由があるに違いない。

そこでここがデュルケムのトーテム理論の失敗していると思われる点である。この理論では、トーテムはそのうやまうべきすなわち儀礼的性格を、もっぱら集団の記章としての立場に負うていることになっている。ところで何らトーテミズムの形態を持たない多数の民族の中にも、動植物のような自然種が儀礼の対象となっている、あるいはそれらが神話に表明され、儀礼的態度の対象となっているものがあることを我々は知っている。そしてオーストラリア諸部族のような、トーテミズムを持つ人々の中ですらも、自然種に関連した儀礼的慣習は、必ずしもすべてトーテム的であるというわけではない。換言すれば、トーテミズムという用語で表示することに我々が同意したこの現象は、人間と自然物の間にあるあらゆる種類の儀礼的関係を含む、より大きな一連の現象の一部にすぎないのである。トーテミズムに関するいかなる理論も、トーテミズム以外の多くの事柄にも解明を与えるような、より一般的な理論と適合していない限りは不十分である。そしてデュルケムの理論はこれをしていない。

人間が野生動物の狩猟や、野生植物の採集に、完全にあるいは主として依存している社会では、その大多数において——私は多分すべてといってよいと思うのだが——、人々がトーテミズムの何らかの形態を持っていようがいまいが、動物や植物は儀礼的態度の対象とされる。これは多分普遍的というわけではないとしても、しばしば神話の中で行われており、そこで動物種は人格化され、祖先や文化英雄とみなされている。またこれは動植物と関連した沢山の慣習においてもみられる。人間と自然種との間のこの儀礼的かつ神話的体系は、エスキモーとかアンダマン島民のような、非トーテム的民族においてもっともよく研究することができる。このような社会では、社会と自然物との間の関係は全般的なものである。つまりもっとも重要な動植物のすべては、何らかの方法でうやまうべきもの（儀礼もしくは神話において）として取り扱われている。あるものは他のものより、いっそううやまうべきものと考えられているが、それぞれの種はすべてコミュニティ全体の各成員にとって等しくうやまうべきものである。アンダマン島民の亀に対する儀礼的態度、カリフォルニア・インディアンの鮭に対する、また北アメリカや北方アジア住民の熊に対する儀礼的態度は、社会全体とうやまうべき動物種との間にある関係を作り出している。

さて私はここで、トーテミズムとは人間と自然種との間のこうした全般的な儀礼的関係から発生した、もしくはその特殊な一発達であるという風に示唆したい。さしあたって、自然に対する人間のこのような全般的な儀礼的関係は、狩猟社会においては普遍的である——私はそういうことを示すことができると思うのであるが——と仮定してみよう。社会がクランのような分節集団に区分されるようになった場合、儀礼的特殊化の過程が生じ、その際に各分節集団はそのコミュニティの持つサクラ

(Sacra——ラテン語、セイクリッドと同意——訳者註）の中からある一つないし複数のもの、すなわち一つないし複数の自然種との間に特別なかつ特定の関係を獲得する。クランや集団のトーテムは、コミュニティ全体にとって何らかの意味で今なおうやまうべきであるが、しかし今や特定の自然種がそれをトーテムとしている分節集団にとって特別に、また何か特別な方法でうやまうべきものとなるのである。

トーテミズムの発達の中で作用した原理としてここに示唆した過程は、社会の発達の中で非常に重要であると私には思われるものであり、その他の現象の中でも観察することができる。たとえば多分一番よい例というわけではないが一例をあげてみると、ローマ教会では諸聖人は全体としての教会全員に神聖である。しかし教会が地方的な集会に分割され、一つの集会はある特定の聖人に礼拝堂を奉献し、その聖人と特別の関係に置かれていることがよくある。私はこれはクランすなわち集団トーテミズムと類似していると思う。また個人個人の守護聖人と、オーストラリアやアメリカ諸部族にみられる個人トーテムや守護動物との間には、まったく正確なというわけにはいかないにしても、有意味の類比が求められるだろう。

この論文では儀礼的特殊化の過程について議論する余地はないし、また実際のところこの問題を適切に取り扱うためには、どうしても社会区分や分節の全過程を取り扱うことが要求される。この問題の解明に役立つかもしれない事例に一つだけ言及してみよう。北アメリカのエスキモーで、その環境に適応するもっとも大切な特性の一つは、夏冬の、また夏の動物と冬の動物の間のきわだった区分である。社会とこれら諸動物の重要なものすべての間には、儀礼的関係の複雑な体系があり、その儀礼の中で夏冬の対立が強く表現されている。たとえば同じ日にトナカイの肉（夏の食物）とセイウチの肉（冬の食物）を食べてはならない。エスキモー自身は二つの集団に区分されており、一方は夏生れの人、他方は冬生れの人から成る。両者の間にはわずかながら儀礼的特殊化があり、夏生れの人々はとくに夏の動物と、また冬生れの人々は冬の動物と関係があると考えられている。これは決してトーテミズムではないが、明らかにそれと関係があり、トーテミズムが発生してくる過程を例証しているように私には考えられる。

こうした方法で、デュルケムの分析の大部分を組みこみ、かつデュルケム自身の提示したものに向けられる批判にはさらされないような、トーテミズムの社会学的理論を公式化することができると思う。我々は狩猟採集民ではより重要な動植物や自然現象は慣習や神話の中で「うやまうべきもの」として取り扱われる、すなわちそれらはさまざまな方法でまたさまざまな程度において、儀礼的態度の対象とされているという経験的一般論から出発している。この人間と自然との間の関係は、第一次的には全体としての社会とそのサクラとの間の全般的な関係である。社会が分化される、すなわちお互い同士区分され、各々がそれ自身の連帯性と個別性を持つような分節集団や社会集団に分割されている場合には、トーテミズムよりもより広汎に分布しており、まさに社会分化の一般過程の重要な一部である一つの原則が作用してくる。その原則によって社会とそのサクラとの間にある全般的な関係の内部に、各集団や各分節集団と、それらのサクラのうち一つないし複数のものとの間の特別な関係がうちたてられるのである。

この理論は、集団とそのトーテムとの儀礼的関係の機能は、その集団の連帯性を表現し、存続保持させるものであると認識することにおいて、デュルケムの分析はもっとも評価されると私には思われる部分を組みこんでいる。これはさらに社会集団の記章もしくは代表物として、何故自然種が選択されているかという理由を説明している。そしてその理由が社会組織それ自体の性格そのものの中に根ざしていることを示すことができたと私は思っている。

この議論の部分を去る前に、もう一つ先の問題にふれたいと思う。デュルケムはクラン・トーテミズムに関連して、クランおよびその連帯性を強調している。彼にとってトーテムとは、何よりもまずクランがその統一性を認識し表明する手段なのである。しかし事態はそれ以上にさらに複雑である。このクランというものは、同じく連帯性を有するより大きな社会の一つの分節にすぎない。クランはその一つないしは複数のトーテムとの特別な関係によって、その統一性と個別性を認識している。このことは同一のうやまうべき一つないし複数の対象との間にある共通の関係の中で、多数の個人個人を結びつけることによって連帯性が創造され、保持されるという普遍的過程の単なる一特殊例にすぎない。各クランがそれ自身のトーテムを有しているという事実によって、クラン間の区別や対立が表明される。カンガルー集団の人は、自分自身をカンガルー集団の人間として結びつけている絆を認識するのみならず、エミュー集団やフクロネズミ集団その他の人間との差異をも認識するのである。しかしこのトーテミズムを持つ社会全体のより大きな統一性や連帯性もまた、全体としての社会がその小分節を通して、全体としての自然と儀礼的な関係に立っている、という事実によって表明されている。これはオーストラリアに広く分布している増殖儀礼の体系の中に非常によくみられる。各集団はある一定数の種の儀礼的管理に責任を持っており、それによってその種の維持が確保されていると信じられている。その部族にとってこれらすべての種は大切であり、したがってその儀式は、(儀礼的)労働の分割を含む一種の協同事業である。そしてこれにより自然の正常な運行と食物の供給が整えられるのである。デュルケム理論の一つの結果は、それがクランとその連帯性をあまりに強調しすぎたことである。トーテミズムはクランの統合を表現する以上のことをなしているのであり、これはさらにより大きな統合体の中でのクラン相互間の関係において、全体としてのトーテム社会の統一性をも表明しているのである。

もし私の論議の結果が妥当であるならば、それは、トーテミズム問題を他の問題におきかえることとなる。この際解答を求められている質問は次のようなものである。「何故大多数のいわゆる未開民族は、その慣習や神話の中で動物や他の自然種に対して儀礼的態度をとっているのであろうか？」この論文の中で私の目的は、ただトーテミズムの問題とこのより広い問題の関係を、できうる限り正確に短い紙数の中で展開することであった。

神話や儀礼における人間と自然との関係というこの主題を、私が一つの論文の単なる結論の中で取り扱おうとすることができないのは明瞭である。何年か前、私は非トーテム民族であるアンダマン島民の慣習や信仰に関連してこの問題を取り扱おうと試みた。それやこれやの研究の結果、私は以下のような法則を打ち出すこととなった。すなわち、ある社会の福祉（物質的もしくは精神的）に重要な結果をおよぼすあらゆる対象もしくは事象、あるいはこのような対象や事象を表わしたり、あるいはそれらに代わるあらゆる事物は、儀礼的態度の対象となる傾向がある。

デュルケムの理論では、トーテミズムにおいて自然種は社会集団を代表するものとして選択されたが故に、うやまうべきものとなっているというのであるが、私はこれを拒否しその理由をのべた。そして私はその反対に、自然種はデュルケムの考えるのとはまったく別の基盤により、儀礼的態度の対象となっているが故に、クランのような集団を代表するものとして選択されるのであると考えている。そしてその別の基盤とはすでに述べた通り、社会的に価値を有するものは儀礼的に表現されるという一般法則によっている。

現代の考え方では社会秩序と自然界の秩序の間に、区分を設定することに慣れてしまっている。我我は社会とはある道徳的原理や法則の下にある社会構造の中にまとめられた、一定の人間から構成されていると考える。そしてその社会に対置して、自然界の法則に統制されている、地理的諸特性、動植物、季節的変化をもった気候などから成る環境を考えている。

ある種の目的にとっては社会と環境、人間と自然というこの対照は有効なものである。しかし我々はこれに迷わされてはならない。別のそしてまた非常に重要な観点からみれば、自然界の秩序は、社会秩序の中に入りこみ、その一部となっている。社会生活のリズムを支配する季節の変化、食料やその他の目的のために利用される動植物、このようなものは社会生活すなわち社会秩序の中に入りこみ、その本質的部分となっている。まさに自然現象や自然の対象物が社会秩序に入りこんでいる限り、それらはそれ自身で、あるいはそれらを代表する事物を通して儀礼的態度の対象となるのであるということを示すことができると私は信じている。そして私はすでにアンダマン島民に関する範囲でこれを論証しようと試みた。自然界の秩序や自然界の法則について、我々自身が持っているようなはっきりした概念は、未開人の中には存在していない。とはいえやがてそれが発達する芽生えは、技術的活動における因果関係の過程を経験的に制禦しようとすることの中に認められるのであるが。未開人にとって全体としての宇宙は、我々が自然界の法則とよんでいるものによってではなく、むしろ我々が道徳的もしくは儀礼的法則とよばなければならないようなものによって、支配されている道徳的あるいは社会的秩序なのである。はっきり現われているわけではないが、儀礼や神話の中にかくされたこの概念を認識することは、時として「未開人の思惟」とよばれているもののみならず、我々が宗教という用語の下に漠然と分類しているすべての現象をも、正しく理解するためのもっとも重要な一段

階であると考えている。原注4

この観点から、未開人の神話や儀礼を研究することは、非常に啓発的であるように思われる。たとえばオーストラリアで、住民が彼ら自身と自然現象の間に作りあげてきた関係の体系には、数えきれないほどの方法があり、この関係の体系は社会構造の中で、一人の人間と他者との間に作りあげてきた関係と本質的に類似している。

ここではいくつかの例をあげることができるだけである。一つの例は自然現象や自然種の人格化である。動物種は人格化される。すなわちそれはある目的のために、あたかも人間であるかのように取り扱われており、神話においてはこのように人格化された種は、祖先とか文化英雄として考えられている。人格化の過程の機能は、自然をあたかも人間社会であるかのように考えることを可能にし、それから社会的ないし道徳的秩序を作りあげることである。オーストラリアで自然界が社会秩序の中にもちこまれる別の過程の例は、自然種の分類の体系の中に見出されるはずである。それはこの大陸のいろいろな地方で多様な形態で存在しているが、それらすべては一つのことを共通にしているのであって、それはより大切な自然種は、それぞれがある一つの社会集団に帰属し、社会構造の中で特定の場を占めるものとして考えられるように分類されているということである。

手短かに公式化することには常に危険が伴うのであるが、オーストラリアのトーテミズムは、人間と自然との間に社会的連帯性の体系を確立する機構であると記述して誤りではないと思う。この機構は多くの異なった方法で作用してきたのであって、あるものは他に比べてはるかに念入りであるが、どこでもそれはこの特質を有している。

それ故に私の示唆するところは、トーテミズムはもっと大きな全体の一部であり、我々がこの全体の特徴を描写することができる一つの重要な方法は、それが道徳的あるいは社会的秩序としての宇宙を表現するものを備えているということである。デュルケムはこの見解を実際に公式化しなかったとしても、いずれにしてもこれに近かった。しかし彼の考え方ではこれが行われる過程は社会が外界に投影されることによるといったものであるようにみえる。私は反対に、その過程はいわゆる外界が文化の形成途上で、社会秩序の中にその本質部分として組み入れられていくことにあると考える。

ところで道徳的秩序としての宇宙の概念は未開民族のみにとどまらず、あらゆる宗教体系の本質的部分である。これを私は人間文化の普遍的要素と考える。では一体何故そうでなければならないのかという質問を今私は扱うことはできない。

今まで私が述べてきたことを要約すれば次のようになるだろう。トーテミズムの社会学的理論は、トーテミズムとは、普遍的かつ必然的である文化要素や文化の過程によって、ある一定の状況の下で生じた一つの特殊形にすぎないということを示すことができなければならない。こうした理論を提示しようとしたデュルケムの試みは、ある重大な側面で失敗している。しかしながら我々はデュルケムの分析の大部分を、儀礼あるいは「うやまうべきもの」の本性や機能についての同様な一般的仮説に基盤をおく理論の中に組みこむことができる。

最後に、私の議論は、文化のこの普遍的要素がトーテミズムという形態を、多分もっともとりやすくするようなある種の条件を表明してきた。それらの条件は、第一に生存のために自然界の産物に全面的にあるいは部分的に依存していること、第二にクランとか半族あるいは他のそうした社会単位へ分割されるという分節的組織の存在である。アンダマン島民やエスキモーは第一の条件をもっているが第二のものを欠いており、トーテミズムが容易に作り上げられるであろう素材を持ってはいるが、トーテミズムは持っていない。もちろんアフリカ、アメリカおよびメラネシアのある部族では、このような一般化に対して明らかな例外もある。これらについて詳細に吟味することは、もちろん短かい論文の中ではできないが、この原則を確かめるのに真に役立つだろうと私は思っている。

私はトーテミズムが、というよりむしろ我々がこの一般的用語でよんでいる世界各地の多様な制度が、相互に独立的に発生したという見解を持っていると理解されたくはない。そのようなことも非常にありうることだと思う。しかし社会学者にとって、少くとも我々の知識の現在の状態においてはそれはどうでもよいことである。もしも誰かが現在あるトーテミズムのすべての形態は、単一の中心地から不満足ながら「伝播」とよばれている過程によって存在するようになったのだと信じたいと望むなら、私は何も反対はしない。ただ私はトーテミズムはあらゆる所に分布してはいないし、平均して分布していないということ、またそれはすべての地域で等しく生き残ってきたわけではないということを指摘しておこう。私の議論としては、トーテミズムが外部からもたらされた場合それがおそらく受容されるのは、あるいはまたそれが導入された後におそらく活動的に生存しつづけるのは、文化のある別の諸特性が存在している所においてのみであるということができるならば、それで十分である。

原註 1 *Proceedings of the Fourth Pacific Science Congress*, Java, 1929 より再録

2 時としてトーテミズムには社会的側面と宗教的もしくは儀礼的側面の二つの面があるといわれる。トーテミズムの「社会的側面」といわれているものは、単にクラン組織にすぎない。しかし経済的もしくは法的機能に関する限り、すべての本質面でトーテムクランに類似している外婚的クランは、これは我々もよく知っているようにトーテミズムなしでも存在する。そこでクラントーテミズムのいわゆる「社会的側面」は単にクランの社会的側面にすぎない。

3 かりに四つのセクションをA、B、C、Dと名づけると、母系半族はA＋CとB＋Dの二組となるし、父系半族はA＋

DとB＋Cの二組となる。人は自分自身の父系半族内でも、母系半族内でも結婚することはできないので、Aの男性はBの女性とのみ結婚可能であり、彼らの子供たちはセクションD、すなわち父の父系半族(A)、および母の母系半族（B)、に属さねばならないということになる。

4

ここで私が示唆している見解をもう少し正確にのべるならば、あらゆる人間社会には自然についての二つの異なった、そしてある意味においては反発しあう概念が必ず存在するということである。そのうちの一つは自然主義的なもので、科学技術の分野にはどこにも内在している。そして自然現象の支配が著しく発達した我々二十世紀のヨーロッパ文明においては、我々の思想の中で目立って優勢なものとなってきている。もう一つは神秘的あるいは精神的概念とよんでもよいかもしれないが、神話や宗教の中に内在しており、しばしば哲学の中に明らかにされてきている。

第七章　タブー[原註1]

あなた方が私に講演をする栄を与えられたこの講義の目的は、ジェームス・フレーザー（Sir James Frazer）――一生を通じてひたすら科学的研究に没頭した人の一例として、また社会人類学という科学の基礎を築くことに誰にもまして大きな貢献をなした人として――の業績を記念するためである。そこで私の講演の題目として、フレーザーが半世紀も前にはじめて体系的に研究を行ったものを取り上げるのが適当であろうと思う。それはエンサイクロペディア・ブリタニカ第九版にタブーについての原稿を書いた時であり、以来、それに関する解説として彼はひきつづいて多くの寄稿を行ってきたのであった。

英語のタブー（taboo）はポリネシア語のタプ（tabu）（アクセントは最初のシラブルにある）から来ている。ポリネシア語では、この言葉は単に「禁止する」とか、「禁止された」を意味し、あらゆる種類の禁止に関して用いられている。エチケットの規則、首長によって出された命令、年長者の所有物に手を出さないよう子供を戒めることなど、すべてタプという用語を用いて表現されるかもしれない。

ポリネシアに行った初期の航海者たちは、この語を特定の種類の禁止にかかわるものとして取り上げた。一例をあげて説明してみよう。新生児、死体、首長の体といったようなある種の事物は、タブであるといわれる。これは、人々はできる限り、それらに触れることを避けるべきであることを意味している。これらタブの対象物のどれか一つにでも触った人は、たちどころに自分自身がタブになる。これは二つの事柄を意味する。第一にこの意味でタブである人は、その行動において、数多くの特別の制限を守らなければならない。たとえば、彼は食べるために自分の両手を使ってはならないかもしれない。彼は危険な状態にあるものと考えられており、この状態は、もし彼が慣習となっているもろもろの注意を守らないならば、病気となり、多分死ぬだろうといわれることによって一般に表わされている。第二に彼はまた他の人にとっても危険である。つまり、彼は自分が触れてしまったものと同様な意味でタブである。もし食物を調理している容器や、それがかかっている火に、彼が万一触れたような場合には、危険の影響は食物にまで及び、その食物の相伴をした人誰でもに害を及ぼすことになる。死体にさわったというようなことでタブとなった人は、浄めの儀礼すなわちタブをとかれることによって通常の状態に復帰することができる。そこで彼はノア（noa）にもどったといわれる。ノアとはタブの反対の用語である。

ジェームス・フレーザーは次のように語っている。一八八六年、彼がタブーの研究を取り上げた頃は、当時の人類学者に主流的な見解は、問題となっているこの制度は太平洋の褐色および黒色人種に限定されているというものであった。しかし彼の探究の結果、ポリネシア的な諸慣行、諸信仰の一団は、「数多くの類似した迷信の体系の一つにすぎないのであって、そしてその迷信は多くの、多分人類全体にわたって、多くの異なる名称の下で、細かい点での多くの変差を伴いながら、社会という複雑な組立物を、我々が宗教的、社会的、政治的、道徳的および経済的とよんでいるような社会の様々の諸側面、諸要素の中に築き上げるのに相当な貢献をしてきたものなのである」という。

人類学のタブーという用語を、ポリネシアから与えられた例に本質の点では似ている世界中の諸慣習に対して用いることは、私には好ましいことではなく、不都合に思える。すでに述べたように、ポリネシア語では、タプという語は、もっとずっと広い意味つまり我々の語でいえば「禁止された」というのに当る意味を持っているという事実がある。同一の語を二つの異なる用法に用いることから由来した曖昧さのおかげで、ポリネシア関係の文献では、多くの混乱を生み出してきた。あなた方は、タブー（英語のスペリングと発音で）という語を人類学者が用いているような意味で、またタプ（ポリネシア語のスペリングと発音で）を、とくにポリネシアとの関係で、ポリネシア的意味で私が使用してきたことに気づかれたであろう。しかしこれは必ずしも十分ではない。

私は、我々が現在考察しているような慣習を「儀礼的忌避」とか「儀礼的禁止」とみなし、そして二つの基礎的な概念――私はそれらを「儀礼的地位」および「儀礼的価値」とよびなれてきているが――と関連させて定義することを提唱する。私はこれらが発見しうる最上の用語だといっているわけではない。それらはただ、現在のところ見出しえたもっともよい用語にすぎないのである。我々のたずさわっているような科学においては、言葉は分析のための道具であり、我々は機会が到来するならば、劣った道具を優れた道具のために置きかえる用意を常にしておくべきである。

儀礼的禁止とは、もし違反すれば、その規則を守らなかった人の儀礼的地位に好ましくない変化をもたらすであろうという一つの信念と結びついた行動の規則である。社会が異なれば、この儀礼的地位の変化も多くの異なった方法で認められている。しかしどこでも、大なり小なり何かしらの不運が多分その当人に訪れるであろうと考えられている。

我々はすでに一つの例を考察した。死体に触れたポリネシア人は、ポリネシアの信仰によれば、儀礼的地位の好ましからぬ変化を——私の言葉を用いれば——を蒙るのである。彼が危険な状態にあると考えられている災難は病気であり、それ故に彼は用心深くして危険をのがれ、以前の儀礼的地位を回復するために儀礼を受けるのである。

現代英国から別種の二つの例を考えてみよう。塩を撒くことは避けるべきだと考えている人々がいる。塩を撒く人は、悪運にみまわれるだろう。しかしその撒かれた塩を一つかみ肩ごしに投げれば、その悪運を避けることができるという。これを私の用語にあてはめるならば、塩を撒くことは、それを行った人の儀礼的地位に好ましからぬ変化を産み出すこと、また肩ごしに塩を投げるという積極的儀礼によって、彼は正常なあるいは以前の儀礼的地位に復帰するということがいえる。

ローマ・カトリックの教会員は、特免状を与えられているのでなければ、その宗教によって、金曜日および四旬節に肉を断つよう要求されている。もしこの規則を守らなければ、彼は罪を犯したことになり、その他の罪と同じく、告白し、赦免を得るところまでやらなければならない。大切な点でこれは塩を撒くことに関する規則と異なってはいるが、これは科学的な目的にとっては、同一の一般的部類に属するものと考えられるし、また考えられなければならない。金曜日に肉を食べることは、それを行った人の中に、儀礼的地位の好ましからぬ変化を生み出し、それは一定の適宜な手段によって取り除くことが要求される。

これらの例のほかに、別の社会からもう二つの例をつけ加えてみよう。レビ記第五章を開くと、ヘブライ人の間では、もし「魂」が不浄な野獣の死体や不浄な牛の死体、あるいは不浄な爬虫類の死体に触れたならば、たとえ彼がそうしたことに気づいていないとしても、彼は不浄となり、とがめられるべきであり、罪を犯したことになるとあるのに気づかれるだろう。彼が自己の罪に気づいた時には、罪を犯したことを告白し、罪祭――雌の家畜すなわち雌の小羊または雌山羊――を、行わなければならない。祭司はこれを罪のあがないのために犠牲とし、それが彼を許すであろう。ここでは不浄な死体に触れることによって生じた儀礼的地位の変化は、「罪」(sin)「不浄」(unclean)「とがめるべき」(guilty)という風な用語で記述されている。

東アフリカのキクユ(Kikuyu)族では、タフ(thahu)という言葉は、儀礼的忌避の規則を守らなかったことからもたらされた好ましくない儀礼的地位を意味している。タフである人は、適当な儀礼的お祓いをしてタフを取り除かない限り病気になるだろうし、また多分死ぬであろう。このお祓いとは、すべて重大な場合において、祭司とか呪医のお勤めを必要とするのである。こうした状態を引き起こす行為とは、死体にさわったり運んだりすること、死体をまたぐこと、ひびの入った壺から食物を食べること、女性の月経にふれること、その他さまざまである。ヘブライ人の間で、不浄な動物の死体に知らずに触れて、身に覚えがないのに罪のとがを受けてしまうかもしれないというのと同様に、キクユ族でも、人は自分自身で何も進んで行為したわけでなくてもタフになってしまうかもしれない。もし老人か女性が小屋から出てきた時に滑って、地面にころんだとすると、彼あるいは彼女はタフとなり、近くの誰か老人がやってきて一匹の羊をいけにえとして捧げてくれるまでそこに横わっている。もしベッド枠の脇棒が折れたならば、その上に寝ていた人はタフとなり、浄められなければならない。もしトビや鳥の糞が人の上に落ちてくれば彼はタフであり、またハイエナが村の中で排便したり、ジャッカルが村の中で吠えたりすれば、村とその住民はタフとなる。

私は我々自身の社会からわざわざ、非常に異なった種類の儀礼的忌避について二例を選んだ。金曜日および四旬節に肉を食べないという規則は宗教の規則であり、日曜日にゴルフやテニスをしないという規則も、それが認められている所では同様である。塩を撒くなという規則は――賛成していただけると思うが――非宗教的である。我々の言語はこの区別を非常にはっきりさせることを可能にしている。何故なら宗教の規則に違反することは、罪であるが、これに反して、非宗教的忌避は、幸運とか不運に関係している。我々にとってこの区別は余りにも明瞭なので、それは他の社会にも見出されるはずだと考えるかもしれない。私自身の経験では、私が知っている社会のあるものに関しては、罪となる行為と、不運をもたらす行為との間の区別はつけられていない。しかし何人かの人類学者たちは、儀礼を二つの部類、すなわち宗教的儀礼と呪術的儀礼に分類する試みを行ってきた。

エミール・デュルケムにとって、本質的な区別は、宗教的儀礼は宗教を信じている一つの社会、あるいは教会内部においては義務的なものであるが、呪術的儀礼は任意的であるということである。宗教的規律を守らなかった人は、悪事を犯した咎を受けるが、呪術や運に関する諸注意を守らなかった人はただ馬鹿げたことをしているにすぎない。この区別は理論的にかなり重要である。しかし、単純社会の儀礼研究に応用することは難かしい。

ジェームス・フレーザーは、宗教を「自然や人間を支配すると信ぜられている超人間的能力との融和あるいはその慰撫」として定義し、呪術を因果関係の概念の適用を誤ったものと考えている。もし我々がこれを儀礼的禁止に応用するなら、宗教に属するものは、それに違反すると超人間的能力の感情を害してしまうことにより、個々人の儀礼的地位に変化を引き起こすような諸規則であると考えてもよいであろう。一方呪術の規則に違反することは、かくれた因果関係の過程によって、儀礼的地位の直接的変化、つまり、それに引き続いて起こる不運という結果をもたらすと考えられるだろう。ジェームス・フレーザーの定義によれば、塩を撒くのは呪術の問題であり、金曜日に肉を食べるのは宗教の問題である。

この区別を体系的に適用しようとすると、いくつかの困難にぶつかる。たとえばマオリ (Maori) 族に関して、ジェームス・フレーザーは次のようにいう。「タブーの究極的な制裁、換言すれば、その掟を守ることに人々を従わせるものは、それらの掟に少しでも違反すれば、アツア (atua) すなわち死霊により、確実に速やかに罰せられる——死霊はその罪人が死に至るような苦しい病気を与えて苦しめる——という堅固な確信である」。このような記述はポリネシアのタブーを呪術ではなく、宗教の事項となしているようにみえる。しかしポリネシア人についての私自身の観察によれば、一般に原地人はその儀礼的地位の変化を、死体にさわったというような行為の直接的結果から生ずるとみなしており、そして神々や霊、——アツア——などを関係あるものとして考えるのは、ただタブーの全体系を合理化しようとする時においてのみであるように思われる。ついでにいえば、ポリネシア語のアツアとかオツア (otua) という語は、必ずしも人格的霊の存在を指していると考えられるべきではない。

呪術と宗教の区分をするさまざまな方法の中で、もう一つだけ述べてみよう。マリノウスキー (Prof. Malinowski) にとっては、「儀礼が、それを実行しているすべての人々に知られており、そしてどの原地人の情報提供者からも容易に聞き出すことのできるような明確な実用的な目的を持っている」場合、その儀礼は呪術的であり、一方儀礼が単に何かを表わしているもので、何の目的もなく、結果を求める手段ではなくて、それ自体において結果であるような場合、その儀礼は宗教的である。この規準を適用するに当っての困難は、「明確に実用的な目的」という言葉によって意味されている事柄の、不確かさにかかっている。塩を撒くことから生ずる不運を避けるということは、余りはっきりしているわけではないが、実用的な目的であるという気がする。我々の活動すべてにおいて神を喜ばせようと願い、そうして煉獄のある期間を逃れたいと願うことは多分十分にはっきりしているだろう。しかしマリノウスキーはそれを実用的ではないと考えるかもしれない。ポリネシア人が病気や死ぬかもしれないこと――それらは首長、死体、新生児にさわらない理由としてポリネシア人があげているものである――を避けようとする願いについて、我々は何というべきであろうか。

我々は呪術と宗教の定義に関して、また両者の区別の本質に関して同意が欠けていることを見てきた。また多くの例において我々が特定の儀礼を呪術的とよぶか、あるいは宗教的とよぶかということは、提唱された様々な定義についての我々の受入れ方に依存しているということも見てきた。となるとともかく、人類学の現在の知識の時点において、唯一の健全な処置は、それらについて何らかの一般的な同意が得られるまで、問題となっている用語の使用をできるだけ避けることである。たしかにデュルケムやフレーザー、マリノウスキーによってなされた区別は、たとえそれらを普遍的に適用することが困難であるとしても、理論的に重要であるかもしれない。また、たしかに儀礼を体系的に分類する必要もある。しかし満足すべき分類はかなり複雑であろうし、呪術と宗教の単純な二分は、そのような分類に向って我々を深く導いてくれることはない。

儀礼的忌避の分野内で、我々の社会において、行われているもう一つの区分は聖（holy）と不浄（unclean）の区分である。ある事柄はそれらが聖であるが故に注意して扱われねばならないし、他は不浄であるが故にそう扱われる。しかし、ロバートソン・スミスやジェームス・フレーザーが示したように、この区別がまったく認識されていない多くの社会がある。たとえばポリネシア人は、首長や神殿は聖であり、死体は不浄であるとは考えていない。彼らはこれらすべてを危険なものと考えるのである。ハワイの一つの例は、聖と不浄というこの基本的な同一性を説明するだろう。そこでは、昔、もし平民がその姉妹と近親相姦を行ったならば、彼はカプ（kapu タプのハワイ形）となった。彼の存在は社会全体にとって極端に危険であり、彼は浄められることができなかったため、殺された。しかしもし高位の首長が、彼の身分はもちろんうやまわれるべきである（カプ）が故に、その姉妹と結婚したならば、彼はもっとより以上にそうなる。兄弟姉妹を両親とする子供たちが、再び兄弟姉妹結婚をし、その間に生まれた首長には極端な神聖性あるいは不可侵性が附せられていた。このような首長の神聖性と、近親相姦のために死刑にされる平民の不浄性は同一の源泉を有し、同一の事柄なのである。これらは両者とも、その人はカプであるということによって表わされている。単純社会を研究するに当っては、聖とか不浄という我々自身の考え方の枠内で人々の行動や思考を、考えるのを注意深く避けるべきことが必須である。大部分の人々がこれが困難だと知っているので、こうした内容を伝えないで我々が使用することができるような用語を持つことが望ましい。デュルケムやその他の人は「うやまうべき」(sacred) という言葉を聖も不浄も共に含む包括的な用語として用いた。フランス語でそうするのは英語においてよりも容易であるし、またそのことはラテン語の sacer が神々のような聖なる事物にも、犯罪を犯した罪ある人のような咎められるべき事柄にも、用いられてきたという事実の点である正当性がある。しかし英語では確かにうやまうべきを聖と同一視する傾向がある。私は、もし我々が不都合な内容を持たない、何か広い包括的な用語を採用するならば、思考を明瞭にするのに非常に役立つであろうと思う。そこで私は「儀礼的価値」という用語を敢えて提案する。

儀礼的忌避すなわちタブーの対象になるあらゆる事柄——人、物体、場所、言葉や名前、時や事件、一週間のある日とか一年のある期間——は儀礼的価値を有しているという。たとえば、ポリネシアでは、首長、死体、新生児は儀礼的価値を有している。英国人のある人々にとって、塩は儀礼的価値を有している。キリスト教徒にとってすべての日曜日や聖金曜日（グッド・フライデー）は儀礼的価値を有しているし、ユダヤ教徒にとってすべての土曜日と贖罪日がそうである。儀礼的価値は該当する対象や日時に対して採られている行動の中に認められる。儀礼的価値は消極的儀礼においてのみならず、積極的儀礼においても表わされており、それらは積極的儀礼が向けられている対象物の中に、またその儀礼の中で用いられている対象物、言葉、場所の中に存在する。大部分の積極的儀礼、聖別や聖化の儀礼は、その対象に儀礼的価値を授けることをその目的としている。一般に積極的儀礼に価値を持っているものは、またある種の儀礼的忌避の対象でもあり、あるいは少くとも儀礼的尊敬の対象となっているということを心にとめておいてよい。

私が使用している「価値」という用語は、常に主体と客体の関係を指している。この関係は客体は主体にとって価値があるとも、主体は客体に関心を持っているともいうことにより二様に表現することができる。我々はこのような具合にこれらの二語を客体に対する行動のあらゆる行為を指すのに用いることができる。この関係は行動の中に表明され、行動によって規定される。「関心」および「価値」という両語は、それによって我々が現実を記述することができる便利な早道を与えてくれる。その現実とは、行動の諸行為、およびそれら行動の諸行為が表わす主体と客体との間の現実的諸関係から成立っているのである。もしジャックがジルを愛しているのなら、ジルはジャックにとって愛される対象としての価値を有している。そしてジャックはジルにそれとわかる関心を抱いている。私が空腹ならば、私は食物に関心を持つ。そして結構な食事は、私にとって、その他の時には持つことのできないような直接的な価値を有している。私の歯痛は、できるだけ早く取り除きたいということに私が関心を持っていることとして、私にとって価値がある。

社会体系は価値の体系として認められ、研究される。一つの社会は、社会関係の網の目の中に互いに結びあわされている数多くの個人から成立っている。社会関係は二人ないしそれ以上の人々の間に、彼らの個々の関心がある調和を保っている場合、すなわち、関心を収斂させて一点に寄せ集めるとか、多様な関心を制限したり、調整したりするとかによって調和がある場合に、存在する。関心は常に個々人の関心である。二人の人は類似した関心を持つかもしれない。類似した関心はそれ自体では社会関係を作りあげない。二匹の犬が同じ骨に類似の関心を持つかもしれない。そしてその結果は犬のけんかとなるであろう。しかし社会はその成員が関心の上である程度の類似性を持っているという基盤なしには存在しえない。これを価値という語で述べてみると、社会の存在にとって第一に必要な条件は、個々の成員に彼らが認めている価値の点で、ある程度まで同意させることである。

あらゆる個々の社会は、ある価値のセット——道徳的、美的、経済的、その他——によって特徴づけられている。単純社会では、それらを評価するに当っては、成員間にかなりの程度の一致が、もちろんその一致は絶対的なものではないけれども、みられる。複雑な現代社会では、社会全体として考えた場合には、はるかに多くの不一致が存在する。しかしその社会内部の一集団、一階級の成員間についてみれば、もう少し一致に近づいているということを見出すかもしれない。

価値についてはある程度の一致、関心についてはある程度の類似があることが社会体系の一つの必須条件ではあるが、社会関係はこれ以上のものを含んでいる。それらは共通の関心および社会的価値の存在を必要とする。二人ないしそれ以上の人が同一対象に共通の関心を持ち、その関心の共通性に気がついている時、一つの社会関係が成立する。それが一時的なものであれ、長期的なものであれ、彼らは、連合を作りあげる。そしてその対象は社会的価値を有しているといってもよいだろう。一人の男とその妻にとって、子供の出生、子供それ自体、またそれが丈夫ですくすく育っていくこと、およびその幸福あるいは死は、彼ら二人を共につなぎ合わせる共通の関心の対象であり、こうしてそれらは、二人によって形成されている連合にとって社会的価値を有している。この定義によれば、ある一つの対象は人々の一つの連合にとってのみ、社会的価値を有することができるのである。できるだけ単純な例でここに三者の関係を出してみよう。主体一および主体二はともに客体に対して同じような方法で関心を抱いている。そしておのおのの主体は、相手について、あるいは少くとも相手のある種類の行動、すなわち客体に向けられた行動について関心を抱いている。面倒なまわりくどさを避けるために、客体はこうした関係に含まれるすべての主体にとって社会的価値を有するものとして、考える方が便利であるが、これが不正確な物のいい方であることは覚えておかねばならない。

誤解をさけるために社会体系は、また人々が他の人々の関心対象と当然なることも要求している点をつけ加えておくのが多分必要であろう。友情や恋愛の関係で二人はそれぞれ相手に価値を持っている。ある種の集団では、各成員はすべての他の成員にとって関心の対象であり、それ故に各成員は集団全体にとって社会的価値を持っている。さらに、積極的価値と同じく消極的価値もあるので、人人は、他の人々に敵対することにより、結びつけられ、仲間を組むかもしれない。反コミンテルンの仲間の成員にとって、コミンテルンは特定の社会的価値を有している。

一社会の成員の中には、彼らが別々の種類の対象に帰属させている儀礼的価値に関して、ある程度の一致があるのが見出される。またこれら儀礼的価値の大部分は、さきに規定した社会的価値であることも見出される。たとえば、オーストラリアの地縁的トーテムクランにとって、トーテム中心地、またそれらと関連を持つ自然の動植物種、すなわちトーテム、およびそれを説明する神話や儀礼は、クランにとって特定の社会的価値を持っている。つまりそれらについての共通の関心が、個々人を共に堅固な永続的な連合に結びつけるのである。

儀礼的価値はあらゆる既知の社会に存在しており、そして一つ一つの社会について眺めると、無限の多様性を示している。社会の自然科学という問題（私の考える社会人類学はそのようなものだが）は、表面的な差異の下にあって、直接的には気づかれないような、もっと奥深いところにある同一性を発見することである。これはもちろん非常に大へんな問題であり、ジェームス・フレーザーやその他の人によって始められた研究は、多くの探究者により年月をかけて継続されることが要求されるだろう。究極的な目的は、私の考えでは、「人間社会の本質的組成にとって、儀礼および儀礼的価値の関係は何であるか」という問題に、比較的適切な解答を見出すことである。私はこの研究にとって、有望であると思う独特の研究法を選んだ。――つまりできる限り完全に研究された二、三の社会で、儀礼的価値と、道徳的、美的価値を含む他の価値との関係を探究するのである。とはいえ、この講演においてふれるのは、私があなた方に興味をもってもらおうと努めているこの研究のほんのわずかな部分――儀礼的価値と社会的価値の間の関係という問題――だけである。

儀礼研究にせまる一つの方法は、儀礼の目的や理由を考察することによる。人類学の文献を調べてみるならば、こうした研究法が非常にしばしば採用されていることに気がつく。これはもっとも常識に訴えるものではあるが、もっとも実りすくない方法である。時には儀礼の目的は明瞭であり、それを行っている人によって、その理由が、自発的に申し述べられるかもしれない。時には人類学者がその理由を尋ねなければならない。そしてこうした状況の下では、別々の情報提供者たちが、別々の理由をあげるということも起こりうる。二つの違った社会で行われる基本的には同一の儀礼が、社会によって異なる目的や理由を持つかもしれない。人々が守っているどんな慣習についても、その社会の成員によってあげられた理由は、人類学者にとって貴重な資料となる。しかし人々がこの慣習についてて正当な解釈をしていると想像することは、重大な過失におち入ることになる。人類学者にとってまったくいいのがれできないのは、彼にとって十分であると思われるのに、人々の行動について何故そうするかという理由が彼ら自身から得られない場合、人間の動因に関する彼自身の先入観に基づいて、何らかの目的や理由をそれに附与してしまうことである。私は民族誌の文献から、こうした型の多くの例を引き出すことができた。しかし私は一つの物語によって私が意味するものを説明してみたい。

あるクィーンスランド人が、一鉢の御飯を兄弟の墓に供えるために持っていく一人の中国人に会った。そのオーストラリア人は、おどけた口調で、兄弟がやってきて御飯を食べると思っているかどうかを彼に聞いた。答えは次のようであった。「いや、私たちは御飯を友情と愛情の現れとして人々に捧げています。しかしあなた方はあなたが今そうおっしゃるところをみると、この国ではあなた方が死者の墓に花を供えるのは、死者が花を求めたり、その甘い香をかいで喜ぶだろうという信念でやっているのだろうと私は想像します」。

儀礼的忌避に関する限りでは、それらに対する理由は、ある種の不運あるいは悪運――その種類に関しては規定されていないが――が、そのタブーを守らなかった人の上におそらくふりかかるだろうといった非常に漠然とした考え方から、それを守らないことは、ある非常に特定の好ましくない結果を産み出すだろうという信念まで多様であるかもしれない。たとえば、あるオーストラリア原住民

は、もし彼が義母の関係にある女性について語るならば、彼の髪は白髪になるだろうと私に述べている。[原註2]

儀礼的活動をその目的という点で解釈しようとする非常に一般的な傾向は、それらといわゆる技術的活動とを誤っていっしょにしてしまった結果である。すべて技術的活動ではあらゆる個々の行為、もしくは一連の行為の目的について適切な叙述をすれば、それ自体で満足な説明となっている。しかし儀礼的行為は、あらゆる場合にその内部に何かを表わしているあるいは象徴的な要素を持っているという点で、技術的な行為とは異なっている。

儀礼について第二の研究法は、それ故それらの目的とか理由ではなくて、それらの意味を考察することである。私はここでシンボルと意味という言葉を一致させて用いている。意味を持っているすべてのものはシンボルであり、シンボルによって表現されているものならすべて意味がある。

しかしどのようにして我々は意味を発見することができるのだろうか？　意味は表面に横たわっているわけではない。人々は常に彼ら自身のシンボルの意味を知っているという風に感じられる。しかし彼らは本能的にそうしているのであり、彼らが理解しているものを言葉に現わすことは滅多にできない。それでは何人かの人類学者がその理由や目的について推測してきたのと同じように、その意味を推測するより仕方がないのであろうか？　私はそうは思わない。何故ならどのような種類についてもある推量を許している限りは、社会人類学は科学ではありえない。私は儀礼や他のシンボルの意味を決定する、かなり蓋然性の高い方法があると信じている。

なおほかに儀礼研究の第三の研究法がある。我々は儀礼の効果――それはその儀礼を行っている人人が儀礼が産み出すと想像している効果ではなくて、その儀礼が実際に産み出している効果――を考察することができる。儀礼は直接的もしくは直線的効果を、何らかの方法で直接にそれに関与している人々の上に及ぼしている。それを、他に適当な言葉もないので心理的効果とよんでもよいだろう。しかし社会構造、すなわち、秩序ある生活に個々人をつなぎ合せている社会諸関係の網の目の上にも儀礼は第二次的な効果を持っている。これらを我々は社会的効果とよんでもよいかもしれない。儀礼の心理的な効果を考察することによって、その心理的機能を規定することに成功するかもしれない。また社会的効果を考察することにより、その社会的機能を発見するかもしれない。普通の、あるいは平均的な心理的効果を考えに入れることなしに、儀礼の社会的機能を見出そうとするのは、明らかに不可能である。しかし、もっと影響のうすい社会学的効果を多かれ少かれまったく無視して、心理的効果を論ずることはできる。そしてこれはいわゆる「機能主義人類学」でしばしば行われている。

仮に我々が、オーストラリア大陸の大部分にわたって広く分布しているある一種のトーテム儀礼を、オーストラリア諸部族の中で調べたいと思っているとしよう。これら儀礼の表面上の目的は原住民自身によって述べられているように、ある種の動植物とか、雨、寒暑の気候というような、自然界のある部分を再生、もしくは保持するためである。この目的に関して、我々の観点からいえば、原住民は間違っている、つまり儀礼は彼らがそうであると信じているようなものを実際にはもたらしていないということをいわなければならない。雨乞い儀式は実際に雨を降らせることはないと我々は考える。儀礼がある目的のために行われている限り、彼らは誤った信仰に基づいて馬鹿げたことをしていることになる。これらの間違いを導き出したと想像される理由づけの過程を推量してみようとしても、そこには何ら科学的な価値がないと私は思う。

儀礼が象徴的であることは容易に認められるので、我々はそれらの意味を探究することができるかもしれない。これを行うためには、相当数の事例を調べ上げなければならない。すると、オーストラリア大陸の西海岸から東海岸に至るまで、いくらかの地方的な変差を伴って分布している、ある一団となった儀礼的表現法があることを発見する。各儀礼はそれと結びついている神話を有しているので、我々は同じく神話の意味も調べ上げなければならない。その結果として、あらゆる個々の儀礼の意味が宇宙哲学の光の中で明らかになってくる。この宇宙哲学とは、自然界および人間社会についての一群の観念や信仰で、そのもっとも一般的な特性について見る限りでは、すべてのオーストラリア部族に流布しているのである。

儀礼の直接的な心理的効果は、ある程度までそれを行っている人々を眺めたり、人々と話したりすることによって観察することができる。儀礼の表面上の目的はたしかに彼らの心の中に存在しているのであるが、また、宇宙哲学的信仰の複雑な組合せも彼らの心の中にはあるのであって、それにかかわり合うことによって儀礼が意味を持ってくる。なるほど儀礼を行っている人は、たとえ儀礼を一人きりで行っているとしても、——時にはそういうことがあるが——儀礼を行うことから、はっきりした満足の感情を得ている。しかしそれは単にその人が、彼自身や彼の仲間の部族の人々に、もっと十分な食物を供給する役に立ったと考えているからだと想像するのは、まったく誤っているだろう。彼の満足は儀礼的義務——それを我々は宗教的義務とよんでもよいが——を遂行したことにある。原住民が感じていることを表現するのに、私自身の観察から私が判断するものを、私自身の言葉でさしはさめば、儀礼の遂行において——それをするのは彼の特権でもあり、義務でもある——彼は、人間も自然も、その相互依存的な部分である宇宙の秩序の維持に、少しばかりの貢献を行ったのであるといえよう。こうして彼が得た満足は、彼にとっての特別な価値を儀礼に与えている。現在でも自分自身でトーテム儀礼を行っているトーテム集団の最後の生き残りを、私は実際に知っているが、そうした例では、彼の活動にとって唯一の動因となっているようにみえるのは、この満足なのである。

トーテム儀礼の社会的機能を発見するために、各儀礼が部分的に表現している宇宙哲学的観念の全体を考察しなければならない。私は、オーストラリア部族の社会構造は、非常に特殊な方法でこれら宇宙哲学的観念と結びついていること、および、社会構造の継続維持は、神話や儀礼の中で規則的に表現することによって、この宇宙哲学的観念を生き生きさせておくことにかかっているということを示しうると思う。このように、オーストラリアのトーテム儀礼について満足のいく研究はどれでも、単にその外見上の目的や心理的機能の考察や、その儀礼を行っている個々人の動因の分析に基づくばかりでなく、それらの意味や、社会的機能の発見にも基礎をおかねばならない。

ある儀礼は何ら社会的機能を持っていないということもあるかもしれない。我々の社会で塩を撒いてはいけないというようなタブーがこの事例に当るだろう。にもかかわらず、三十余年にわたる研究で私がもっとも有効であると考えるに至った、儀礼や儀礼的価値探究の方法は、儀礼を象徴的表現として研究することであり、それらの社会的機能を発見しようと努めることである。この方法を私は多様な型をもつ多くの社会の比較研究に適用したのであるが、方法それ自体は別に新らしいものではない。これは中国人の思想家たちによって今から二十世紀以上も前に、彼ら自身の儀礼に関して適用されている。

紀元前五、六世紀の中国では、孔子およびその後継者らは葬礼、喪、供犠というような儀礼を正しく遂行することの非常な重要性を力説している。孔子の後に改革者墨子が現われ、彼は利他主義——すべての人を愛すること——と功利主義の折衷を説いた。彼は葬式や服喪の儀礼は無益であり、有用な行為を妨げるので、それらを廃止するか、最小の程度にまで減ずるべきであるとした。紀元前二、三世紀には、儒家の荀子および礼記（儀礼の書物）の編纂者らは、これらの儀礼は何ら実利的な価値は持っていないかもしれないが、にもかかわらず非常に重要な社会的機能を持っていると、その効果について墨子に反駁している。簡単にいえば、この理論は、儀礼はある社会的状況に固有な感情の秩序ある(礼記では美化されたといっている)表現であるということである。こうして儀礼は人間感情を規制し洗練させるのに役立っている。我々は儀礼の遂行に参与することは、感情――その存在に社会秩序自体が依存しているのであるが――を、個人の中に養うのに役立っているといってもよいだろう。

儀礼のごく単純な例について、その意味と社会的機能を考察してみよう。アンダマン諸島では、女性が妊娠した場合、それがまだ胎内にいるうちに名前がつけられる。その時から生後何週間かに至るまで、誰もその父母の個人的な名前を使用することは許されない。かれらはテクノニミー、つまり子供と彼らの関係によって指示される。この期間には、両親ともその他の時には自由に食べてもよいある食物を断つよう要求されている。

私は、アンダマン島民から、この名前の忌避についての目的や理由に関して何の説明もきかなかった。その行為が象徴的なものであると仮定して、推測以外にその意味に到達するにはどのような方法があるだろうか？　私は、一つの社会において、同一シンボルが異なる脈絡関係、あるいは異なる種類の機会に用いられているならば、そこには何か意味の共通な要素があること、またそのシンボルのさまざまな用法を一緒に比較することにより、共通の要素が何であるかを発見することができるかもしれないという、一般的作業仮説から始めてもよいだろうと提唱する。これはまさしく、我々が記録のない話し言葉の研究において、単語や形態素の意味を発見するために用いる方法である。

アンダマン島では、死者の名は死が生じた時から喪の終了まで避けられる。死んだ親族のために喪に服している人の名も用いられない。青年期に行われる諸儀礼を通過中の青年男女の名の忌避もある。結婚後少しの間花嫁花聟は、その名前を用いて話題になることも話しかけられることもない。アンダマン島民にとって、個人的な名前は社会的人格の、すなわち個々人が社会構造や社会生活の中で占めている地位の、一つのシンボルである。個人的な名前を忌避するのは、その時期には、その人が社会生活の中で正常な地位を占めていないという事実の象徴的認知なのである。こうして名前が一時的に使用されなくなっている人は、その期間、異常な儀礼的地位にあると考えられているということが附け加えられるかもしれない。

次にある種の食物の忌避の規則にもどろう。アンダマン島民に、もし父や母になる人が、そのタブーを破ったならば何が起こるだろうかと聞いたとすれば、普通の答えは、彼か彼女が病気になるだろうということである。私の情報提供者の一人二人は、これは多分その子供にまで影響を及ぼすであろうと考えていた。これは数多くの儀礼的禁止に応用されている、基準的な公式の一例にすぎない。こうして親族の喪に服している人は、もっとも貴重な食肉である豚や亀を食べてはいけない。そしてその理由は、もし彼らが食べたならば、病気になるだろうということである。

われわれは、両親が食物を忌避する意味を発見するために、彼らの名前の忌避に関して用いたのと同じ方法を適用することができる。服喪者、月経中の女性、青春期の男女青年に関して同じような規則がある。しかし完全な論証のためには、アンダマン島民の儀礼全体の中での食物の地位を考察しなければならない。そしてその吟味のためには、この問題について私がすでに書いたものを参照しなければならない。

私は儀礼の意味について、我々の仮説をテストすることが可能であるような方法に関して、もう一つ別な点であなた方の注意をひきたい。我々は二つの儀礼が共に関連してくる別々の機会を取り上げている。たとえば、個人名が忌避されることと、その人がある食物を忌避することの結合であり、それは一方では服喪者の例、他方では妊娠中の父母の例に見出される。これら二種の機会——誕生と死——は、それらが類似の儀礼的価値を有しているということによってアンダマン島民にとっては、何か重要な類似性があるだろうということを我々は想定しなければならない。我々は出生に関するタブーのどのような解釈も、服喪者に関するタブーについてのそれに対応するような解釈がない限りは、満足することはできないのである。私がここで使用している用語に従えば、アンダマン島では最近死亡した人の親族、および出生する予定の、あるいは出生直後の子供の父母は異常な儀礼的地位にある。これが彼らの名前を忌避することによって認知され、表示されている。彼らがある一定の儀礼的予防手段——ある食物の忌避はその一つである——を守らないならば、おそらく何らかの不運、といったらよいかあるいは、何らかの悪運を蒙るだろうと考えられている。アンダマン島では、このような場合における危険は病気であると考えられている。これは死体や新生児の体に触れた人の儀礼的地位についてのポリネシアの信仰の事例でもある。アンダマン島民と同様、ポリネシア人にとっても出生という時機が、死の時機と類似した儀礼的価値を持っていることは、注意されるべきである。

アンダマン島民の儀礼的価値の全体系との関連の中で出生のタブーに関する研究をしてきたが、そのことによって到達した解釈は、ここで全部をのべるには余りにも複雑である。しかしながら、明らかにアンダマン島民の儀礼的表現法に従って、彼らはその事柄についての共通の関心を表現しているのである。両親はある食物を避けることにより、彼らの関心を示し、彼らの友人たちは、その両親の個人名を避けることによりそれを示すのである。これらのタブーのおかげで、こうした機会が一定の社会的価値――この語については先に定義したように――を獲得するのである。

ここで、我々の事例にもあてはまるかもしれない一つの理論がある。これは一連の儀礼の心理的機能に関する仮説に基づいている。この理論は、ある状況においては、個々の人間はある事件や行為の成行きを気にかけているが、それは彼が何らかの技術的手段によっては、制禦しえない状態に、ある程度まで依存しているからであるというものである。そこで人は、自分を安堵させるために役立つような何らかの儀礼を、それが幸運を確実にするだろうと信じているために、行うのである。だから飛行士は飛行機の中にマスコットを持ちこむ。彼はそれが事故から彼を守ってくれるだろうと信じているので、自信をもって飛行することができる。

この理論は相当な古さを有している。これはペトロニウス (Petronius) とスタティウス (Statius) の「世界の最初の恐れが神々を作った」という言葉に多分含まれていた。そしてヒューム (Hume) の宗教についての説明からマリノウスキーのトロブリアンド (Trobriand) の呪術の説明にいたるまで、様々の形をとっている。これは例証を適当に選択することにより、非常にもっともらしくすることができるので、特別な注意を払ってそれを吟味し、分別ある懐疑主義をもってそれを取扱うことが必要である。何故ならば、結局は正しくないことが証明されるような説でも、そのもっともらしさに、我々があざむかれるかもしれない危険は常に存するからである。

私は、いくつかの儀礼については、正反対の理論を同様にもっともらしく主張することも容易だろうと思う。つまりもしも儀礼や、それと結びついている信仰が存在していなかったら、個人は何も気にかけることがないだろう。だから儀礼の心理的効果は、人間に不安とか危険の感情を作り出しているという理論である。アンダマン島民が、もしもそれらの危険から彼らを守るということが表面上の目的である特定の一群の儀礼がなかったならば、ジュゴンや、豚や亀の肉を食べるのは危険だと考えることは、ほとんどありそうにないようにみえる。似たような数百の事例を世界各地から引用することができるだろう。

したがって、ある人類学的理論では、呪術と宗教は信頼と安心と安全感を与えるというが、一方では同じくそれらが、人々に恐怖と心配を与えていると論ずることも十分できるだろう。原註3 もしそうでなかったら人々は黒呪術《ブラック・マジック》や精霊の恐怖、神・悪魔・地獄の恐怖からまぬがれていたであろうに。

実のところ、希望と同じく、恐怖や心配の点でも、我々は自分たちの住んでいるコミュニティによって条件づけられている(ことわざにあるように)。そして人間が一時的にせよ、永続的にせよ連合に結びつけられるのは、主として希望や恐怖を分ち合うことによってであり、つまり、でき事や偶発的事件に対する共通の関心と私が名づけたものによってである。

アンダマン島民の出生に関するタブーにもどると、それらが正常な出産を妨げるかもしれない事故に対して、両親が自らを安心させる手段であると推量するのは難かしい。アンダマン島民一般の意見に従えば、やがて父となるべき男が、もし食物のタブーを守らなかったならば、病気になるだろうというのはその男自身なのである。さらに彼は子供が無事に出産した後も、タブーを守り続けなければならない。さらに死んだ親族のために喪に服している人によって守られている同様なタブーについては、どのような平行的な解釈ができるだろうか。

妊娠や分娩に関連したタブーは、私が先に述べた仮説の面でしばしば説明される。父親は彼が技術的に制禦する法を持たず、偶然に頼っているこの出来事の成行を当然のことながら心配しているのであるタブーを守ったり、ある呪術的活動をとり行ったりすることによって自分自身を安心させる。彼はある食物を断つかもしれない。また網を作ったり、結び目を作ったりすることを避けるかもしれない。あるいは家のまわりを廻ってあらゆる結び目を解いたり、鍵のかかっている、またはふたの閉じているすべての箱や容器を開けて歩くかもしれない。

私はもしまだあなた方が疑問を持っていないなら、その疑問を喚起したいと思う。その疑問とは一般理論も、またその理論の特殊な応用も、ありのままの真実をもたらしているわけではないし、まったくのところまるっきり本当ではないのかもしれないのではないかということである。もっともらしくはみえても、証明されていない仮説について懐疑をいだくことは、あらゆる科学において必要な事柄である。この理論はそれに合致するようにみえる事実と関連させて、今まで考察されてきたということの中に、少くとも疑問を持つに足る十分な根拠がある。私の知る限りでは、それに合致していない事実を求めるという組織的な試みは、何ら行われてこなかった。私自身の研究からそのような事実が沢山あるということを私は確信している。

それに代わって考慮するものとして私が提出しているもう一つの仮説は次のようなものである。あるコミュニティでは、未来の父親にふさわしい態度はその事柄について当然心配をするし、あるいは少くともそのようなふりをするのが当り前である。彼の持つ心配が何か適切に象徴的に表現される場合には、その社会の一般的な儀礼的あるいは象徴的表現法と関係して見出されるのであり、一般にそのような状態にある男は、象徴的もしくは儀礼的活動を行うべきである、あるいはさしひかえるべきであるとみなされている。守られなければ「ならない」というあらゆる規則には、そこに何らかの制裁すなわち理由があるに違いない。明白に他の人々に影響を及ぼす活動に関しては、道徳的・法的制裁が、個人個人に一般に十分な支配的圧力を加えている。儀礼的義務に対しては、順応と合理化が儀礼的制裁によって与えられている。儀礼的制裁のもっとも単純な型は、もし儀礼の諸規則を守らない場合には、何かしらはっきりしない不運がおそらく見舞うだろうという信念であり、これが人々に容認されている。多くの社会で起こりそうな危険といえば、病気になるとか、極端な場合には死に至る危険であるとかいうようにもう少しはっきりした形をとって認められている。儀礼的制裁のもっと特殊化した形態では、望まれているよい結果、恐れられている悪い結果は、その儀礼の時機や意味に関連してもっとそれぞれの場合に応じて規定されている。

この理論は儀礼の歴史的起源に関心を持たないし、また人間の心理と関係させて儀礼を説明しようとするもう一つの試みとも異なる。これは儀礼および儀礼的価値と人間社会の本質的構成——すなわち過去、現在、未来を通じて、すべての人間社会に属している不変的一般的諸特性——との関係に関する理論である。これは、動物社会では社会的接合が本能に依存しているのに対して、人間社会では社会的集合は多くの異なる種類のシンボルの効力に依存している、という事実の認識から出発している。私が進めつつあるこの理論は、それ故に、その価値が正当に評価されるためには、シンボルやその社会的効力の一般理論の点でその立場が顧慮されなければならない。

この理論によれば、アンダマン島民の出生に関するタブーは、基準化された象徴的な形態において、両親や広くコミュニティに、事件の意義や重要性を義務として認めさせることである。こうしてそれらはこの種の機会の社会的価値を固定化するのに役立っている。同様に私は別の場所で、食物として用いられている動植物に対するアンダマン島民のタブーは、食物に、その社会的重要性を基礎とした明確な社会的価値を附与する手段であると論じたことがあった。食物の社会的重要性は飢えを満すことではない。アンダマン島民のキャンプや村のようなコミュニティでは、行為の途方もなく大きな割合を占める部分が、食物の獲得と消費に関係している。そしてこれらの行為においては、日常に行われる共同労働や相互扶助によって個々の男、女、子供たちを一つの社会につなぎ合せていくような関心の相互関係が絶えず生じてくるのである。

私はこの理論は一般化しうるものであり、適当な修正を加えれば、様々な社会の非常に数多くのタブーにあてはまることが認められるだろうと信じている。私の仮説はさらに進められる。何故ならば無理のない作業仮説として、あらゆる儀礼、それ故宗教や呪術の儀礼——どのようにそれを区別しようとも——の第一次的基盤がここにあると私は主張したいのである。その公式化を進めれば、儀礼の第一次的基盤は儀礼的価値をある対象や機会に帰属させることである。そしてその対象や機会は、それ自身が一コミュニティの成員を共に結び合せる重要な共通の関心の対象であるか、あるいはこのような対象を象徴的に代理するものなのである。この文章のあとの部分で意味していることを説明するために、二つの例証をあげた方がよいかもしれない。アンダマン島では、儀礼的価値をせみに帰属させているが、それは、それ自身が何らかの社会的重要性を持っているからではなく、それが、重要性を有する一年の季節を象徴的に代理しているからである。東オーストラリアのある部族では、バイアメ神は、部族の道徳的法の人格化、すなわち象徴的代表者であり、また虹の蛇（中国の竜と同じ）は、自然における成育と豊穣を代表する一つのシンボルである。さらにバイアメと虹の蛇は、成人式の聖なる式場の上に作られる土偶によって表わされ、儀礼はそれに向けて行われている。オーストラリア人が、バイアメの像やその名前に対して示す尊敬は、道徳的法、特に結婚に関する法の社会的価値を固定化する象徴的な方法である。

結論において、我々がここでその栄誉をたたえることになっている人類学者の業績に、もう一度もどることにしよう。ジェームス・フレーザーは、彼の『プシケの仕事』（*Psyche's Task*）やその他の研究において、彼自身の言葉によれば、どのようにタブーが社会の複雑な組成を作り上げるのに貢献してきたかを示そうととり組んだ。このようにして彼は儀礼の機能的研究――それは私がこの講演や他の場所で、何らかの寄与をしたいと願ったものであったが――の糸口を作ったのである。しかし強調している点には相違があった。フレーザーは、未開民族のタブーを、論証の過程を誤ったことにより、到達した諸信仰を実行に応用したものと説明した。また彼はこれら信仰の効果は思いがけないことではあったが、静止した秩序ある社会を作りあげ、保持していくことにあったと考えていたようにみえる。私自身の見解は、未開人の消極的および積極的儀礼は、それらが、秩序ある社会がそれ自身の存在を保持していく機構の要素であるが故に存在し存続しているのであり、そのようにして一定の基礎的な社会的価値を確立していくのに役立っているというのである。儀礼それ自身が正当化され、ある種の一貫性が与えられていく信仰は、象徴的活動およびそれらと結びつけられている感情の合理化である。私はジェームス・フレーザーによって、呪術的、宗教的信仰の思いがけない結果として考えられたようにみえるところのものこそが、それらの本質的な機能であり、それらの存在にとって根本的理由となっているのであるということを提唱したい。

附記

この講演において略述した儀礼に関する理論は、アンダマン島民についての論文の中で、一九〇八年最初に提出している。これは一九一三年改訂、拡充の形で書き上げ、一九二二年に印刷された。不幸なことに、『アンダマン島民』（*The Andaman Islanders*）に含まれていた説明は、たしかに明瞭ではなかった。何故そうかといえば私に対する批判のあるものは、その理論が何であるかを理解していなかったからである。たとえば、「社会的価値」ということにより、私が「効用」をさしているという風にもとられたりした。

私が知っているものの中で、価値という主題を最もよく取り扱っているのは、ラルフ・バートン・ペリー（Ralph Barton Perry）の、『価値の一般理論』（*General Theory of Value*）（一九二六年）である。中国の礼の理論についてもっとも近づきやすい説明は、フン・ユーラン（Fung Yu-lan）『中国哲学の歴史』（*History of Chinese Philosophy*）（一九三七年）の第十四章である。ホワイトヘッド（Whitehead）の『シンボリズム、その意味と効果』（*Symbolism, its Meaning and Effect*）のシンボリズムの使用に関する第三章は、シンボリズムの社会学的理論への見事な手短かな手引きである。

この講演の中で取り扱うことができなかった一つの非常に重要な点は、ホワイトヘッドによって以下のように表明されていることである。――「生活における象徴的要素は、熱帯林の植物のように、跋扈する傾向があるということを認識しなければ、シンボリズムの使用に関するどのような説明も完全ではない」。

原註1　フレーザー講演、一九三九年。

2　正当な行動の規則に重大な違反を犯したことに対して、これは超自然的罰として余り妥当でないと思われるかもしれないので、二、三説明の言葉をつけ加える必要がある。白髪は老年と共にやって来るもので、通常は性的能力の喪失と結びついて考えられている。そこで、忌避の規則を守らない男を脅かすのは、このような不利益を伴い、また一般にはこれに附随する年長者の特権という利益を伴わない早老なのである。一方男が白髪になり、彼の妻の母も子供を産む年令を通りすぎてしまうと、このタブーは弛緩してきて、彼らが望むならば、一緒に話をしてもかまわない。

3　この理論はロアジィによって公式化され、呪術に関してはマリノウスキーによって採用された。

第八章　宗教と社会[原註1]

王室人類学協会は、私を招いて、人間社会の発展における宗教の役割について、ヘンリー・マイヤー講演を行う栄誉を与えて下さった。これは重要で複雑な主題であり、ただ一つの講演で十分に述べることはできない。しかしこの講演は継続的な講演シリーズの最初のものにすぎないかもしれないことが期待されており、このシリーズでは様々な講演が、各々何らかの寄与をすることになるであろうから、私ができるもっとも有益な事柄は、この問題への探究を有効に追求することができると私が考えているようなある道筋を提示することであろうと思う。

宗教を調べる通常の方法は、すべての宗教を、あるいは一つを除いたすべての宗教を誤った信仰と幻想に基づいた慣行の総体として考えることである。疑いもなく宗教の歴史は、その大部分が錯誤と幻想の歴史であった。あらゆる時代に人々は、宗教的活動や儀式を正しく遂行することによって、何らかの特定な利益、つまり健康と長命、血筋を伝える子供たち、物質的豊かさ、狩猟に成功すること、降雨、作物の成長や畜群の増殖、戦争の勝利、死後魂が楽土に行くのを許されること、あるいは反対に個性の消滅により輪廻から自由になることといったような利益を得たいと望んできた。我々は未開民族の雨乞いの儀礼が実際に雨を産み出すとは信じていない。また古代秘儀の入門者たちが、その入門することにより他の人々には否定されている不死を、実際に獲得したとも我々は信じていない。

我々が他民族の宗教、あるいは少くともいわゆる未開民族の宗教を、間違った幻想的な信仰の体系として考える場合に、これらの信仰がどのようにして形成され受け入れられるに至ったかという問題に直面する。人類学者たちがもっとも留意してきたのもこの点に関してであった。私の個人的な意見では、ここから研究の手がかりを得る方法は、たとえそれがもっとも直進的であるようにみえるとしても、宗教の本質の真の理解へ進むのにもっともふさわしいものではないと思う。

宗教研究の手がかりとなるかもしれないもう一つの方法がある。我々はあらゆる宗教は、ちょうど道徳や法がそうであるように、社会機構の重要な、あるいは本質的とさえいえる部分——それらによって人間が社会諸関係の秩序ある配置の中で、共同して生活することを可能ならしめるような複合体系の部分——であるという理論を、少くとも一つの可能性として受け入れてもよいだろう。この観点からすれば、我々は起源ではなく、宗教の社会的機能、つまり宗教が社会秩序の形成や維持に対してしてきた貢献を取り扱うことになる。秩序ある社会生活に基礎を与えることができるのは、唯一つ真の宗教（つまり我々自身の）であるといおうとする多くの人々がいる。我々が今考察しているこの仮説は、宗教の社会的機能はその真実性とか虚偽性とは無関係であること、またある種の未開民族の宗教のように、我々が間違っていると考えたり、あるいは馬鹿げていて嫌悪感を持つような宗教も、社会機構の重要な有効的な部分であるかもしれないのであること、そして、このような「まやかしの」宗教なしには、社会進化も近代文明の発達も不可能であったろうということなのである。

それ故この仮説は、我々がまやかしの宗教と考えているものの中には、その宗教儀礼を遂行することによって、それを挙行している人々、あるいはそれに参加している人々が期待し、待望しているような効果が実際に産み出されることはないとしても、他の効果——それらのうちの少くともあるものは社会的に価値があるかもしれない——があるのだというのである。

どのようにして我々はこの仮説のテストにとりかかればよいのだろうか？　宗教を一般的な抽象的な面から考えたり、また社会を抽象的な面から考えても何の役にもたたない。また何かある一つの宗教を取り上げて考察することは、とくにそれがその中で我々が育てられ、何らかの方法で先入観を持ちやすいような宗教ならば、不適当である。唯一の方法は、社会人類学の経験的方法であって、それは、我々が相当数のさまざまな個別宗教や宗教的崇拝を、それらが見出される個別社会との関連において、我々の仮説の光にあてて研究しなければならないということである。これは一人の仕事ではなく、多勢の協力を要する仕事である。

人類学者やその他の分野の研究者たちは、宗教を正しく定義しようという問題を長々と論じてきた。私はこの機会に、かねて論議のあるこの主題に取り組もうと意図しているわけではない。しかしここで考慮しなければならないいくつかの点がある。私はあらゆる宗教あるいは宗教的崇拝は通常は、ある思想や信仰を一方に含み、他方にある祭式を含んでいると仮定しよう。これらの祭式の積極的な面と消極的な面、すなわち活動と物忌みを私は儀礼として述べよう。

ヨーロッパの国々では、とくに宗教改革以来、宗教は第一に信仰の問題であると考えられてきた。これはそれ自体、社会発達と関連して説明される必要がある現象であろう。我々はここではただそれが人類学者の思考上に及ぼした結果についてのみ関心を持っている。多くの人類学者は、信仰を第一義的なものとして取り扱い、儀礼を信仰の結果として考察するという傾向がある。それ故彼らの関心はどのようにして信仰が形成され、採り入れられていったのだろうかということに関する仮説によって、信仰を説明しようとする試みに、集中している。

私にとっては、これはまやかしの心理学の産物である。たとえば、葬式や服喪の儀礼は死後も魂の存続を信ずる結果である、というようなことが時として主張される。もし我々が原因とか結果という用語を使って説明しなければならないのなら、私は死後魂が存続するという信仰が儀礼の原因ではなくて、むしろ儀礼の結果であると主張しよう。実際のところ原因―結果的な分析は、誤解を招きやすい。現実に生じているのは、儀礼とそれを正当化し合理化しようとする信仰が、分ち難い全体の一部として共に発達しているということである。しかしこの発達において、信仰を支配し、あるいは決定するのは、むしろ活動、もしくは活動の要求であって、その逆の方向ではない。活動それ自体が、感情の象徴的な表現である。

宗教を理解しようと試みるに当って、我々が最初に注意を集中するべきものは信仰よりもむしろ儀礼についてであると私は提示する。よく似た見解をロアジィ（Loisy）もとっている。彼は宗教分析の主題に供犠の儀礼を選び、あらゆる宗教において儀礼はもっとも安定した永続的な要素であり、したがって儀礼の中に古代崇拝の精神をもっともよく発見することができる、といっていることによってその正しさを証明している。原註2

宗教学の偉大な先駆者であるロバートソン・スミス（Robertson Smith）もこの見解をとっている。彼は次のように書いている。

古代であろうと近代であろうと、あらゆる宗教に関して、我々は一方ではある種の信仰、他方ではある種の制度、宗教的慣行、および行為の諸規則を見出す。我々の近年の習慣では宗教をその慣行面よりはむしろ信仰の面から眺めている。何故なら比較的最近にいたるまで、ヨーロッパでまともに研究された唯一の宗教の形態は、さまざまのキリスト教会のそれであった。そしてキリスト教徒全体が、儀礼はその解釈との関連においてのみ重要であるという点に同意している。そこで宗教研究といえば、主としてキリスト教信仰の研究を意味し、宗教教育は常に教義から始められる。この教義とは入信者が受け入れるよう教えられる教理上の真実から湧き出てくるものとして、彼の前に提示される宗教的義務なのである。すべてこれらのことは、我々にとってまったく当然のことのように思われるので、異質な宗教あるいは古代宗教に接する場合にも、我々はここでも当然のこととして最初の仕事は教義を探究することであり、その中に儀礼や慣行についての鍵を見出すのであると考える。しかし古代宗教はその大部分が教義を有していなかった。それらはもっぱら制度と慣行から成立っていた。人々が何らかの意味づけもしないで、ある儀礼に習慣的に従うことは多分ないだろう。しかし一般的にみて慣行は厳密にとりきめられていながら、それに附せられた意味が極端にぼやけていること、また同一の儀礼が異なる民族により、異なる方法で説明され、その結果として生ずるどちらが正しい説であるかとか、どちらが間違った説であるかというようなことは、何ら疑問が持たれていないことを我々は発見するのである。たとえば古代ギリシアで、神殿である事柄が行われ、それをしないのは神をうやまわないことであるという点で人々は同意していた。しかしもしあなた方が、彼らに何故それらを行っているのかと質問したならば、多分いろいろな人から相互に矛盾するようないくつもの説明を聞くであろう。そしてあなた方がどの説明を選んでとりあげたとしても、宗教的にそれが重要なものであるとは誰も考えはしないだろう。実際のところ人々が提示した説明は、感情を強くゆり動かすという種類のものではなかっただろう。何故なら大部分の場合、それらは神の命令とか、神が直接に手本を示したことによって、最初に儀礼が確立されるにいたった状態についての単に違った物語であるにすぎないものであったろうから。要するに儀礼は教義ではなく、神話と結びついているのである。[原註3]

……第一に重要なことは、儀礼的および慣行的慣例は、厳密にいえば、古代宗教の総体であったということを、最初から明らかに悟ることである。未開時代の宗教は、実行面での応用を伴った信仰の体系ではなかった。それはその社会の各成員が当然のこととして従っている、定められた一団の伝統的慣行であった。もし誰かがその行動についての理由も知らずに、ある事柄をすることに同意するとしたらその人は人間ではないだろう。しかし古代宗教においては、理由が最初に教理として公式化され、次に実行に表現されたというのではなくて、反対に、実行が教理理論に先行したのである。人々は言葉で一般原理を表現し始める前に、行為の一般規則を作り上げる。政治的諸制度は政治理論よりも古く、同様に、宗教的諸制度は宗教理論よりも古い。この類比は任意的に選択されたものではない。何故なら実際に古代社会では、宗教的・政治的諸制度は完全に平行していたからである。双方の分野において形態と先例が非常に重要とされているが、しかし何故その先例が信奉されてきたかという説明では、ただ単にそれが最初に確立されるに至ったことについての物語が語られているだけであった。先例が一度うちたてられれば、権威を持つに至るということは、別に証明を要するとはみえなかった。社会の規則は先例に基づいているのであり、社会が継続して存在していることは、何故一度固定した先例がそのまま受けつがれていくのかということについての十分な理由であった。[原註4]

儀礼は比較的安定しており、教義は変化しやすいことはキリスト教から例証できる。キリスト教の宗派のどれをとってみても本質的な二つの儀礼は洗礼式と聖餐式である。そして我々は聖餐式の荘厳な秘儀が正教会、ローマ教会、英国国教会で異なって解釈されていることを知っている。儀礼そのものよりも、儀礼と結びついた信仰を正確に設定することが近年強調されるのは、教義の相違についてお互いに闘争し、抹殺しあってきた道程の中で証明されている。

三十七年前（一九〇八年）私はアンダマン島に関する研究員奨学金論文（それは一九二二年まで出版されなかったが）の中で、儀礼と儀式の社会的機能についての一般理論を簡単に公式化した。それは今この機会に私が提出しようとする意見の基となっているものと同じ理論である。できる限りもっとも単純な用語で述べるならば、この理論は人間の秩序ある社会生活は、一社会の成員の心の中にみとめられるある種の感情――それが個々人と他の人々との関係における行動を支配するものであるが――の存在に依存しているということである。儀礼はある種の感情の規制された象徴的表現とみなすことができる。それ故儀礼は、社会構成が依存している感情を規制し、維持し、世代から世代へ伝達する効果を持っている場合に、またその程度にまで、特定の社会的機能を持っているということを示すことができる。私は敢えて、一般公式として、宗教とはどこでも、何らかの形で我々自身の外にある威力に対する依存感の表現であると提言してみた。この威力を我々は精神的力とか道徳的力とよんでさしつかえないだろう。

この理論は、決して新しいものではない。これは古代中国の思想家の書物にも見出すことができる。これがもっとも明瞭なのは、紀元前三世紀に生きていた荀子の教えや、少し後に編集された儀礼の書物（礼記）においてである。中国の著述家たちは宗教について書いてはいない。私は中国語に、我々が宗教という言葉で理解しているものをいい表わすような言葉があるかどうか疑わしく思っている。彼らは「礼」(li)について書いている。そしてこの語は、儀式的、慣習的道徳、儀礼、よい行儀作法の規則、礼儀正しさ、などとして訳されている。しかしこの語を表わしている漢字（「禮」――訳者註）は二つの部分から成っており、一つは（「示」――訳者註）精霊、供犠、祈願を意味し、もう一つは（「豊」――訳者註）供儀を行う時に用いられる容器をもともと意味していた。それ故に我々は礼を「儀礼」と訳して適当であろう。ともかく、古代思想家たちが主として関心を持っていたのは、服喪と供儀の儀礼であった。

どこでもそうであるように、中国においても、宗教儀礼の多く、もしくはそのすべては、悪を払い、福を招く意味で有効であると考えられていたことは疑いない。季節は天の子である天子が適切な時期に定められた儀礼を行わない限り、順序正しく回転しないであろうと信じられていた。中華民国になってからでさえ、県知事は不本意ながら雨乞いの儀式で指導的役割を果すよう、世論によって強制されているかもしれない。しかし学者の間には、理性主義的とか不可知論的と多分よんでもよいような一つの姿勢が発展した。儀礼の効用の問題は、ほとんど考慮されなかった。重要と思われたものは、儀礼の社会的機能、すなわち秩序ある人間社会を生み出し、維持していく際のその効果である。

孔子以前のテキストの中に次のような文がある。「祀は孝を昭《あきらか》にし民を息し、国家を撫《な》で百姓《せい》を定むる所以《ゆゑん》なり」（楚語下巻二、国訳漢文大系経子史部第十七巻国語四五八頁より引用した。なお英文ではこれに続けて「国民の統一が強化されるのはこの犠牲を通じてである」とある——訳者註）。

あなた方も御存じのように孔子の教えの主要な点の一つは、儀礼を正しく遂行することの重要性であった。しかし孔子は超自然的なものについて論じようとしなかったといわれている。原註5 儒学においては、音楽や儀礼は社会秩序を確立し保持するための手段として考えられ、そしてその目的達成のための手段としては、法律や罰則にまさるものとみなされている。我々は音楽については、非常に異なった見解を持っているが、プラトンも何かしら似たような考え方を主張していたことが想い起こされよう。そして私は音楽（およびダンス）と宗教儀礼の関係についての人類学的研究は、何らかの興味深い結果をもたらすであろうと示唆しておく。礼記の一部は音楽に関するものである（楽記）。第三節には以下のように書いてある。

是《こ》の故に先王は之を感ずる所以《ゆゑん》の者を慎む。故に礼以て其の志を道《みちび》き、楽以て其の声を和《やはら》げ、政《まつりごと》以て其の行ひを一にし、刑以て其の姦を防ぐ。礼楽刑政、其の極《きよく》一なり、民心を同じくして治道《ちだう》を出《いだ》す所以《ゆえん》なり。原註6

宗教について我々がここで関心を持っている見解は、礼記の次のような文章に要約されているかもしれない。「儀式は大衆を共に結合させておく絆である。もしこの絆が除去された場合には、それらの大衆は混乱におちいる」。

荀子に始まる後期の儒者たちは、儀礼、とくに服喪と供犠の儀礼が社会秩序の維持という機能を遂行している方式に注目した。彼らの理論の主要な点は、儀礼は人間の情緒を「規制」し「洗練」するのに役立つということである。荀子は次のようにいう。

> 祭なる者は志意思慕の情なり、忠信愛敬の至《いたり》なり、礼節文貌《ぶんぼう》の盛（儀礼と文飾の盛事）なり、原註7

服喪の儀礼については、荀子は次のようにのべている。

> 礼なる者は生死を治《をさ》むるに謹《つつし》む者なり。生は人の始にして、死は人の終なり、終始倶《とも》に善なれば、人道畢《をは》る。故に君子は始を敬《つつし》みて終を慎《つつし》み、終始一の如し。是れ君子の道にして礼義の文なり。夫《か》の其の生を厚くして、其の死を薄くするは、是れ其の知あるを敬《つつし》みて、其の知無きを慢《あなど》るなり。……
>
> 故に死の道たるや、一にして再復することを得可《うべ》からざるなり。臣の重きを其の君に致す所以《ゆえん》と、子の重きを其の親に致す所以《ゆえん》のものとは、是《ここ》に於て尽《つく》るなり。
>
> 卒礼《きうれい》（喪礼）なる者は、生者を以って死者を飾るなり。大いに其の生に象《かたど》りて、以《もっ》て其の死を送る。故に死せるが如《ごと》く生けるが如《ごと》く、存するが如《ごと》く亡《ぼう》するが如《ごと》く、終始一なり。……
>
> 生器を具《そな》へて以《もつ》て墓に適《ゆ》くは、徙《し》の道（家の引越の意）に象《かたど》るなり。略して尽さず、貌《ばう》して功せず（外形だけ整えても実際に役に立つものではなく）……故に生器は文にして功あらず（装飾は加えてあるが実際には役立たず）。明器《めいき》は貌《ばう》原註8して用《もち》ひず（死者のための明器は外形は似せてあるが実用に供するものではない）。
>
> 故に卒礼《さうれい》なる者は他無し、死生の義を明らかにし、送るに哀敬を以てして、終《つひ》に周蔵《しうざう》（周到に敬蔵）するな

り。……生に事《つか》ふるは始を飾るなり、死を送るは終を飾るなり、終始具はりて孝子の事畢《をは》り、聖人の道備はる。死を刻して生に附する（死者に対する礼をへらして生者の事を増す）、之を墨と謂ひ、[原註9]生を刻して死に附する（生者に対する礼をへらして死者の事を増す）、之を惑と謂ひ、生を殺して死を送る、之を賊《ぞく》（生をそこなう）と謂ふ。[原註10]大いに其《そ》の生に象《かたど》りて、以て其の死を送り、死生終始をして、宜《ぎ》に称《かな》ひて好善ならざること莫《な》からしむ（生者に事えるも死者に仕えるも悉く人情の宜しきに叶って適切妥当であるようにする）。是れ礼儀の法式にして、儒者是なり。

この学派の古代思想家たちがとっていた見解は、宗教儀礼は、その儀礼の効用を説明しているかもしれない一切の信仰とは独立した、重要な社会的機能を持っているというのであった。儀礼は人間のある種の情緒や感情に規制された表現を与え、これらの感情を生き生きと活動的に保たせた。さらに秩序ある社会生活の存在や継続を可能にしたのは、これらの感情が個々人の行為を統制し、あるいは影響を与えているということによってであった。

私がここであなた方に考えていただきたいのはこの理論である。古代中国というようなただ一つの社会ではなく、すべての人間社会に適用してみると、これは社会体系のさまざまな特性やさまざまな要素間の相関々係や相関変差を指摘している。社会はその構造や組成において相互に異なっており、それ故慣習的規則による個々人の行動もそれぞれ異なっている。それ故社会組成が依存している感情の体系も、組成の相違に相応して変差があるに違いない。この理論が示唆するような社会機能を宗教が持っているとする限り、宗教もまたその社会が構成されている方法に相応して変化しているに違いない。互いに戦争をしている、あるいは戦争の準備を整えている国家があり、その国家の基盤の上に構成される社会体系では、その成員の中に十分に発達した愛国主義の感情があることが、強力な国家を維持していくために必須の条件である。このような状況の下では、愛国主義とか国家感情は宗教によって支えられるかもしれない。たとえば、イスラエルの子らは、ヨシュアの指揮の下にカナンの地に攻め入った時、かつてモーセによって教えられた、幕屋とその儀礼を中心とする宗教によって鼓舞されたのであった。

戦争を好む気質はそれぞれの社会によって非常に異なってはいるが、戦争あるいは戦争の可能性に直面していることは、非常に多くの人間社会の構成の中で本質的な要素である。宗教の社会的機能の一つは戦争と関係があるということは、こうして我々の理論と一致している。侵略する側であろうと、侵略に抵抗する側であろうと、人々が戦場におもむく際に、宗教は彼らに信念と確信と献身を与えるのである。最近の戦争で、ドイツ人は連合軍側の人々と同様に熱心に勝利を神に祈ったことであったろう。

この理論をテストするために、我々は多くの社会について、その一つ一つをとりあげ、おのおのの社会にある一つないし複数の宗教と、その社会が組成されているあり方との間に、提示することのできる一致があるかどうかを吟味しなければならないのは明らかであろう。もしこのような一致が立証されるならば、我々はその次には、宗教の中に表現され、同時に組成された社会の安定性保持のために貢献している主要な感情を発見し、できるだけそれを規定するよう努力しなければならない。

我々の研究に対する貴重な貢献は、人類学者たちによって不当にも無視されている、歴史家フステル・ドゥ・クーランジュ (Fustel de Coulanges) の『古代都市』(*La Cité antique*) の中に見出されるはずである。この本は大分以前に（一八六四年）書かれたものであり、後の歴史研究の光にあてれば、ある事柄については訂正が必要であるのは事実であるが、宗教の社会的機能の理論にとっては今なお価値ある貢献をなしている。

この書物の目的は、古代ギリシアとローマにおける宗教と社会構成との間の一致を一つ一つ示し、また歴史の流れの中でこの二つが共にどのように変化していったかということを示そうとしたことである。著者は十九世紀的な思考法に立っているので、この二組の社会特性間の相関々係を因果関係の枠組の中で理解し、一組の社会特性は、他方を生み出す原因となると考えていたのは確かである。議論は次のように進められる。古代世界の人々は死者の魂に関するある信仰を持つに至った。その信仰の結果、彼らは墓地に供物を供えた。

> 死者は食物と飲物とを要求するゆえ、その欲求を充たすことは、生ける者の義務であると考えられた。死者に飲食物を捧げる心遣いは、人間の気紛れや変りやすい感情に委ねらるべきではなく、まったく義務的なものであった。そして、そこに一個の完全な死の宗教が樹立された。その教理は夙に消滅したとはいえ、儀式そのものはキリスト教が勝利を占めるまで継続した。[原註11]

古代社会が家族、男系リネージ、男系ゲーンズの基盤の上に、継承、財産、権威、結婚の法を伴って、構成されるに至ったのはこの宗教の結果である。

> 我々は当時の信仰と法律とを比較研究することによって、原始宗教がギリシア・ローマの家族制度を構成し、結婚と家長の権威とを確立し、親族関係の序列を固定し、所有権と相続権とを神聖化したゆえんを知ることができる。この宗教はさらに家族を拡大して、より大なる共同体、すなわち都市を形成し、家族を支配したと同様に都市をも支配したのである。古代人の制度は、彼らのすべての私法と等しく、また宗教から由来した。都市がその原則・法規・慣習・行政官職などを得たのも宗教に拠るのである。しかしこの古い宗教は時と共に変化ないし消滅し、それと同時に、私法や政治制度にも変化を来した。従って一連の革命が相次いで起こり、

社会的変化が規則的に智力の変化に追随して行われた。[原註12]最終節では著者は次のように書いている。

以上我々は信仰の歴史を叙述してきたが、信仰が確立して、人類社会が構成され、信仰の変化に伴って、社会は一連の革命を閲し、信仰が消滅して社会は相貌を一変した。[原註13]

信仰を優先させ、宗教が原因であり、その他の諸制度は結果であるとする因果関係的思考法は、十九世紀に一般的であった思考法の風潮に一致している。私が実際やっているように、我々は、この考え方をまったく拒否することができるが、しかもなお、フステル・ドゥ・クーランジュが書いた事柄の大部分は、我々の主題にとって価値ある永遠の貢献としてとどめておくことができるのである。彼は古代ギリシアやローマにおいて、一方では宗教が、他方では多くの重要な諸制度が、凝集され統一された体系の中の相互に依存する部分として、近密に一体化されているという証拠を提示してくれたともいえる。宗教は社会構成の本質的な部分である。宗教の形態と社会構造の形態は、相互に調和している。フステル・ドゥ・クーランジュがいっているように、宗教を顧慮することなしには我々は古代社会の社会的・法的・政治的諸制度を理解することはできない。しかしその他の諸制度と宗教の関係を吟味することなしには、宗教を理解することができないというのも同様に事実である。

古代ギリシアやローマの宗教のもっとも大切な部分は祖先崇拝であった。我々はこれを宗教のある型の一つの例と考えてもよいであろう。大体同種の宗教的礼拝が、中国では古代から現在にいたるまで存在している。また今日のアフリカやアジアの多くの地域に、同種の礼拝が存在しており、それらを研究することができる。それ故、この型の宗教については広く比較研究をすることが可能である。私自身の経験では、我々がもっとも容易に宗教的礼拝の社会的機能を発見し、提示しうるのは、祖先崇拝においてである。

「祖先崇拝」という用語は時には、死者に関する何らかの儀礼を意味するものとして、広く、曖昧な意味で用いられている。私はこれを、もっと限定された、もっと正確に規定された意味において用いることを提唱する。この宗教における礼拝の集団は、もっぱら同一の祖先、もしくは祖先たちから一線をたどる出自により、お互いに関連を持つ人々から成立っている。大部分の例では、出自は男系をたどる父系である。しかしアフリカのコンゴ（Kongo）族や、インドのナヤール（Nayar）族のようなある種の社会では、出自は母系であり、礼拝集団は一人の女性祖先の子孫たちから成り立っている。この集団の成員が、そして彼らのみが、参与して行なう儀礼は、彼ら自身の祖先たちに関してであり、その儀礼は通常祖先たちに供物や犠牲を捧げることを含んでいる。

一つのリネージは三世代もしくはそれ以上の世代から成っている。四世代・五世代というリネージは、普通は六世代・七世代を含むリネージの一部に含まれているだろう。十分に発達した体制では、互いに関連を持つリネージは、ローマのゲーンスとか、中国のいわゆる宗族とかいったような、もっと大きな全体に結び合わされている。中国のある地方では、宗族の創始者である一人の祖先から男系の出自をたどる大きな同姓集団を発見することができ、その成員はある場合には千人にものぼる。宗族それ自体はリネージに分割されている。

一つのリネージは、もしもそれが三・四世代以上から成っているとするならば、生者も死者も含むことになる。いわゆる祖先崇拝は、それより大きくても、小さくてもかまわないが（つまりもっと多くの世代を含むか、あるいはもっと少ない世代から構成されているか）、ともかくリネージの成員によって、そのリネージの死亡した成員に関して行われる儀礼から成っている。このような儀礼は供物、通常は食物と飲物を捧げることを含んでおり、時としてこのような供物は生者と死者が食物を分ち合うこととして解釈されている。

このような社会では、社会構造に安定性を与えるのは、リネージ、およびいくつかの関係あるリネージから成るもっと大きな集団（クラン）の連帯性と継続性である。個人にとって第一の義務は、彼のリネージに対する義務である。これらの義務には現在生きている成員に対してのみならず、すでに死亡したもの、および、まだ生まれていないものに対する義務も含まれている。これらの義務を遂行するに当って、人は感情の複雑な体系によって統制され、鼓舞されているが、この感情を集中させる対象となるのは、現在、過去、未来を通じたリネージそれ自体であるといってよいだろう。祖先崇拝という儀礼において表現されるのは、第一にこの感情の体系である。この儀礼の社会的機能は明白である。すなわち感情を厳粛に、集団的に表現することによって、社会的連帯性が依存しているそうした感情を、儀礼は再確認し、再生させ、強化するのである。

どのようにして、祖先崇拝を行う社会が出現するようになったかということを研究する手段はない。しかし我々はこの型の体系が衰退したものについては、現在、過去において研究することができる。フステル・ドゥ・クーランジュは、古代ギリシアやローマにおいてそれを取り扱っている。現在世界の諸地域でも観察することができる。私が集めえた乏しい情報では、インドのいくつかの地方のリネージや合同家族組織は、今までの強さや連帯性を幾分か失いつつあり、その必然的な随伴物として我々が当然予想するもの、つまり祖先礼拝の弱体化もまた起こりつつあるということが示唆されている。ある種のアフリカ社会、とくに南アフリカの社会については、私はもう少し確実に述べることができる。キリスト教宣教師による教育をも含めて、西欧文明の衝撃は、ある人々にとって彼らをそのリネージに結びつけていた感情を弱める結果となっている。社会構造の分解と祖先礼拝の衰退は、共に進行している。

このようにして、私は宗教のある特定な型については、宗教の社会的機能という一般理論を十分に提示することができると確言する用意がある。

我々の主題にもっとも重要な貢献は、エミール・デュルケム (Emile Durkheim) によって一九一二年に出版された業績である。その題は、『宗教生活の原初形態』であるが、副題は『オーストラリアのトーテム体系』となっている。デュルケムは高等師範学校でフステル・ドゥ・クーランジュの弟子であること、彼自身宗教に関する考え方を発展させる上でもっとも大きな影響を受けたのは、ロバートソン・スミスの考え方であったと述べていることはふれておく価値がある。

デュルケムの目標は宗教の本質の一般理論を確立することであった。彼は多くの宗教を広く比較研究する代りに、社会の単純な型をとりあげ、集中的な詳細な分析を進めることを好んだ。そしてこの目的のために、彼は、オーストラリア人の諸部族を選んでいる。彼はこれらの部族は今日の時代まで生きのびてきた、もっとも単純な型の社会を代表しているという見解を抱いていた。しかし我々がこの見解を受け入れることを拒否したとしても——私自身がそうなのであるが——彼の分析の価値は、何ら影響を受けないのである。

デュルケムの書物の価値は、ロバートソン・スミスによって与えられた基礎から出発して、アンリ・ユベール (Henri Hubert) や、マルセル・モース (Marcel Mauss) の協力により発達してきた、宗教の一般理論の展開としてである。この理論についてのデュルケムの展開は、しばしば非常に誤解されてきた。非常に簡略ではあるが、それについての明快な叙述は、一九〇四年シャントピ・ド・ラ・

ソォーセーイ（Chantepie de la Saussaye）の『宗教史概説』（*Manuel d'Histoire des Religions*）の仏訳において、アンリ・ユベールが書いた序文中に見出されるはずである。しかしこの機会にこの一般理論を議論することはできない。それで私はただデュルケムの業績の一部、すなわち宗教儀礼は社会統合の表現であり、宗教儀礼の機能は、社会的連帯性がまたそれ故に社会秩序それ自体が依存している感情を再確認し、強化することによって、社会もしくは社会秩序を「回復」させることであるという彼の理論のみを取り扱おうと思う。[原註14] 彼はこの理論をオーストラリア人のトーテム儀礼を吟味することによってテストしている。フレーザーはオーストラリア諸部族のトーテム儀礼を呪術の問題であるとしたが、デュルケムがそれらを宗教的なものとして取り扱っているのは、それらの儀礼それ自体がうやまうべきものであり、うやまうべき存在、うやまうべき場所、うやまうべき対象と関連を持っているからである。

一九一二年にはオーストラリア住民について、現在よりもはるかに少しのことしか知られていなかった。デュルケムが用いたある種の資料は、信用しがたいものであることが立証されている。スペンサー（Spencer）やギレン（Gillen）、およびシュトレロー（Strehlow）の著述を通じてよく知られている一部族――アランダ族――は、ある点においては典型的なものではない。それ故デュルケムが使用することができた情報が、不完全であったことは疑う余地がない。さらに彼の材料の取り扱いは、期待されてもよかったようなものとはいえないであろう。結果として彼の説の中には私が受け入れがたい多くの点がある。にもかかわらず、トーテム儀礼の社会的機能に関するデュルケムの主な論題は有効であり、ただ我々が今日有しているより広範な、より正確な知識の光に照して改訂と訂正が必要なだけであると私は考えている。[原註15]

オーストラリアの礼拝がかかわり合いをもつ存在は一般に「トーテム祖先」とよばれており、私自身この用語を用いてきた。しかしこれは少しばかり誤解を招きやすい。何故ならそれらは神話的存在であって、祖先崇拝において追憶されるような、死亡した人と同等の意味における祖先ではないからである。オーストラリア住民の宇宙哲学では、コスモス、すなわち秩序ある宇宙——自然界の秩序も社会の秩序も含む——は、過去のある時期に出現した。この時期を私は「世界の夜明け」とよぶことにしたい。何故ならこの名称は、私がいくつかの部族の住民の中で見出した、ある種の考え方に相応しているからである。（自然界と社会の）秩序は、あるうやまうべき存在の行為や冒険に由来している。これらの存在を私は「夜明けの人」とよぶことにするが、これらが民族学的文献にみえるトーテム祖先である。地形的特徴、自然界の種、またそれらの性質、社会的法、慣習、慣例などに関する説明は、「世界の夜明け」に生じた事柄に関する神話の形で与えられている。

コスモスは法によって支配されている。我々が自然界の法を、一定不変に生起するもの（もちろん奇跡の場合を除くが）の表明として考え、道徳的あるいは社会的法は守られるべきではあるが、時には破られるものであると考えるのに対して、オーストラリア人はこの区別をしない。オーストラリア人にとっては、男女ともに、「世界の夜明け」の諸事件により、永遠にわたって、定められている行動の諸規則を守るべきである。同様に雨はその正しい季節に降るべきであり、植物は成長して果実をつけ、動物は仔を産むのが当然なのである。とはいえ、人間社会にも自然界にも規則からはずれることはある。

私がオーストラリア人のトーテム宗教と、大胆にもよぼうとしているものの中には、二つの主要な儀礼の型がある。一つは一般に、「トーテム中心地」とよばれている、ある地点でとり行われるいくつかの儀礼から成っている。トーテム中心地とは、ある種の対象物、もっとも一般的には動植物の特定種、あるいは雨とか暑気とかいう自然界のある状況と特別な関係を持っている地点である。各中心地は一人の（あるいは時々は一人以上のこともあるが）「夜明けの人」と結びついている。しばしばこの「夜明けの人」は、この地点から地下にもぐっていったといわれている。各トーテム中心地には、それと「世界の夜明け」の出来事とを結びつける神話がある。トーテム中心地、それと結びついた神話、そこでとり行われる儀礼は、トーテム中心地を含む地域を所有している地縁集団に属している。各トーテム中心地では一個の岩、一本の木、一つの水たまり、一積の小石の中に、トーテム種の、生命の霊とか生命の力と我々が多分よんでもよいものを含んでいると考えられている。

トーテム中心地が属している地縁集団の成員によって、あるいは彼らの指揮や命令によって、トーテム中心地でとり行われる儀礼は、トーテム種の生命の霊の活力を生き返らせるものであると考えられている。東オーストラリアでは、トーテム中心地は、そのトーテム種の「家」とか「住み家」とかとよばれており、その儀礼は「ふるい立たせる」と名づけられている。したがって雨のトーテム中心地での儀礼は、正しい季節に雨をもたらし、カンガルー・トーテム中心地での儀礼はカンガルーの供給を確実にし、赤ん坊トーテム中心地でのそれは部族に子供の出生をもたらすのである。

これらの儀礼は、宇宙における人間の地位についてある概念を含んでいる。――その概念を我々は特に宗教的概念とよぶことができると思うのであるが――。人間は我々が自然とよぶところのものに、つまり季節の規則正しい運行、あるべき時に雨が降ること、植物の成育、動物の生命の継続に依存している。しかし私がすでに述べたように、我々にとっては、自然界の秩序と社会の秩序は別物であるが、オーストラリア人にとって、それらは一つの秩序の二つの部分なのである。個人にとっての安寧も、社会にとっての安寧も、深刻な動揺なしに、この秩序が継続することにかかっている。オーストラリア人は、トーテム儀礼の規則的な遂行をも含めた彼らの行為によって、この継続を確実にしうる、あるいは少くともそれに寄与することができると信じているのである。

今まで述べてきた儀礼においては、各集団は自然界のただわずかな部分、すなわち、その集団がトーテム中心地を持っている二、三のトーテム種について、世話をしている（もし我々がそう表現してよいのなら）にすぎない。それ故全体としての自然界の秩序の保持は、多くの異なる集団の活動にかかっている。

オーストラリア住民の社会構造は、二つの事柄を基礎としている。すなわち地縁集団の体系と、家族に基づいた親族の体系である。各小地縁集団は閉鎖的父系的出自集団である。つまり男は彼の父の集団に生れおち、彼の息子たちも彼の集団に属するのである。各集団は独立的であり自律的である。社会構造の安定性と継続性は、この地縁集団の強固な連帯性に依存している。

私が今記述してきたようなトーテム礼拝が存在したところでは（そしてそれは、オーストラリアの非常に広い地域にわたってそうであったのであるが）、各地縁集団が一つの礼拝集団であった。トーテム儀礼は、集団の統一と連帯を表現するのに役立っていた。またトーテム儀礼は地縁集団が、そのサクラ（うやまうべきもの――訳者註）、すなわち一つあるいはそれ以上のトーテム中心地、それらと結びついた「夜明けの人」、これらの「夜明けの人」が登場する神話や歌謡、この中心地と関係を持つトーテム種と、特別の関係を持っていることによって、その地縁集団が他の集団から分離しており、個性があることを表わすのにも役立っていた。トーテミズムの社会的機能の中でこの点はデュルケムによって強調されていた――私にはやや強調されすぎたきらいがあるように思うのであるが――。

地縁的トーテム集団は、分離された個性的な継続的な社会的実在である一方、それらはもっと広範な社会構造の一部分でもあるという別の面もある。このより広範な構造は、親族構造によって支えられている。オーストラリア人の社会の中では、個々人が何らかの社会的接触を持つすべての人は、彼と何らかの親族の絆によって、――遠いか近いかの差はあっても――関係づけられており、社会生活の規制は本質的には、さまざまな種類の親類に対しての行動に関する規則から成立っている。たとえば男は、彼の母の地縁集団と非常に密接な関係に立っており、多くの部族では、その集団の「サクラ」すなわちそのトーテム中心地やトーテム儀礼と非常に近い関係にある。

オーストラリアのトーテミズムは地縁集団を分割し、その各々にそれ自身の個別性を与えているが、一方では、それらの諸集団を共通に結び合わせている。何故なら各集団は自然界の秩序のある部分（たとえば雨とかカンガルー）や、また「世界の夜明け」のある「存在」と特別に結びついているが、全体としての社会は、自然界の全体としての秩序および全体としての「世界の夜明け」と、トーテム宗教を通じて関連を有している。このことはもう一つの種類のトーテム礼拝にもっともよく見られ、それらの一部は演技者がさまざまの「夜明けの人」を演じる聖なる劇からなっている。このような劇的舞踊は数多くの地縁集団が集合する宗教的会合においてのみ演じられる。そして青年が成年の仲間入りをし、社会の宗教生活に加入するのもこれらの機会である。

オーストラリア社会は、分離した地縁集団の単なる集合ではない。これはまた親族体系の中で共に結び合わされた人々の組織体でもある。オーストラリアのトーテミズムは、自然界の諸現象が親族組織の中に組みこまれた、宇宙哲学的体系なのである。一九一〇年に私がオーストラリアで仕事を始めた時、一人の男がいった。「カンガルー（Bungurdi）は私の兄（kadja）だ」。この三つの言葉からなる簡単な文章は、オーストラリアのトーテミズムを理解する鍵になる。この話し手はカンガルーという種の個々の動物が、彼の兄弟だといっているのではない。彼は一つの実在として認められたカンガルー種に対して、ちょうど親族体系において彼の兄弟に当る関係に類比されるような社会的関係に立っているということを意味したのであった。私はこの機会にこの問題をさらに十分詳しく述べる時間がないことを遺憾に思う。

オーストラリアのトーテミズムについて、私が今述べてきた説明は、デュルケムによる説明とはかなり異なっている。しかしこれはオーストラリアのトーテム宗教およびその儀礼の社会機能に関するデュルケムの基礎的一般理論に、反対するどころか、それを確証しているのである。二種のトーテム礼拝は、オーストラリアの社会構造、および神話上の神聖視される過去にそれが創設されたことを象徴的活動の中で表示しているのである。社会の凝集と平衡を維持するに当って、宗教はもっとも重要な役割を演じている。宗教は社会構成の本質的な部分なのである。

簡単ではあったが、私は宗教の二つの型、祖先崇拝とオーストラリアのトーテミズムについて論じてきた。それらの何れにおいても、宗教の形態と社会構造の形態の近密な相応関係を示すことができる。両方の場合とも、社会秩序が依存している感情を、宗教儀礼がどのように再確認し、強化しているかを眺めることができる。そこでここには、我々の問題にとって、ある重要な意味をもつ成果がある。その成果は探究のある道筋を示してくれる。我々はすでに到達した成果の光に照して、他の宗教を吟味することができるし、またしなければならない。しかしこれをするためには、宗教をその活動において研究しなければならない。つまり我々はある特定な礼拝に積極的に参加することについての効果を発見するよう努力しなければならない。その効果とは第一に個々人にもたらされる直接的効果、第二にこれら個々人がその成員である社会にもたらされるその次の効果である。我々がこの様な研究を相当数得たならば、宗教の本質と社会発展における宗教の役割についての一般理論を確立することが可能であろう。

このような一般理論を推敲するに当って、比較研究の方法によって、宗教と道徳との関係を決定することが必要であろう。ここでは、宗教と道徳の問題について、非常に簡単に言及するだけの時間しかない。広く支持されているようにみえる理論を代表させて、タイラー（Tylor）から次の文章を引用しよう。

宗教の一大要素であり、高次国家においては宗教のもっとも活力ある部分を構成している道徳的要素は、低次民族の宗教においては、実に少ししか述べられていない。[原註16]

未開宗教と文明宗教を比較すると、それらの哲学の中に深く横たわる類似に比べると、人間生活に対する実際的活動の中には、著しい相違が根強く横たわっているという見解に到達する。未開宗教が自然宗教を代表するものとしてある限り、全世界を道徳的に統治するのが自然宗教の本質的教義であるという通説はまったく地に落ちる。教育ある現代人にとって、実用宗教の本源そのものである倫理的要素が、未開なアニミズムではほとんど欠けている。私がすでに述べているように、道徳が低次民族の生活から欠如しているというわけではない。道徳の掟なしには、もっとも野蛮な民族でも存在することそれ自体が不可能であったろう。そして実際に未開民族ですらその道徳的規準は、なるほどよく規定され、また賞賛に価するということが少くない。しかしこれらの倫理的法則は伝統とか世論といったそれら自身の根拠に立っており、倫理的法則と並んで存在しているアニミズム的信仰や儀礼とは比較的独立している。低次アニミズムが非道徳的だというのではなく、道徳とは関係ないのである。……道徳と宗教との関係の一般的問題は、難かしく、複雑で、莫大な数にのぼる証明を並べあ

げることが要求される。原註17

私は道徳と宗教の関係の問題は難かしく、複雑であるという点でタイラーに同意する。しかし私は、彼が未開人の宗教と文明人のそれとの間に設けた区分の有効性、および、道徳的要素は「低次民族の宗教においては、わずかしか表明されていない」と述べたことの有効性について問題としたい。私はこのような見解がとられる場合、「低次民族」における宗教は、今日の西欧社会に存在している種類の道徳とは結びついていないということを、しばしば意味しているだけにすぎないのではないかと思う。しかし各社会は、社会体制の他の諸側面において異なっているのと同様に、道徳の体系においても異なっており、我々があらゆる社会において吟味しなければならないのは、その社会の一つないしはいくつかの宗教と、それらの個々の道徳体系との関連である。

フォーチューン（Dr. R. F. Fortune）は、彼のマヌスの宗教に関する本の中で、タイラーの言明に挑戦した。原註18 マヌス島の宗教は一種の精霊崇拝とよんでもよいものであるが、これは、私がこの講演の中で用いてきた用語にみられる意味での祖先崇拝ではない。マヌス島の道徳についての掟は、夫婦間以外の性的交渉を厳しく禁じ、不正直を非難し、経済的義務も含めて、親族やその他の人に対してのさまざまな義務を良心的に果すことを強要する。道徳の掟に違反すれば、その違反者、あるいはその一家には、精霊からの罰が加えられる。そして告白や悪事に対する償いをすることで、その回復が見出されることになっている。

ここで再び祖先崇拝の事例を考え直してみよう。それを行っている社会では、道徳的掟の、もっとも大切な部分は、リネージ、クランおよびそれらに属する個々の成員と関連した、個々人の行為とかかわり合う部分である。祖先崇拝のより普通の形態では、この掟に違反することは、それらが罰を下すと信ぜられている祖先たちに対する違反であるために、宗教的もしくは超自然的制裁に該当する。

再び単純諸民族の一つの例として、オーストラリア人をとりあげてみよう。この基本的な社会構造は、広く拡大された親族関係についての認識からなる複雑な体系であるから、道徳的掟のもっとも重要な部分は、様々な範疇に属する親族に対する行動の諸規則から成っている。人が罪を犯したとされるもっとも非道徳的行為の一つは、彼にとって法的に結婚してもよい親族の範疇に属していない女性の誰かと性的交渉を持つことである。

部族の道徳的法は、成人式として知られている非常に聖なる儀式において青年たちに教えられる。私はニュー・サウス・ウェールズでいくつかの部族にみられるボラ (Bora) 儀式——それらがそうよばれているので——についてのみ取り扱おう。これらの儀式は「世界の夜明け」時にバイアメ (Baiame) によって制定された。バイアメは彼自身の息子「ダラムルン」(Daramulun) (これは時には聖なるぶんぶんうなりと同一視されている) を殺し、三日目によみがえらせた。儀式がとり行われる時には、成人式を受ける若者はすべて死に、三日目に生き返るのである。[原註19]

この成人式が行われる聖なる式場には、通常泥で作られたバイアメの像、時には、それにバイアメの妻の像がおかれている。これらの像のかたわらで、聖なる儀式が成人式を受ける若者たちに示され、バイアメについての神話が詳しく語られる。

さて、バイアメは、何よりも若者たちにとって道徳教育の場である成人式を制定したばかりでなく、様々の範疇に入る親族に対する行動や結婚の諸規則を伴う親族体系をも制定している。「何故あなた方は結婚についてこんな複雑な規則を守っているのか」という質問に対して、通常かえってくる答えは、「何故ならバイアメがそれらを定めたからだ」というのである。このようにしてバイアメは神聖な法制定者である。あるいは別の表現様式を使えば、バイアメは道徳に関する部族の法を人格化したものである。

それ故にバイアメはヘブライ神のある一面に似ているということで、私はアンドリュー・ラング（Andrew Lang）やシュミット（Schmidt）神父に同意する。しかしバイアメは、エホバがイスラエルの子らになしたように、戦争の際に人々を援助してくれることはないし、自然界、嵐や季節の支配者でも統制者でもない。この地位は他の神すなわち蛇の神によって占められており、この神の泥像もまた聖なる式場の地面に表わされている。バイアメによって占められている位置は、道徳上のもっとも重要な諸規則や聖なる成年式を確立した神性という地位である。

これら少しばかりの例証をあげることで、とくに道徳に関心を持つのは高次宗教のみであって、低次民族の宗教では、道徳的要素はわずかしか表示されていないという考え方は、明らかに疑問があるということが十分示されたであろう。もし時間があったら、世界の他の地域からの例も引用することができたろう。

これらの問題を複雑にしているのは、法、道徳、宗教は人間行為を統制する三つの方法であり、さまざまな型の社会の中でそれらは互いにさまざまな方法で補い合い、からみ合っているという事実である。法に対しては法的制裁があり、道徳に対しては世論および良心の制裁があり、宗教に対しては宗教的制裁がある。一つの悪行は二つないし三つの制裁を受けるかもしれない。神をののしり、神聖なものを冒瀆することは罪悪であり、宗教的制裁に従う。しかしこれらはある時には、法によって犯罪として罰せられるかもしれない。我々自身の社会では殺人は非道徳的なものであり、また死刑によって処罰される犯罪であり、神に対する罪悪でもある。そこで殺人者は、死刑執行人の手で突然命を断たれた後も、地獄の火の中で永遠の責苦に直面しなければならないのである。

法的制裁は道徳とか非道徳とかの問題がないような事例の際に作用するかもしれない。また同じことが宗教的制裁についてもいえる。人は善行に捧げた高潔な貞淑な生活を送ったとしても、教会によって教えられた特定教義を真実のものとして受け入れ、それによって神の思寵を得ない限りは、地獄から救済されることはないだろうということが、ある神父たちやキリスト教会の長老たちによって主張されているのである。

宗教的制裁には様々の種類がある。罪に対する罰は、単に神から遠ざけられたものとして認められるかもしれない。あるいは死後の生活に、報償や懲罰があるという信仰があるかもしれない。しかし宗教的制裁のもっとも広く分布した形態は、ある種の行為が、個人もしくはコミュニティに儀礼的けがれ、あるいは不浄の状態を生み出すので、そのことから浄められる必要があるという信仰である。けがれはレビ記の第五章にみられるように、意図することなしに、また不本意ながら行った事柄によっても、引き起こされるかもしれない。不浄な獣の死体のような、あらゆる不浄な物体に不本意ながらでも触れた者は、咎められるべきであり、罪を犯したのであって、不正の罪にたえねばならない。その人は供犠、罪のあがないの献げ物をしなければならない。そしてそれによってその人は多分罪から浄められるであろう。

儀礼的不浄はそれ自体では、道徳的非難を伴ってはいない。同じレビ記の十二章で主はモーセに、男の子を産んだ女は七日の間けがれ、彼女の血の浄めはさらに三十三日の間続けられなければならない。その間聖なる物に触れてはならないし、また聖なる所に入ってはならない。もし彼女が生んだ子供が女であったなら、最初の不浄の期間は二週間、浄めの期間は六十六日でなければならない。このように子供を産むことは、誰もそれが非道徳だと考えていないのであるが、けがれることであり、もし子供が女の子であるならば、男の子である場合よりさらにけがれるのである。
けがれとか罪深さの反対は聖である。しかし聖は正直な高潔な生活を送ったからといってそうなるわけではなく、宗教的な修業、すなわち祈禱、断食、悔い改め、思索、聖なる書物を読むことからもたらされる。ヒンズー教ではブラーマンの息子は聖であり、皮師の息子は不浄に生まれつく。道徳によって掩われている分野と、宗教によって掩われている分野は異なる。しかし未開社会にも文明社会にも、その両者が重り合っている部分があるだろう。

我々の主要なトピックにもどると、宗教の社会的機能を比較研究の基盤の上で取り扱った著者はロアジィであり、価値ある彼の著書『供犠についての歴史的試論』[原註20]の終章の数頁はこの問題に費されている。彼はある点でデュルケムとは異なるが、彼の基本的理論は、たとえ一致しないとしても、ともかくデュルケムに非常によく似ている。彼がうやまうべき行為(l'action sacrée)とよんでいるものの中でもっとも特徴的な形態は供犠の儀礼であるが——について、次のように書いている。

我々は人間社会におけるそれの役割について眺めてきた。すなわち、それはたとえ人間社会の社会的紐帯を作り出すのにまったくのところ大きな貢献をしたというわけではないにしても、社会的紐帯を保持し強化してきた。ある点において、これは社会的紐帯の表明であった。そして人はそれらを表現することにより、なおいっそう堅固にその感情に固着するようにさせられている。うやまうべき行為は社会生活の、また社会的切望の表明であったので、これは必然的に社会の一つの要因となってきた。

我々が宗教という蜃気楼や供犠の仕組みを、社会的資源や勢力の単なる浪費としてただちに非難してしまう前に、宗教は社会的良心の形態であったし、供犠はこの良心の表明であったのであるから、その損失は得るものによって補われてきたこと、また純粋に物質的損失に関する限りでは、それらについて長々と論じる必要は実際にはないということを認めるのが適切である。さらに聖なる奉献から予想される効果については、実際上の有効性はないが、ここで求められているその聖なる奉献の質は、あきらめの体系、つまり奉献の体系の本質的な部分であった。あきらめていさぎよく提供するということは、あらゆる人間社会において、社会の平衡とその維持のために必要な条件なのである。原註21

しかし社会的凝集や継続と関連させた社会的機能の定義のほかに、ロアジィは彼が一般公式とよぶところのもの（formule générale）を求め、その中で宗教が人間生活の中で演じてきた役割をまとめようとしている。このような公式は、我々がそれは単なる一つの公式であると覚えている限り有用である。ロアジィが提示しているその一つは、呪術と宗教は人間に自信を与えるのに役立ってきたというものである。

もっとも未開な社会では、人々が困難、不確かさ、自己をとりまく真のあるいは想像上の危険に直面した時に、人々に自信を与えるのは呪術である。

自然の力、季節、大地が与えたり拒否したりするもの、狩猟や漁撈での幸運とか不運、戦闘での運などのなすがままになっている、これらの多かれ少なかれ、不確かな機会を、模擬行為によって調整する手段を人間は見出したと思っている。彼のなしていることは、目指す目的のためには、何の役にも立たないが、彼は自分のしていること、またそして自分自身に自信を持つ。彼は敢えて行なう。そして敢行しながら自己の望む事柄を実際に多かれ少なかれ獲得する。初歩的な信頼、そしてそれはつつましい生活のためのものである。しかしこれが精神的勇気の始まりである。原註22

これは後にマリノウスキーによってトロブリアンド島民の呪術的慣行に関して展開されたものと同

じ理論である。

発展のもう少し高い段階になると「社会有機体が完全なものとなり、部族が民族となる。そしてこの民族がその神々、その宗教を持つ時、国家的良心の強度が測定されるのは、その宗教自体によってである。また人々が現在における安全のしるしと、未来における繁栄のしるしを見出すのは、この国家的神々への奉仕においてである。神々はいわば民族が本来持っている確信の表現であるが、この確信がつちかわれるのは神々の礼拝の中にある[原註23]」。

社会発展がさらに高度な段階になると、人々に不死の約束を与える宗教は、そのことによって、現在の生活の重荷に勇気を持って耐え、もっともやっかいな義務に立向かうことを可能にする確信を人人に与える。「これは生命における確信の、より高次なより道徳的な形態である[原註24]」。

私にとってこの公式は、宗教的（あるいは呪術的）態度のほんの一面だけを強調しているという点で、不十分であるようにみえる。私はその代りとして、宗教は人類の中に依存感とよんでもよいようなものを発達させるという公式を提唱する。このことによって私が意味しているものは、ある一例によってもっともよく説明することができる。南アフリカの祖先崇拝を行っているある部族では、人は祖先に依存していると感じている。祖先たちから彼は生命と、彼の相続財産である牛群を受け取る。祖先たちは、子供たちを授け、牛群を増殖させ、その他の点でも彼の安寧に注意を払うものと期待されている。彼が祖先たちに頼るというのは、事柄の一面である。もう一つの面は、祖先たちは彼の行為を見守っており、もし彼がその義務を怠るならば、祖先たちは彼に加護を与えるのを止めてしまうばかりでなく、病気やその他の不幸で報いるだろうという信仰である。彼は一人立ちして、彼自身の努力のみに頼ることはできない。彼の祖先たちに依存しなければ「ならない」のである。

我々はアフリカの祖先崇拝者たちの信仰は幻影であり、神たちへの供物はまったく無駄であるということもできよう。つまり彼のリネージの死者は、実際には加護も処罰も与えはしないのである。しかし儒者は祖先崇拝のような宗教が合理化されうるし、我々が迷信とよんでいるような幻影的信仰からまぬがれることができることを我々に示してくれた。何故ならば祖先たちを追憶する儀礼においては、参加者たちは彼らの生命を受けとった祖先たちに対して、尊敬をこめた感謝を表現するべきであること、またまだ生まれていない人々に対して――その人たちに対して参加者らは当然のこととしてあがめられる祖先となるであろう――義務感を表明するべきであるということで十分である。そこにはなおも依存感が残っている。生きている人々は、過去の人々に依存している。祖先たちは現在生きている人々、また彼らに依存するであろう未来の人々に対して義務を持つのである。

私は人間を社会的動物とし、またそのようにさせ続けるものは、何か群居本能といったようなものではなくて、数えきれないほどの多くの形態をとっている依存感であると提言する。社会化の過程は乳児生活の第一日目から始まり、乳児はその両親に頼ることができ、また頼らねばならないことを学ばねばならない。両親から乳児は安らぎと助けを得る。しかし同時に彼らの支配に従わなければならない。私が依存感とよぶところのものは、常にこれらの二面を有している。我々は頼ることができる能力、勢力、事象があると知っている場合には、確信をもって人生やその運命また諸種の困難に立向うことができる。しかし我々は課せられている諸規則に、我々の行為が支配されることに甘んじなければならないのである。自分自身にのみ頼り、何らの助力を求めず、何の義務も認めないというように完全に独立的でありうると考えるのはまったく非社会的な個人だけであるだろう。

私は宗教の社会的機能について一つの理論を提出しようと試みてきた。この理論はロバートソン・

スミス、フステル・ドゥ・クーランジュ、デュルケム、ロアジィといったような人々の業績によって、発展してきたものである。そして四十年近い私自身の研究を導いてきたのもこの理論である。私は二十世紀も前の中国思想家の書物の中に、この理論の萌芽が存在したことを示すのは価値があることと考えたのである。

他のあらゆる科学的理論と同じく、これは暫定的なものであり、将来の研究の光の中で改訂され修正される必要がある。これは、探究のための実り多い方法であるようにみえるものを、準備するものとして提出されている。この理論をテストし、さらに精度を高めていくためにしなければならないことは、さまざまな型の宗教を、それらが生じている社会体系との関連において、数多く組織的に研究することである。

私が今まで述べてきた提言を要訳しよう。

1、特定宗教を理解するために、我々はその効用を研究せねばならない。宗教はそれ故、その「活動において」研究されねばならない。

2、人間の行為は、その大部分が、心的気質として認められるいわゆる感情によって統制され、指示されているのであるから、個人が特定の宗教的礼拝に参加する結果、その人の中に次第に生じてくる感情が何であるかということを、できうる限り発見する必要がある。

3、あらゆる宗教研究において、まず第一に我々は特に宗教的諸活動、すなわち儀式や集合的あるいは個人的儀礼を吟味しなければならない。

4、ある種の現代宗教の特徴であるように、特定の教義の信仰を強調することは、複雑な構造をもった社会におけるある種の社会発展の結果であるようにみえる。

5、ある社会には、宗教と社会構造との間に直線的なかつ直接的な関係がある。これは祖先崇拝やオーストラリアのトーテミズムによって例証される。[原註25] これはまた我々が国家宗教とよぶようなもの、たとえばヘブライ人の宗教やギリシア・ローマの都市国家の宗教についてもあてはまる。しかし一民族の中に、種々の教会、宗派、あるいは崇拝集団などが形成されることによって、別々の独立的宗教構造が出現するようになったところでは、宗教と全体的社会構造との関係は、多くの点において間接的となり、それを辿ることは常に容易であるとは限らない。

6、一般公式として（このような公式がどんな価値があるかわからないが――）、次のようなことが示唆される。あらゆる宗教において表明されているものは、私が依存感とよんだものであり、これは二つの面を伴っている。また宗教がその社会機能を遂行しているのは、この依存感を絶え間なく維持することによってである。

原註

1 ヘンリー・マイヤー講義、一九四五年。

2 儀礼はすべての宗教において、もっとも堅実なまた恒久的な要素であるので、古代の礼拝の精神はそこにもっともよく現われている。*Essai historique sur le Sacrifice*, Paris, 1920, p. 1.

3 W. Robertson Smith, *Lectures on the Religion of the Semites*, 1907, pp. 16—17.

4 前掲書 p. 20.

5 「子、怪・力・乱・神を語らず」『論語』、吉田賢抗、新訳漢文大系1、明治書院　一六二―一六三頁。

6 『礼記』、安井小太郎、国訳漢文大系、経子史部第四巻、国民文庫刊行会、三六〇―三六一頁。

7 『荀子』（下）藤井専英、新訳漢文大系6、明治書院、五八九―五九〇頁。

8 明器は楊注に「鬼器」鬼とは死者の霊、前掲書、五七八頁。

なおこの原本の註では、ラドクリフ＝ブラウンは明器について二種の解釈をあげている。すなわち『荀子』を訳したフン・ユー・ランはSpiritual utensilsとし、『礼記』を訳したレゲ(Legge)はVessels to the eye of fancyとするとして、『礼記』から次の文章を引用している。「孔子曰く 死に之きて之を死したりと致むるは不仁なり、為ふ可からざるなり。死に之きて之を生きたりと致むるは不知なり、為ふ可からざるなり。是の故に竹は用を成さず、瓦は味を成さず、木は斲《たく》を成さず、琴瑟《きんしつ》は張れども平ならず、竽笙は備ふれども和せず、鐘磬有れども簨虡無し。其の明器と曰ふは之を神明にするなり」。

「礼なる者は」以下の荀子の引用は前掲書五六〇〜五八〇頁。

なお中国の文献は、英訳本を通さず漢文からの訳文を使用したので註5、6、7、8は原本の註とは異なっている。また荀子の難解な語句には、訳者藤井氏の通釈、語釈を挿入した。

9 墨子は服喪の儀礼を無駄であるとして批判した思想家である。

10 重要人物の埋葬に際して、人間供犠を行った古代の慣習に言及している。

11 『古代都市』、田辺貞之助訳、白水社、一九五〇年、六四頁。

12 前掲書　四八頁。

13 前掲書　六七三頁、これも田辺氏の訳本からそのまま引用したため原本の註の頁とは異なっている。

14 『宗教生活の原初形態』、古野清人訳、岩波書店、一九四二年。

15 デュルケムの研究についていくつかの点に関する批判は、この本の「トーテミズムの社会学的理論」を参照。

16 Tylor, *Primitive Culture*, 三版、1891, Vol. 1, p. 427.

17 前掲書、Vol. II, p. 360.

18 R. F. Fortune, *Manus Religion*, Philadelphia, 1935, pp. 5, 356. フォーチュンの本は、宗教の社会機能の研究に有益な貢献をなしており、非常に変った型の宗教を取り扱っている。

19 ここにキリスト教の影響があるのではないかという示唆がなされたが、この意見は却下することができる。儀礼的死と再生の考え方は宗教において非常に広く分布しており、月の死と復活によって毎月三日間という期間が、世界の各地で例証されている。

20 *Essai historique sur le Sacrifice*, 1920, pp. 531—40.

21 前掲書 pp. 535—7.

22 前掲書 p. 533.

23 上記引用文中。

24 前掲書 p. 534.

25 「古代にあっては、あらゆる社会の紐帯をなしたものが祭祀であった。家族の祭壇が一家の人々をその周囲に結合させたように、都市は同じ守護神を有し、同じ祭壇に宗教的儀式を行う人々の集団であった」。フステル・ドゥ・クーランジュ、田辺貞之助訳『古代都市』二七二頁。

第九章　社会科学における機能の概念について原註1

人間社会に適用される機能の概念は、社会の生命と有機体の生命との間にみられる類比に基づいている。類比およびその持つある意味について認識するのは、新しいことではない。十九世紀には、この類比、つまり機能の概念とかそういう言葉自体は、しばしば社会哲学や社会学の中に現われてきている。私の知る限りでは、社会に関しての厳密に科学的な研究に応用して、この概念を最初に体系的に公式化したのは、一八九五年のエミール・デュルケム（Emile Durkheim）の研究においてであった（『社会学的方法の基準』*Règles de la Méthode Sociologique*）。

デュルケムの定義は、社会制度の「機能」は、社会制度と社会有機体の慾求（フランス語では besoins）との間の一致であるという。この定義には少しばかり推敲が必要である。第一に曖昧さが起きそうなこと、とくに目的論的解釈の可能性が生ずるのを避けるために、私は「慾求」という語の代りに、「存在の必要諸条件」という用語を代置したいと考える。そしてもし「慾求」という語が用いられるならば、これはただその意味においてのみ理解されるべきである。この機能という概念を社会科学に適用しようという試みはすべて、動物有機体にとって生存の必要諸条件があるように、人間社会にとっても生存の必要諸条件が「ある」ことと、およびそれらは正当な科学的探究によって発見しうるものであるという仮定を含んでいるということに、ここでふれておこう。この点については、後でもう一度述べる。

この概念をさらに説明するために、社会の生命と有機体の生命の類比を用いるのが便利である。すべての類比と同じく、これも注意して用いられなければならない。動物有機体は細胞とそのすき間にある分泌液の一団であり、それらは一つの集塊物としてではなく、一つの生命ある統合された全体として相互に関連をもって配置されている。生化学者にとって、これは、複合分子群の複雑に統合された体系である。これらの諸単位が関連づけられている諸関係の体系が有機体の構造である。ここで使用されている用語に従えば、有機体それ自身は構造では「ない」。有機体は構造——すなわち諸関係のセット——内に配置された諸単位（細胞群や分子群）の集合である。つまり有機体が構造を「持つ」のである。同種同性の成年に達した二匹の動物は、同似の構造内で組合わされた同似の諸単位から成立っている。したがって、構造とは存在間にある諸関係のセットとして定義されるべきである（細胞の構造は同様な方法で、複数の分子群の間にある諸関係のセットであり、原子の構造は電子や陽子の間の諸関係のセットである）。有機体はそれが生きている限り、一定の構造の継続性を保持しているが、それを構成している各部分は完全な同一性を保持しているわけではない。呼吸や排泄作用によって、いくらかの構成分子を失うし、また呼吸や栄養吸収によって他の分子を取り入れる。ある期間にわたってそれを構成する細胞が同一のままであるわけではない。しかしそれを構成している諸単位の構造的配列は、同似のまま生きつづけるのである。有機体の構造的継続性が保たれていく過程が生命とよばれる。生命の過程は、有機体を構成している諸単位、つまり細胞群とかその細胞が組みこまれている諸組織の、活動および相互作用から成り立っている。

ここで使用されている機能という用語に従えば、有機体の生命はその構造を「機能させる」ものとみなされる。構造の継続性が保持されるのは、この機能させることの継続性を通じてであり、またそれによってである。もしも我々が、生命の過程においてくり返されている作用、たとえば呼吸、消化などについて考えてみるならば、その「機能」は全体としての有機体の生命の中でそれが果している役割であり、それが果している貢献である。ここで用いられている用語に従えば、細胞や器官は「活動」を有しており、その活動は「機能」を有している。我々が通常胃液の分泌を胃の「機能」として語ることはある。しかしここで用いられる用語に従えば、これは胃の「活動」というべきであって、胃の「機能」とは食物中の蛋白質を、それらが吸収され、血液によって各組織に分配されるような形に変化させることである。[原註2] 生理学上の反復する過程の機能は、このようにその過程と有機体の欲求(存在の必要諸条件)とを一致させることであるとしてよいであろう。

もし我々が有機体および有機体の生命の本質について組織的調査を開始するならば、三組の問題が我々の前に提出される(その他にも、有機体の生命についての状況や特性に関して我々がここでは関心を有していない問題が何組かある)。第一は形態学である。有機体の構造にはどのような種類があるか、どのような類似や変差が示されているか、それらはどのように分類されうるか? 第二は生理学の問題である。一般的にみて有機体の構造はどのように機能するか、それ故生命の過程の本質とは何であろうか? 第三には進化と発展の問題がある。どのようにして新らしい有機体の型が生ずるのか?

有機体の生命から社会的生命に目を転じ、アフリカとかオーストラリアの一部族といったようなコミュニティを調べてみると、我々は社会構造の存在を認めることができる。個々の人間——すなわちこの場合には基本的単位となるが——は、一連の明確な社会関係によって、統合された全体につなぎ合わされている。社会構造の継続性は、有機体構造の継続性と同様に、単位の変更によってこわされはしない。個人個人は、死やその他の事情でその社会を離れるかもしれないし、他の人々が入ってくるかもしれない。構造の継続性は社会的生命の過程によって保持されている。そして社会的生命とは、個々の人間や彼らが統合された組織集団の、諸活動と相互作用から成立っている。コミュニティの社会的生命は、ここでは社会構造を「機能させる」ものとして定義される。犯罪の処罰とか葬式などのような、あらゆる反復される行為の「機能」は、全体としての社会的生命の中でそれが演じている役割であり、それ故に構造の継続性の保持のためにそれが果している貢献である。

したがってここで定義されたような機能という概念では、「構造」は「実在する単位」間にある「諸関係のセット」から成立っており、構造の「継続性」は、それを構成している諸単位の「活動」から成り立っている「生命の過程」によって保持されているという見解を含んでいる。

これらの概念を心にとめて、我々が人間社会および社会的生命の本質について、組織的調査を開始するならば、我々に三組の問題が提出されているのに気づく。第一は社会形態学であり、どのような種類の社会構造があるか、それらの類似と変差は何か、それらはどのように分類されたらよいか？第二は社会生理学の問題であって、社会構造はどのように機能しているか、第三は発展の諸問題であり、社会構造の新らしい型はどのようにして生ずるのか？

有機体と社会の類比が分れる二つの重要な点に注意しなければならない。動物有機体では、有機体の構造をある程度まで、その機能から独立して考察することが可能である。そこで生理学から独立した形態学を作りあげることもできる。しかし人間社会においては、全体としての社会構造はそれが機能していることにおいてのみ「観察」することができるのである。個々人や集団の地理的分布などといった社会構造のある種の特性は、直接的に観察することができる。しかし、構造を全体として構成している社会諸関係の大部分、たとえば父と子、売手と買手、支配者と被支配者のような関係は、その関係が機能している社会関係において以外には観察することはできない。したがって社会形態学は、社会生理学から独立して設けることができないということになる。

第二の点は動物有機体は、生命の過程で、その構造型を変化させはしないということである。豚が河馬になることはない（動物の出生から成熟へという発達は型の変化ではない。何故ならすべてその段階における過程は、その種にとって類型的なものであるから）。一方、社会はその歴史の過程において、継続性を中断することなしにその構造型を変化させうるし、また変化させているのである。

ここに提示された定義によれば、「機能」は部分部分の活動が全体的活動――部分的活動はその一部である――に果している貢献である。ある特定の社会慣例の機能は、全体的社会体系を機能させるものとしての全体的社会生命に、それが果している貢献である。このような見解では、社会体系（一社会の社会構造全体に、社会慣例――社会慣例の中に構造が現れ、構造が継続的に存続するために社会慣例に依存している――の全体を加えたものの意である）はある種のまとまりを持っており、それを我々は機能的まとまりとよんでもよいのではないかということを意味している。我々はそれを、社会体系のあらゆる部分が、十分な程度に調和し、すなわち内的一貫性を持ってともに活動している一つの状態、つまり、解決することも統制することもできないような長期にわたる軋轢を生ずることのない状態と定義することもできよう。原註3

もちろん社会体系の機能的まとまりというこの考え方は、一つの仮説である。しかし機能主義者にとっては、種々な事実を体系的に吟味して、テストする価値があるように思える仮説なのである。手短かにふれなければならない機能理論のもう一つの面がある。社会生命と有機体生命の類比にもどって、我々は有機体は多かれ少かれ効果的に機能するだろうということを承認し、その上で機能に反するあらゆる現象を取扱う病理学という特殊科学を作り上げている。我々は有機体の中で、いわゆる健康と病気を区別する。紀元前五世紀のギリシア人たちは、社会や都市国家に対しても同様な概念を適用できはしないかと考え、「ユーノミア」(eunomia)――良好な秩序、社会的健康――を、「ディスノミア」(dysnomia)――無秩序、社会的不健康――から区別している。十九世紀にデュルケムは、機能という概念を適用するに際して、形態学や生理学に基礎を置いた、科学的な社会病理学の基礎を作ろうと探し求めた。[原註4] 彼は研究の中で、とくに自殺や労働の分業に関する研究では、ある社会がある時点において、正常であるか病的であるか、ユーノミア的であるかディスノミア的であるかを判断する客観的規準を発見しようと試みた。たとえば、十九世紀のある時期において、多くの国々にみられる自殺率の増加は、ディスノミア的な、また彼の用語によれば、アノミー的な社会状態の徴候であることを彼は示そうとした。デュルケムが、社会病理の科学にとって客観的な基準を確立するのに本当に成功したと考える社会学者はおそらくいないだろう。[原註5]

有機体構造と関連させて、健康と病気、正常と病理を区別する厳密に科学的な基準を、我々は発見することができる。何故なら病気は有機体を死(その構造の崩壊)によって脅かしたり、あるいは有機体の特性である諸活動を妨害するものだからである。社会は動物が死ぬのと同じような意味で死ぬわけではない。それ故に我々は、ディスノミアを、もし阻止されなかったならば、社会を死に導くものとして定義することはできない。さらに社会はその構造型を変更することができる、あるいはもっと大きな社会に統合され、その一部分として吸収されることができるという点で、有機体とは異なる。それ故我々は、ディスノミアは、社会型の通常の活動が混乱したものとして（デュルケムがそうしようとしたように）定義づけることはできない。

少しの間先ほどのギリシア人にもどって考えてみよう。彼らは有機体の健康、および社会のユーノミアは、各々の場合とも、それらの諸部分が、共に調和ある働きをしている状態とみなした。[原註6] さて社会に関して、今まで機能的なまとまりとか、社会体系の内的一貫性として考察されてきたものと、同じものであり、ある特定社会の機能的まとまりの程度に応じて、純粋に客観的規準を確立することが可能であるかもしれないということが示唆されている。周知のように、現在ではこれはできない。しかし人間社会の科学はまだ極めて初期の状態にあるのだ。そこで次のようにいうべきであるかもしれない。つまり、ビールス性の病気に襲われた有機体はそれに抵抗する。そしてその抵抗に失敗すれば、死んでしまうだろう。しかし社会は不統一や不一致（これについて我々は今仮にディスノミアと同一視しておく）の状態に投げこまれたとしても、白人の破壊力によってうちひしがれてしまったオーストラリアの一部族のような比較的珍らしい例を除けば、死ぬことはないだろう。その代りに、ある種のユーノミア、つまりある種の社会的健康に向ってあがき続け、その道程の中で、社会の構造型を変化させるかもしれない。「機能主義者」は今日、文明国の支配に服従させられている原住民や、文明国自体の中に、この過程を観察する十分な機会を持っているように思える。[原註7]

紙面の都合で、機能理論の別の面、すなわち社会型の変化は機能——社会生理学の法則——に依存しているかどうかという問題についての議論はここではできないだろう。私自身の見解では、このような依存関係はあるのであって、その性質は、過去二十五世紀間のヨーロッパの法的・政治的諸制度、経済的諸体系や宗教などの発展を通じて研究することができると考える。人類学が関心を有している無文字社会に関しては、長期にわたって型が変化していく詳細な過程を研究することは不可能である。人類学者が観察しうる変化の一種類は、社会構造の分裂である。しかしこの場合にすらも、我々は再統合に向う自発的な運動を、観察し比較することができる。たとえば、アフリカ、オセアニア、アメリカにおいて、新しい宗教が発生した例があるが、この宗教は、機能論上の仮説では、白人文明との接触を通じて、社会生活に急速な改変が生じたことによりもたらされた、社会的ディスノミアの状態を軽減しようとする試みとして解釈することができる。

これまでに定義されたような機能の概念は、一つの「作業仮説」から成っており、その作業仮説によって、数多くの問題が探究のために公式化されるのである。作業仮説のこのような公式化なしには、いかなる科学的究明も不可能である。ここで二つの点が注意される必要がある。一つの点は、あらゆるコミュニティの生活の中で、すべてのものが一つの機能を有しているというドグマ的主張を、この仮説は要求しているわけではないことである。この仮説はただそれが機能を持つ「かもしれない」ということ、また我々がそれを発見しようと努めてもさしつかえないという仮定を要求しているだけである。第二に二つの社会の中で同一の社会慣例とみえるものも、それぞれの社会の中で異なる機能を持っているかもしれないという点である。たとえば、今日のローマ・カトリック教会内での独身生活の慣行は、初期キリスト教会のそれとは非常に異なる機能を有しているのである。換言すれば、社会慣例を規定するために、またそれ故に、異なる民族や異なる時代のさまざまな慣例について、有効な比較を行うために、単に慣例の形態のみでなく、その機能をも考慮することが必要なのである。この基盤に立てば、たとえば、単純社会にみられる「最高神」信仰は、近代文明社会のそうした信仰とは何かしら異なったものなのである。

機能論の仮説、すなわち上述したような観点を受け入れることは、膨大な数にのぼる諸問題を認める結果となる。この問題の解決のためには、多様な型の社会を広く比較研究すること、またできる限り数多くの個々の社会について集中研究をすることが必要とされる。単純民族の野外研究の場合には、まず何よりも、社会構造を機能させているものとしてのコミュニティの社会的生命について、直接研究をするということになる。そしてこれについては、最近の文献にいくつかの例がある。社会活動の機能は、個々人に与えるその効果を吟味することによって見出されるはずであるから、その効果は平均的個々人の中で、あるいは平均的と例外的と両種の人々の中で研究される。さらに進んでこの仮説は、機能的一貫性つまり社会体系のまとまりを直接的に調査し、またできうる限り、おのおのの場合にそのまとまりの本質を決定しようという試みに導く。このような野外研究は、他の観点、たとえば伝播に重点を置く民族学的観点から行われた研究とは、多くの面で、明らかに異なっているだろう。我々は一つの観点が他の観点よりも優れているという必要はない。しかしただ、それらが異なっているということ、またあらゆる個々の研究は、それが何を目的としているかということと関連して判断されるべきであるというのである。

ここで略述した見解が「機能主義」の一つの形として受け取られるならば、レッサ (Dr. Lesser) の論文について、二三所見を述べてもさしつかえないだろう。彼は機能主義人類学と非機能主義人類学の「内容」の差について言及している。ここで提出された観点からすれば、社会人類学の「内容」すなわち主題は、あらゆる面からみた人々の社会生活全体である。取り扱いの便宜上、社会生活のある特定な部分や特定の側面に、特別な注意を注ぐという必要もしばしば生ずる。しかし機能主義というものが何かを意味するとするならば、それは人々の社会生活全体を機能的まとまりとして眺めようとする試みを意味しているのである。

レッサは、機能主義は「文化の心理学的側面」を強調するものであると述べているが、それは彼がここで、社会の諸慣例は、個々人の生活の面でのそれらの効果——つまり個々人の思考、感情、活動におけるそれらの効果——を通じてのみ作用する、すなわち「機能する」と考える機能主義者の認識について述べているのだと私は推定している。

それ故にここで提出された「機能主義者」的観点では、社会生活のすべての側面を、お互い同士の関連を考慮に入れながら、できるだけもれなく調査しなければならないこと、およびこの仕事の一つの本質的部分は、個人についての調査であり、個人が社会生活によって型づけられ、それに順応させられていく道程の調査であるという意を含んでいる。

内容から方法に移ると、レッサは、機能主義的観点と歴史主義的観点との間に何か衝突を発見した模様である。これは以前に行われた社会学と歴史学の間の衝突を見出そうという試みを思い起こさせる。ここには衝突の必要はなく、相違があるのである。

機能主義的仮説と、あらゆる文化、あらゆる社会体系は歴史的な一連の偶発事件の独自な結末であると考える見解の間には、何の衝突もないし、あるわけもない。五本のひずめを持った祖先から、競走馬が発達してきた過程は、一連の独自な歴史的偶発事件である。しかしこのことは、今日の馬およびそれに先行したすべての馬類が、生理学的法則——つまり有機体の存在に必要な諸条件——に適合している、もしくは適合していたという生理学者の見解と衝突するわけではない。古生物学と生理学は衝突しない。競走馬についての一つの「解釈」は、その歴史の中に見出さるべきである――今日あるような状態や今日あるような場所にそれはどのようにして到達したのか――。もう一つのまったく前者とは異なった「解釈」は、いかに馬が生理学的諸法則の特殊な例であるかを提示することである。同様に社会体系についての一つの「解釈」は、その歴史であろう。その歴史の中で我々は、それが今日あるような状態に、また今日あるような場所に、どのようにして到達したのか、という詳細な説明を知るのである。社会体系のもう一つの「解釈」は、それが社会生理学の諸法則、すなわち社会機能の一つの特殊な例であることを示すことによって(機能主義者はそうしようとしている)、得られるのである。二種の解釈は衝突するのではなく、互いに補足しあうのである。[原註8]

機能主義的仮説は、ある民族学者たちによって主張されている二つの見解とは相入れない。そしてそれらがしばしば厳密な公式化なしに主張されているとはいえ、その研究法にとって対立の原因となるのは多分次のようなものである。一つは文化の、「つぎはぎ」理論であって、この名称はロウイ(Prof. Lowie)[原註9]が、「計画性のない、ごちゃまぜな物、文明と名づけられているつぎはぎの物」と述べている部分から借用してきた。いわゆる文化特性の分布に注意を集中すると、純粋に歴史的な偶然によって一カ所にもたらされ、相互に偶発的な関係しか持っていないような、別々の実在(いわゆる特性)の集合として、文化を考えるような概念を産み出す傾向がある。この概念が公式化され、何らかの厳密さを伴って主張されたことはめったにないが、半ば無意識的な観点となって、多くの民族学者の考え方を支配しているようにみえる。もちろんこれは社会体系の機能的まとまりという仮説とは衝突する。

機能主義的仮説と直ちにぶつかり合う第二の見解は、機能主義者が求めているような有意の社会学的法則などは発見されるものでないという見解である。私は二、三の民族学者たちがこの見解を持っているのを知っているが、私の方からいえば、彼らが何を意味しているのか、あるいはどのような証拠（論理的なあるいは経験的な）に、この論争の基礎を置こうとしているのかを知ることは不可能であることを発見した。あらゆる種類の主題について二種の一般化の方法がある。一つは共通意見の一般化であり、もう一つは体系的に行われた正確な観察によって提供された証拠を、体系的に吟味することによって、正当とみなされ、主張された一般化である。後者の方の一般化が科学的法則とよばれる。人間社会には何の法則もないと主張する人々は、人間社会について一般化がないと主張することはできない。何故なら彼ら自身、このような一般化を有しており、彼ら自身の新しい一般化を作りさえしているのであるからだ。それ故彼らは、物理的・生物的現象とは異なって、社会現象の分野においては、現存する一般化を体系的にテストしたり、新たな一般化を発見したり検証したりする試みすべては、何か説明されない理由によって馬鹿げたことであり、ラディン（Dr. Radin）のいうように「月に吠える」ことであると主張しなければならない。このような論争に対する議論は無益であり、まったく不可能なことである。

原註1 この論文はアメリカ人類学会でレッサが発表した論文に対する私のコメントに基づいており、レッサの論文と共に収録された *American Anthropologist*, Vol. XXXVII, p.3, 1935 からの再録。

2 この用語を正確な形式で使用することに固執するのは、ここで引用されることになっている類比のためだけのことである。私は生理学において機能という用語が、器官の活動およびその結果が、生命の保持において果している効果の両方を意味するのに用いられることに少しも異議をとなえるわけではない。

3 対立、すなわち組織され統制された敵対は、もちろんあらゆる社会体系の一つの本質的な特性である。

4　ここでディスノミアとよんでいるものについて、デュルケムはアノミア（anomia）（アノミー anomíe はフランス語）という語を使用している。これは私には不適当に思える。健康と病気、ユーノミアとディスノミアは、基本的に相対的な用語である。

5　私は個人的には、デュルケムの社会病理学の一般理論に対するロジャー・ラコム（Roger Lacombe）の批評、（『デュルケムの社会学的方法』（*La Méthode Sociologique de Durkheim*, 1926 四章）および、ヘルバッチ（Halbwachs）の『自殺の諸原因』（*Les Causes du Suicide*）によって提出された、デュルケムの自殺の取扱いについての批判に、概して賛成である。

6　たとえばプラトンの共和国第四冊を見よ。

7　誤解を避けるために、このユーノミックおよびディスノミックという社会状態の区別は、これらの社会が「良い」とか「悪い」とかいう評価を与えるものではない、ということを注意しておくのが多分必要であろう。多婚、人食い、邪術を行っている未開部族の方が、一九三五年のアメリカ合衆国よりも高度の機能的まとまりと一貫性を示すこともありうる。この客観的判断――科学的であるならば、そのようなものでなければならない――二つの社会体系のどちらがよいかとか、どちらがより多く望まれ、賛成されているかというような判断とはまったく異なったものなのである。

8　二種の研究――歴史主義的と機能主義的――が、何故完全な調和を保ち、並行して行われるべきではないのかという点について、私は何の理由もわからない。事実、私は十四年にわたって、民族学の名の下に、考古学とも密接な関係をもって諸民族の歴史的・地理的研究を、教えてきたし、社会人類学の名の下に、社会体系の機能主義的研究を教えてきた。私は、二つの主題を一緒にし、混乱させることは多くの不利があると思っている。「民族学と社会人類学の諸方法」（The Methods of Ethnology and Social Anthropology, *South African Journal of Science*, 1923, pp. 124—47）を見よ。

9　*Primitive Society*, p. 441.『原始社会』河村只雄訳、この見解の簡明な叙述は、ルース・ベネディクト（Dr. Ruth Benedict）の「北アメリカの守護霊の概念」（The Concept of the Guardian Spirit in North America, *Memoirs*, American Anthropological Association, 29, 1923）八四頁にみられる。「我々が見る限りでは、ああやったり、こうやったりして組合せながら人間はその文化を別々の要素から作り上げたというのが、人間本性の根本的な事実である。そしてその結果、有機体は機能的に相互に連関しているという迷信を我々が捨てた時にはじめて、我々はその文化の生命を客観的に眺めたり、その表示を規制したりすることができるだろう」。私はロウイもベネディクトも、現在では、文化の性質についてのこの見解を支持してはいないことと思う。

第十章　社会構造について[原註1]

何人かの私の友人たちが、この機会を利用して、社会人類学に関する私自身の観点について二、三意見を述べるべきだと提案してくれた。そして三十年前ケンブリッジ大学や、ロンドン・スクール・オブ・エコノミックスで教鞭をとって以来、私は一貫して社会構造研究の重要性を強調してきたので、私に与えられたこの提案は、私がこの問題について何かを発言すべきだということであった。

私が個人的弁明をすることから始めても、お許しいただけるものと思う。私は「社会人類学の機能主義学派」とよばれるものに属しており、さらにそのリーダーであるとして、あるいはそのリーダーの一人であるとして今までに一度ならず記述されてきた。機能主義学派とは実際には存在しないもので、これはマリノウスキー（Prof. B. Malinowski）によって作り出された一つの神話である。彼の言葉を引用すれば、どのようにして「人類学の機能主義学派という輝かしいタイトルが、私自身により私自身の流儀で、また大いに私自身の無責任感から、用いられるようになったか」ということを説明している。マリノウスキーの無責任さは不幸な結果をもたらした。何故ならこれは人類学上に「機能主義」に関する論議の深い混迷を広めてしまったからである。ロウイは十九世紀における指導的な

――唯一人のというわけではないが――機能主義の代表者は、フランツ・ボアス（Prof. Franz Boas）であるといっている。そこで私がボアスの後継者であるとか、マリノウスキーの先行者であるとかいわれたとしても、私にはそれが純粋に年代記的意味の他には、意味があるとは思えない。私が「機能主義者」であると述べられても、私には、それが何らかの明確な意味をいい表わしているとは思えないのである。

自然科学では、このような意味での「学派」が存在する余地はない。そして私は社会人類学は自然科学の一分派だと考えている。あらゆる科学者はその先行者の業績から出発して、重要であると考えるような問題を発見し、観察や論理により、理論の発展に何らかの寄与をするよう努力する。科学者間の協力は、彼らが同一のあるいは関連ある諸問題について研究しているという事柄に起因する。このような協力は、哲学や絵画において諸派があるというような意味で、学派の形成を導くことにはならない。科学では正統派とか異端派という余地はない。科学において教義を固守しようとする試み以上に有害なものはない。一人の教師がなしうることのすべては、学習の点で、科学的方法を学生に理解させ、それを使用する手助けをすることである。門弟を作ることが教師の仕事ではない。

私は社会人類学を人間社会の理論的自然科学として理解している。すなわち、物理学や生物学において使用されている方法論と本質的には類似した方法論によって、社会現象を探究することである。もし誰かがお望みならば、私は進んでこの学科を「比較社会学」とよびたい。重要なのは主題それ自体であって、名前ではない。ご存じの通り、ある民族学者や人類学者は、社会現象に自然科学の理論的方法論を応用することは不可能であるとか、あるいは少くとも不適当であるとかという見解に立っている。これらの人々にとっては、私が定義したような社会人類学などというものは、存在しないか、あるいは決して存在しないだろうといった類のものなのである。もちろん、彼らにとって、私の意見は何の意味も持たない、あるいは少くとも私の意図したような意味は持っていない。

私は社会人類学を人間社会の研究として定義したのであるが、一方ではそれを文化の研究として定義している人々もいる。この定義の差は大して重要ではないとあるいは思われるかもしれない。ところが実際のところ、この差は二つの異なる種類の研究に通じるのであり、その間では諸問題を公式化していく点で同意を得ることはほとんど不可能である。

社会現象の予備的な定義として我々が取り扱わなければならないのが、個々の有機体間の結びつきにみられる諸関係であるということは、十分に明らかであるようにみえる。蜜蜂の巣には、女王蜂、働き蜂、雄蜂の結びつきという関係がある。群をなす動物の結びつきもあれば、母猫と仔猫らとの結びつきもある。これは社会現象であって、誰かがこれらを文化現象とよぶだろうとは私は思っていない。人類学においては、我々はもちろん、人類にのみ関心を有しているのであって、社会人類学においては、私の規定に従えば、我々が探究すべきものは、人類の中に見出される結びつきの諸形態なのである。

社会人類学者が関心を持つような、具体的に観察しうる事実が何であるか、ということを考えてみよう。もしも我々が、たとえばオーストラリアのある地域の住民の研究にとりかかるならば、我々はある自然環境の中で生きている何人かの個々の人間を発見する。我々は個々人の行動や、もちろん言語を使用する行為とか、過去の行為によって生み出された物質的産物も含めて、行動の諸種の行為を観察することができる。我々は「文化」を観察するのではない。何故ならこの語は何ら具体的な実体ではなく、一つの抽象概念であり、そしてそれが一般に用いられているように、ある漠然たる抽象概念を表わしているのである。ところで直接に観察すると、これらの人々は、社会関係の複雑な網の目によって結びついているということが我々に明らかにされるのである。私は「社会構造」という用語を、この現実に存在している諸関係の網の目を表わすために用いることとする。そしてこれこそ、私自身が民族学者や心理学者としてではなく、社会人類学者として研究をしていくならば、私がなすべき仕事であるとして考えている事柄なのである。私は社会構造の研究が社会人類学のすべてだとは思っていないが、しかし非常に重要な意味において、それはこの科学のもっとも基本的な部分であると考えているのである。

自然科学についての私の見解は、我々の感覚を通じて宇宙が我々に明らかにされる時、その宇宙の構造を体系的に探究することである。科学にはある異なる重要な分野がある。それらの何れもある種類の構造を取り扱っているのであって、その種類のあらゆる構造上の特性を発見することを目的としている。だから原子物理学は原子の構造を、化学は分子の構造を、結晶学やコロイド化学は結晶およびコロイドの構造を、解剖学や生理学は有機体の構造を取り扱っている。それ故、その構成単位が人間であるような社会構造の一般的特性を発見することをその任務とする、自然科学の一分野の余地もあるのだということを私は示唆するのである。

社会現象は自然現象とは別個のものから成っている。社会現象はすべて何らかの方法によって、社会構造に含まれているか、あるいは社会構造から起因しているということで、社会構造の存在と結びついている。社会構造は個々の有機体が実在するように実在するものである。一つの複合有機体は一定の構造に配置された生きている細胞群と、その間の分泌液の集合であり、そして生きている一つの細胞は、同様に複合した分子の構造的配列からなっている。有機体の生命の中で我々が観察する生理的、心理的現象は、有機体を構成するその成分となっている分子や原子の性質の単なる結果ではなく、それらが統一されている構造の結果である。そこで我々があらゆる人間社会において観察する社会現象も、個々の人間の性質の直接的な結果ではなく、彼らが統一されている社会構造の結果なのである。

注意しなければならないのは、我々が社会構造を研究しているということは、社会関係を研究しているということと正確には同じではないという点である。——ある社会学者たちは、自分たちの主題を定義して同じだといっているが——。二人の人間の間の特定な社会関係は（彼らがエデンの園のアダムやイヴでない限りは）、多くの他の人々を含む広範な社会関係の網の目の中の一部としてのみ存在している。そして私が考える我々の探究の目的は、この網の目なのである。

もちろん私は「社会構造」という用語が、多くの異なる意味に用いられており、あるものは非常に漠然としているということに気づいている。これは不幸にも人類学者によって一般に用いられている他の多くの用語についてもあてはまる。用語の選択およびその定義は科学上の便利さの問題であるが、科学というものの特性の一つは、それが最初の形成期を過ぎると、その科学に携わるすべての学究によって、正確に同一な意味において使用される専門用語が存在することである。この点からすれば、残念ながら、社会人類学はまだ形成された科学ではないことを暴露している。それ故我々は我々自身のために、ある用語に対して、科学的分析にもっとも便利そうに見える定義を選ばなければならない。

ある人類学者たちは、社会構造という用語を、持続性のある社会集団、すなわち国家とか部族、クランといったように、それらの成員の交替にもかかわらず、個々の集団としての継続性およびその同一性を保持しているような社会集団のみを指すために使用している。エヴァンス＝プリッチャード（Dr. Evans-Pritchard）は、ヌーア（Nuer）族についての近刊のすばらしい書物の中で、社会構造という用語をこの意味で使用することにしている。たしかにこのように持続性のある社会集団の存在は、構造のとりわけ重要な側面である。しかし私は社会構造という用語の中に、これ以上の多くのものを含めた方がもっと有効であると考えている。

第一に、私は社会構造の一部として人対人のすべての社会関係を考えている。たとえばあらゆる社会の親族構造は、父と息子とか、母の兄弟と彼の姉妹の息子といったような多数の二者間の関係から成立っている。オーストラリアの一部族では、系譜的関連を通して確立されている人対人のこのような関係の網の目の上に、全社会構造が基礎をおいているのである。

第二に、私は社会構造の中に、社会的役割によって生じた、個々人や階級の分化をも含めている。男性と女性、首長と平民、雇用者と被雇用者というような分化した社会的地位は、異なるクランや異なる国家に属しているというのとまったく同様に、社会諸関係の決定要因である。

社会構造の研究においては、我々が関心を持っている具体的な実体は、ある定められた時間に、ある一定の人々を共につなぎ合わせるような現実に存在する諸関係のセットなのである。我々が直接に観察できるのは、これについてである。しかし我々がその特殊性について記そうと試みるのはそれではない。科学は（歴史や伝記とは異なって）特異なもの、独自なものに関心を持たない。ただ一般的なもの、本質、再起する事柄に関心を持つのである。トム、ディック、ハリーの実際の関係、あるいはジャックやジルの行動は、我々のフィールド・ノートに記録されるかもしれないし、一般的な記述にとっての説明を提供するかもしれない。しかし我々が科学的目的のために必要なのは、構造の形態についての説明である。たとえば、もしオーストラリアの一部族の中で、母の兄弟と姉妹の息子という関係に立つ人間のお互い同士の行動を、多くの例において私が観察するとするならば、それは私ができるだけ正確に、この関係の一般的な、正常の形態を——個別的事例の変差を考慮に入れはするが、これらの変差から抽象された——記録することができるようにするためである。

この重要な区別、すなわち直接に観察され、現実に存在する具体的な実体としての構造と、調査者が記述してくるものとしての構造的形態の間における区別は、時間をこえた社会構造の継続性を考慮することによっておそらくもっと明らかにすることができるだろう。この継続性とはビルディングのような静的なものではなく、生活体の有機的構造のそれのようなダイナミックな継続性なのである。有機体の生命のある限り、その構造は絶え間なく更新されている。同様に社会的生命も常に社会構造を更新している。こうして人と人、集団と集団の実際の関係は、毎年毎年、あるいは毎日毎日ですらも変化している。新成員が出生や転入によりコミュニティに入ってくる一方、死亡や転出によって他の人々はそこから出ていく。結婚や離婚もある。友人が敵となるかもしれないが、敵と和平を結び友人になるかもしれない。実際の構造はこんな風に変化するわけであるが、一般的な構造形態は長い短かいはあっても、ある期間にわたって比較的一定に留まっているかもしれない。たとえばもし私が比較的安定したコミュニティを訪れ、また十年の間隔をおいて再びそこを訪れるとすれば、その成員の多くが死に、また他のものが生まれていることを発見するだろう。また現存している成員も今では十歳年をとり、彼らのお互い同士の関係も多くの点で変化しているかもしれない。しかしなお私は私が観察できる関係の種類は、十年前に観察したそれとはほとんど変っていないということも発見するだろう。構造的形態は少ししか変化しなかったのである。

しかし反面、構造的形態は、時には緩慢に、また時には革命とか軍事的征服においてみられるように、かなり急速に変化するかもしれない。とはいえもっとも革命的な変化においてさえも、構造のある継続性は保持されているのである。

社会構造の空間的側面について二、三述べなければならない。外的接触がまったくなく、完全に孤立しているコミュニティを我々が発見することは稀である。歴史の現時点では、社会関係の網の目は全世界を被っており、どこかで、連続性がまったく途切れてしまっているということはない。このことは、社会学者が現実には当面していないように私には思われる困難さを浮び上らせてくる。つまり「一つの社会」という用語によって、何を意味させるかということを規定する困難さである。社会学者は一般に、社会をあたかもそれらが他から区別することができる分離した実在であるかのように口にする。そしてたとえば一つの社会は、一つの有機体のようなものであると我々は聞かされる。では大英帝国とは一つの社会なのか、いくつかの社会の集合なのか、中国の村落は一つの社会なのか、あるいは中華民国の単なる一部なのだろうか。

もしも我々が、我々の主題は人間社会の研究と比較であるというならば、我々が関心を抱いている単位の実体が何であるか当然述べることができるはずである。

もしも我々がどこか適当な大きさの便宜的な地域を取り上げるならば、その地域の中であちらこちらに見え隠れしているような構造的な体系——つまりその地域の住民同士、および彼らと他の地域の住民とを結びつける諸関係の網の目——を研究することができる。このようにして我々は望む限りの多くの地域の社会構造の諸体系を観察し、記述し、比較することが可能である。私がいおうとしていることを説明するために、シカゴ大学の最近の研究二つに言及するのがよいであろう。一つは、エムブリー(Dr. John Embree)による日本の一村落、須恵村の研究であり、他はマイナー(Dr. Horace Miner)によるフランス系カナダ人のコミュニティ、セント・デニス(St. Denis)の研究である。

社会構造のこの概念と密接に関係しているのが、ある社会構造の中である人が占めている位置としての「社会的パーソナリティ」の概念であって、それは彼が他の人々との間に有する社会関係のすべてによって形成される複合である。社会の中で生きている各人は二つの面を持っている。人は個体(individual)であり、同時に人間(person)でもある。個体として、人は生物的有機体であり、複雑な構造内に組織された巨大な数の分子の集合体であり、それが存続する限り、その構造の中では生理学的心理学的活動、反応、進行、変化が生じているのである。個体としての人は生理学者や心理学者の研究対象である。人間としての人は、社会的諸関係の複合である。彼は英国の一公民であり、夫、父、煉瓦工であり、特定なメソジスト派の成員であり、ある選挙区の投票者であり、トレード・ユニオンの成員であり、労働党の支持者であるなどである。今述べたことすべてが、一つの社会関係に、すなわち社会構造内部の一つの位置にかかわり合っていることに注目されたい。また社会的パーソナリティは、その人間の一生を通じて何かしら変化するものであるということも注目されたい。人間としての人は、社会人類学者にとっての研究対象である。我々は社会構造の面から以外には人間の研究はできないし、その構成の諸単位である人間の面から以外には社会構造の研究も不可能である。

もしもあなた方が個体も人間も結局は実際のところ同じ物なのだといわれるならば、キリスト教の教義を思い起こしていただきたい。神は三位(three persons)である。しかし神が三つの個体であるということは、死罪にも処せられたほどの異端の罪なのである。しかも個体と人間を区別しないのは、単に宗教における異端の問題ではない。それはさらに悪いことであって、科学における混乱の源泉なのである。

さてこれまでに、社会人類学のとりわけ重要な分野として私が考えているものの主題を、十分に定義したと期待している。採るべき方法論は、この定義から直接に導き出される。それは単独社会（特定コミュニティ内で観察しうる構造的体系）の集中的研究と、多くの社会（異なる型の構造的体系）の体系的比較研究が組合わされなければならないということである。比較法を用いることは欠かせない。単独社会の研究は比較研究にとって材料を提供したり、あるいは他の社会を参照することによって吟味される必要のある仮説に対して、根拠を与えることにもなろう。単独社会の研究では、論証された結果を示すことはできない。

我々の最初の仕事は、もちろん、できるだけ多く構造的諸体系の変差や多様性を学ぶことである。これは野外調査を必要とする。民族誌の著者の多くは、社会構造について何々かの体系的説明を、我我に与えようとは試みない。しかし、英国や米国の数人の社会人類学者は、このようなデータの重要性を認識しており、彼らの業績は着々と積み重ねられ、我々の研究にとって材料を提供してくれている。さらに彼らの調査は、もはや、いわゆる「未開」社会に限定されていないで、シシリー、アイルランド、日本、カナダおよびアメリカ合衆国のような地域のコミュニティにも伸展している。

しかしながら、我々が諸社会についての真の比較形態学を持つということであるならば、我々は構造的諸体系の型のある種の分類を組立てることを目ざさなければならない。これは複雑な困難な作業であり、私自身三十年にもわたってこのことに関心を集中してきた。しかし、この種の仕事は多くの学者の協力を必要とするものであり、現在のところこのようなことに積極的に興味を示している人々は数人しか数えあげることができないように思う。にもかかわらず、若干の進歩がなされていると考えている。しかしこのような仕事はめざましい成果を生み出すことはないし、この問題を取り扱った本が人類学のベストセラーとなることは、まずないであろう。

我々は化学と生物学が、一方は物質、一方は動植物というように、それらが取り扱っている物体についての体系的分類に関して相当な進歩がなされるまでは、十分に完成された科学とはならなかったということを記憶しておくべきである。

定義づけとか多様な構造的体系の比較、分類といったようなこの形態学的研究に加えて、生理学的研究もある。ここでの問題は、構造的諸体系はどのように存続しているのか？　実在する社会諸関係の網の目を保持しているメカニズムとは何か、またそれらはどのように働いているのか？　などである。形態学とか生理学とかいう用語を用いることで、私が社会と有機体の類比をする考え方に逆もどりしているようにみえるかもしれない。この類比は中世の哲学者に非常に普及し、十九世紀の社会学者にも引きつがれ、しばしば誤って使用されたが、近年では多くの学者たちによって完全に拒否されている。しかし類比は、正しく使用されるならば、科学的思考に大切な助けとなるし、また有機的構造と社会構造との間には、真のまた有意の類比が存在するのである。

私が今こんな風に社会生理学とよんでいるものでは、我々は社会構造に関心を持つばかりでなく、あらゆる種類の社会現象にも関心を有している。道徳、法、エチケット、宗教、政治、教育は、すべてそれによって社会構造が存在し、存続する複雑なメカニズムの部分である。もしも我々が、構造的観点をとるならば、我々はこれらの事柄を、抽象化したり孤立化させることなく、社会構造とそれらの直接的間接的関係において研究するのである。すなわち人間と人間との、および集団と集団との社会関係にそれらが依存し、あるいは影響を与えている方法との関連において研究する。これが何を意味しているかについてはごく短かい説明を加える以上に、ここでふれることはできない。

最初に言語の研究について考えよう。一つの言語はある限定された言語コミュニティ内において行われていることばの使用法の、一連のセットである。言語コミュニティの存在とその規模は社会構造の特性である。それ故、社会構造と言語の間には、ある非常に一般的な関係がある。しかしもしも我々が特定言語の特性について――その言語の音韻学や形態学、さらにもっと深く語彙についてまで――考えるならば、その言語が語られているコミュニティの社会構造の特性と言語の特性との間には、一面的にも相互的にも、他を決定するというような直接的関連は存在しない。二つの社会は非常に類似した社会構造の型を持ちながら、まったく異なる種類の言語を有しているかもしれないし、またその反対もあるだろうということを、我々は容易に想像することができる。あるコミュニティにおいて、特定な型の社会構造と特定の言語が共存していることは、常に歴史的偶然の結果である。もちろん社会構造と言語の間には、ある間接的な遠隔的な相互作用があるかもしれないが、これらは大して重要でないようにみえる。このように言語の一般的比較研究は、比較的独立した科学の分野として、効果的に進めることができる。すなわちこの分野では、言語はそれが用いられているコミュニティの社会構造から抽象されて考察されるのである。

しかし一方、言語学史の中には社会構造ととくに関連して目立つ点もある。構造的な現象として例をあげれば、ラテン語が、ラティウムの小地域の言語から、他の古代イタリア系の言語、エトルリア語や、多くのケルト語にとって代り、ヨーロッパのかなりの地域にわたる言語となっていった過程、およびその後ラテン語がいくつかの異なる地方的言語に分裂し、最後には今日の様々なロマン派言語となっていった逆の過程が、これに当る。

このように、言語の伝播、つまり多くの別々の言語コミュニティが単一の言語コミュニティに統一されること、および反対に別々の言語コミュニティへ再分割されていく過程は、社会構造の現象である。また階級構造を持った社会で、階級が違えば言葉の使用法にも差があるというのも、こうした事例である。

私は第一に言語について考察した。それは言語学が、社会構造を参照することなしに、もっとも効果的に研究されうる社会人類学の分野であると思うからである。これには理由がある。言語を構成していることばの使用法のセットは一つの体系を形作っている。そしてこの種の諸体系は、それらの共通な一般的な、あるいは抽象的な特質を発見するために比較することができる。そしてその特質を決定することは、法則——とくに言語学の法則となるであろう——を提供してくれる。

社会人類学の他の諸分野、およびそれらと社会構造研究との関連をごく簡単に眺めてみよう。ある期間、たとえば一年といったような期間の、地域的コミュニティの社会生活をとりあげるならば、我我はそのコミュニティを構成している人々によって、とり行われているさまざまな活動のある全体を観察することができる。我々はまたこれら活動の配分、つまり、ある人はあることを行い、他の人は他のことを行うといったような配分についても、観察することができる。さまざまな活動のこうした配分は、時には労働の社会的分業とよばれているものと同じであって、社会構造の一つの重要な特性である。ところで活動は、それらがある種の「充足」(gratification)——私はそう呼ぶことを提唱する——を供給するが故に行われているのであって、社会生活の特性はある人々の活動が他の人々に充足を与えているという点である。簡単な例では、オーストラリアの一人の原住民が狩にいく時、彼は自分自身のためばかりではなく、妻や子供たち、また彼が肉を得た時には、与えることが義務づけられているその他の親族にも肉を与えることになる。こうしてあらゆる社会では、活動の配分のみならず、それらからもたらされる充足の配分もある。そしてまた比較的単純な、あるいは時には非常に複雑なある種の社会機構があり、それによってその体系が働くのである。

経済学者たちによって研究される特別の主題を構成するのは、この機構、あるいはその機構のある側面なのである。彼らはどのような種類の、どのような量の物品が生産されているのか、どのようにしてそれらが分配されているのか、(人から人へ、地域から地域への物品の流通)、またそれらがどのように処理されていくかという道程に関心を払っている。したがって、いわゆる経済制度は、多かれ少なかれ、残余の社会体系からは完全に抽象されて広く研究されている。この方法論は疑いもなく有効な結果を産み出している。とくに複雑な現代社会の研究においてはそうである。しかし我々がそれをいわゆる未開社会における物品の交換に適用しようと試みるや否や、それらの弱点がはっきりしてくる。

ある社会の経済的機構は、もしそれがその社会構造との関係において研究されるならば、まったく新しい光の中に浮び上ってくる。物品とサービスの交換は、ある種の構造、すなわち人と人、および人の集合体間の諸関係の網の目に依存しており、また、それから由来するものであり、同時にそれを保持していく一つの手段なのである。カナダの経済学者や政治家にとって、アメリカ北西海岸のポトラッチ(**potlatch**)(自己の威信のため、相手に多量の贈物をしたり、自己の貴重な物品を焼却、破壊するなどして消費する慣習——訳者註)は、まったく無駄で馬鹿げたことであって、それ故にポトラッチは禁止されてしまった。人類学者にとっては、これはリネージ、クラン、モイエテイのような社会構造——それらと特権によって規定された身分上の配置が結びつけられているのであるが——を維持するための機構である。

人間社会の経済的諸制度を十分に理解するためにはどんな場合でも、二つの角度から研究される必要がある。一つの角度では、経済的体系はさまざまな種類の、さまざまな量の物品が、生産され、運搬され、譲渡され、利用されている機構として眺められる。もう一つの角度からみれば、経済的体系は、物品やサービスの交換あるいは流通を維持し、またそれらによって維持されている、人間と人間、集団と集団の諸関係のセットである。第二の観点からいえば、社会の経済生活の研究は社会構造の一般研究の一部としての位置を占めている。

社会関係は、関係している人々の相互的な行動を、参照することによってのみ観察されるし、記述することができる。社会構造の形態は、それ故に、個々人や集団がお互い同士の交際の中で順応させている行動の様式によって記述されるべきである。これらの様式は、我々自身の社会では、エチケットや道徳や法の規則として区別されているさまざまの規則の中に、部分的には公式化されている。規則というものはもちろん、その社会の成員によって認められていることにおいてのみ存在する。それらは成員に言葉の上で——規則として述べられているような場合——認識されているか、あるいは行動の上で遵守されているかのどちらかである。認識の二つの方式は、野外調査者なら誰でも知っているように、同一ではないのであって、両者とも考慮に入れなければならない。

もし私が、どんな社会でも、エチケット、道徳、法のさまざまの規則は、社会諸関係のある一定のセットを、現存し維持している機構の一部なのであると述べたならば、至極、当り前のことをいっているととられるだろう。しかし、このことは人間社会に関する多くの研究家たちが、口では受け入れながら、理論的討議や記述的分析では無視している、当り前のことの一つなのである。ここでの論点は、規則があらゆる社会に存在しているというのではなく、科学的理解のために我々が知らなければならないのは、これらの事柄が一般的な、あるいは特定の事例において、どのように作用しているかということなのである。

たとえば、法の研究を考えてみよう。もし、あなた方が法律の文献を調べてごらんになるなら、法的諸制度は、大部分の場合、それらが一部である社会体系のその他のものから、多かれ少かれ完全に抽象化されて研究されていることに気づかれるであろう。このことは疑いもなく法律家が、その職業的研究をするに当ってはもっとも便利な方法である。しかし法の本質を少くとも科学的に探究するためには不十分である。科学者が取り扱わなければならないデータは生起する事柄であり、観察することができる事柄である。法の分野で社会科学者が観察することができ、したがってそのデータとして取り上げることができるのは、裁判所において記録された議事録である。これらは現実のものであり社会人類学者にとっては、それらは人間と人間、集団と集団との間の、ある限定できる社会関係が、復元され、維持され、あるいは修正されていく機構、もしくは過程なのである。法は機構の一部であって、それによって一定の社会構造が維持されている。特定社会の法の体系は、それが社会構造との関連において研究された時に、はじめて十分に理解することができるのであり、そして反対に、社会構造の理解は、第一に、法的諸制度の体系的研究を必要とするのである。

私は社会関係についてのべてきたが、今までそれを明確に定義して提示しては来なかった。一つの社会関係は二つもしくはそれ以上の個々の有機体間に次のような場合存在する。すなわち関心を収斂させることにより、あるいは関心の分散から生ずるかもしれない軋轢を制限することにより、各々の関心を何らかの形で調整する場合である。私はここで「関心」という用語をできる限り広い意味で、我々が目的を持つと考えるあらゆる行動を指すために用いている。関心という場合には、主体と客体および両者の間の関係が含まれる。我々が、主体はある関心を客体に有しているという時はいつでも、客体は主体にとってある価値を有しているということによっても、同じことを言い表わすことができる。関心と価値は相関的な用語であり、一つの非対称的な関係の両面を指している。

こうして、社会構造の研究は、社会関係の決定要因としての関心と価値の研究に直ちに導かれる。社会関係は関心が類似しているということからは生じないのであって、これは人々がお互い同士相互に関心を持つとか、あるいは人々が一つないしいくつかの共通の関心を持つとか、あるいはそれら二つの組合せに基礎を置いている。社会的連帯のもっとも単純な形態は、二人の人がある結果を引き起こすことに興味を持ち、終りまで協力することである。二人ないしそれ以上の人々が一つの客体に「共通の関心」を有した場合には、その客体はこのようにかかわり合った人々に対して、「社会的価値」を持っているということができる。そこでもし実際に一社会の全員が法の遵守に関心を持っているとするなら、その法は社会的価値を有しているということができる。この意味での社会的価値の研究は、それ故に社会構造研究の一部である。

初期の仕事で、私は儀礼的価値と便宜的によびうるものについて、つまり儀礼や神話に表現されている価値についての研究にとりかかったことがあったが、それはこの観点からであった。宗教は社会を結合させるセメントであるということも、多分またわかりきったことであろう。しかし科学的理解のためには、我々は宗教がいかにそれを行っているかということを正しく知る必要があり、これは多くの異なる型の社会の中で、長期にわたる探究を要するテーマである。

最後の例として、広範な人類学的文献が存在する呪術や妖術の研究について一言させてほしい。私はエヴァンス＝プリッチャードのザンデ（Zande）族の業績を指摘しよう。これは呪術や宗教を一つのコミュニティの成員の社会関係の中で、それらが果している役割と関連させて、体系的に探究した場合には、どのようなことができるかという一つの輝かしい例としてである。

私が簡単に述べようとしてきた観点からみると、社会の諸制度は、行動の規準化された様式という意味で機構を作り上げているのであって、その機構によって、社会構造――すなわち社会諸関係の網の目――が、その存在とその継続性を維持しているのである。私は「機能」という用語を使用するのにためらいを感じる。というのはこれは近年あまり沢山使われすぎたし、多くの意味に間違って用いられ、その多数は非常に曖昧だからである。科学的用語は本来区分をはっきりさせるために用いらるべきであるのに、今やこれはそうではなくて、区別されるべき事柄を混乱させるために用いられている。何故ならこの語は、「使用」「目的」「意味」といったもっと普通の言葉の代りに、しばしば使用されている。私には斧や掘棒の使用とか、言葉やシンボルの意味とか、立法行為の目的とかいう方が、これら様々の事柄の機能という語で表現するよりも、もっと便利でもっと賢明であり、また同じくもっと学問的であるように思える。「機能」とは生理学においては非常に便利な学術用語であった。そしてその学問において使用されている語と類比させることにより、社会科学においても、重要な概念を表現する非常に便利な方法となるであろう。私はデュルケムやその他の人々に従って、この語を使用することにすでに慣れているので、社会的に基準化された行為様式や思考様式の社会的機能は、それと社会構造との関係である――社会構造の存在や継続に対してそれはある貢献をなしているのであるが――として定義したい。類比的にいえば生きている有機体では、心臓の鼓動や胃液の分泌の生理学的機能は、それと有機体の構造との関係である――有機体の構造の存在と継続にそれは貢献しているのである――。犯罪処罰の社会的機能、オーストラリア諸部族のトーテム儀礼の社会的機能、あるいはアンダマン島民の葬礼の機能のような事柄に私が興味を持つのは、この意味においてである。

しかしこれはマリノウスキーやロウイが機能主義的人類学ということによって意味しているものではない。社会形態学とか、社会生理学と私がよんできたような社会構造研究の二つの区分に加えて、もう一つ、社会構造が変化していく過程、つまりどのようにして社会構造の新しい形態が出現するかということについての探究がある。無文字社会の中での社会変化の研究は、ほぼ必然的に変化の一つの特殊な過程に限定されてきた。すなわち西欧の侵入者や征服者による影響あるいは支配の下での社会生活の変化である。

ある何人かの人類学者の中では、最近この種の変化をいわゆる「文化接触」の面から取り扱うことが流行となってきている。この文化接触という用語は、異なる社会生活の形態を有し、異なる制度、慣行、思想を有する二つの社会、集団、階級、地域などの間に行われる一面的なあるいは両面的な相互作用の結果を意味していると我々は理解することができる。たとえば十八世紀にはフランスと英国の間に思想の重要な交流があったし、十九世紀にはドイツ思潮がフランス、英国に対して目立った影響を与えている。このような相互作用はもちろん社会生活に絶えず起こっている特徴ではあるが、しかしそれらは必ずしも社会構造の面での何らかの顕著な変化を伴っているわけではない。

ところがアフリカの無文字民族において生じている変化は、まったく別種のものである。ヨーロッパ諸国のアフリカ植民地や属領について考えてみよう。ここに昔はアフリカ人が彼ら自身の社会構造をもって住んでいた地域があるとする。ヨーロッパ人は、平和的あるいは武力的な手段で、いわゆる「植民地」政権の下にこの地域に支配を確立した。新しい社会構造が存在するようになり、発展していく。今では人口は相当数のヨーロッパ人――政府の役人、宣教師、貿易商人、ある場合には入植者――を含んでいる。この地域の社会生活は、もはやただ単に原住民同士の関係や相互作用に依存する過程ではない。新しい政治構造、経済構造が成長しはじめ、その中では、たとえ数がわずかではあっても、ヨーロッパ人が支配的影響を行使しているのである。ヨーロッパ人とアフリカ人は、この新らしい構造の中で、異なる言語、異なる慣習や生活様式、および一連の異なる思想や価値観を持った別々の階級を構成するようになる。この種の社会に対する便利な用語は「合成」社会（composite societies）であろう。「複合」社会（plural societies）という用語もまた提唱されてきた。合成社会の複雑な一例は、南阿聯邦（南アフリカ共和国——訳者註）にみられる。ここでは一つの政治・経済構造を持ちながら、住民はヨーロッパ人の子孫であって英語を話す英国系白人と、アフリカーナ語を話すオランダ系白人、およびケープ州に住むいわゆる「カラード」、すなわちオランダ人とホッテントット（Hottentots）の子孫、その他のホッテントット、およびケープ・タウンの「マレー人」すなわちマレー半島からの移住者の子孫、インドから来たヒンヅー教徒や回教徒とその子孫、さらにまた全体としてみればこの国の人口の大部分を占めている数多くのバンツー系諸族を含んでいるのである。

合成社会の研究、つまり、それらの内部における変化過程の記述や分析は、複雑であり難かしい仕事である。このような過程を、二つないしそれ以上の「文化」が相互作用して一つの文化になる過程として考察することにより、単純化しようという試みは、マリノウスキーによって提唱された方法であり、それは「アフリカにおける文化接触研究の諸方法」（Methods of Study of Culture Contact in Africa）と題して、アフリカ言語文化国際研究所のメモランダム十五号序文（一九三八）にみられるが、これは単に現実を回避する方法にすぎない。たとえば南アフリカ共和国で起こっている事柄は英国文化、アフリカーナ文化（あるいはボーア文化）、ホッテントット文化、種々のバンツー文化、およびインド文化の相互作用ではないのであって、作り上げられた社会構造——それ自体が変化の過程の中にあるのであるが――内部にいる個々人や諸集団の相互作用なのである。たとえばトランスカイの一部族で生じていることは、この部族が広範な政治・経済構造の体系に組みこまれたことを認識することによって、はじめて描写することができるのである。

先進社会に支配された所では、合成社会という結果になるのであるが、それらの支配を免がれている状態の未開社会の科学的研究についていえば、我々は不幸にも信頼するに足る歴史的なデータを、ほとんど完全に持っていない。記録がない過去に生じた変化の過程については我々は研究できない。ただ推論しうるのみである。人類学者たちは、オーストラリア人とか、メラネシア島民の社会の昔の変化について推論する。しかしこのような推論は歴史ではないし、科学には何の益もない。資料がある合成社会を除いて、それ以外の社会における社会変化の研究に関しては、信頼するに足る記録を取り扱っている歴史家の業績に頼らねばならない。

ある人類学者のサークルでは「進化主義的人類学者」という用語が、ほとんど乱用されている用語であることにあなた方は気づいていられるだろう。しかしこの語は大した区別なしに適用されているのである。たとえばルイス・モルガンは進化主義者とよばれているが、彼は有機的進化の論理を排し、社会に関していえば、進化ではなく、進歩を信じていたのである。その進歩とは、粗雑な石器や性的乱交から、蒸気機関やニューヨーク州ロッチェスター市にみられる単婚にまで、人類の物質的、道徳的な絶えざる向上を認めることであった。しかし、ボアスのような反進化主義者ですら進歩を信じているのである。

私は「進歩」という用語を、人類が発明や発見によって、知識を増大し、技術を改良することを通じ、物理的環境の上により大きな支配を獲得していく過程に対して用いるのが便利だと思う。我々が今日では空から都市の相当部分を破壊することができるという方法は、進歩の最近の著しい結末の一つである。進歩は社会進化と同一ではないが、しばしば社会進化と非常に密接に結びついている。

私の理解に従えば、進化とは、とくに構造の新しい形態発生の過程を指している。有機体の進化は二つの重要な特性を有している。(1)進化の過程で、少数の種の有機体から非常な多数の種の有機体が生じてきた。(2)有機体の構造は単純な形態から発達して、複雑な形態が存在するようになった。私は文化の進化とか、言語の進化とかいったような面には、何ら明確な意義を探し出すことはできないが、社会進化については、社会人類学者が認識し研究するべき実体であると考えている。有機体の進化と同じように、これは二つの特性によって定義づけることができる。第一は数少ない社会構造の形態から、多くのさまざまな形態が歴史の流れの中で生じてきた一つの過程があったことである。つまり多様化の過程があった。第二にこの過程を通じて、単純な形態から複雑な社会構造の形態が発展してきた、あるいはそれにとって代ってきたことである。

社会構造が、それらの複雑さの大小の程度に関連して、どのように分類されるべきであるかというのは、探究を要する問題である。しかし複雑さと構造体系のもう一つの特性、つまり、社会諸関係の広がりの範囲との間には、かなり密接な相関関係があることが証明されている。全体としての社会の広がりが狭い構造体系においては、平均的なあるいは典型的な人間は、少数の人々との間にのみ、直接的・間接的社会関係を持つ。この型の体系では、言語的コミュニティ――一つの言葉を話す人々の一団――は二五〇人から五〇〇人位を数えるかもしれない。一方政治的コミュニティはもっと小さいし、物品やサービスの交換による経済的関係も、ただ非常に狭い範囲にわたって広がっているのみである。性や年令による分化を別とすれば、人々の間のあるいは階級間の社会的役割の分化はごくわずかしかない。我々はこのようなものと、今日英国や米国で観察される社会構造の体系を対比させることができる。社会進化という用語の使用が適切であるだろう、と私が考えている人類史の過程は、社会構造の広域体系が狭域体系から生じてきた、あるいはそれにとって代ってきた過程であると規定してよいだろう。この見解が受け入れられるかどうかはともかく、私は社会進化の概念は、社会構造の面で規定される必要があることを提唱する。

この機会に社会構造の研究と文化の研究の関係を論ずる時間はない。この二種の研究をつなぎ合わせようとする面白い試みとして、グレゴリー・ベートソン(Mr. Gregory Bateson)の『ナベン』(*Naven*)をあげるにとどめよう。私は社会人類学全体とか、その多様な分野や区分のすべてを取り扱おうと試みたわけではなかった。ただ私は私の時間とエネルギーの相当な割合を費やす——そしてその割合は着々と増加してきたのであるが——ことが、科学的にみて有益であると悟った種類の研究について、私はここで非常に一般的な考え方を伝えたいと努力してきただけである。私が求めた唯一の報酬を、ある程度まで私は見出したように思う。それは自然科学の方法による、ねばり強い追求のみが提供しうるような、この世界の本質に対する見通し——我々もこの世界の一部なのであるが——のごときものなのである。

原註1　王立人類学協会での会長挨拶。*Journal of the Royal Anthropological Institute*, Vol. LXX, 1940 より再録。

第十一章　社会的制裁《サンクション》原註1

あらゆるコミュニティにはその中で普通に行われており、そしてその特定コミュニティを特徴づけるような行動のある様式が存在する。このような行動様式を慣例とよんでよいだろう。あらゆる社会慣例は、その背後に社会の権威を有しているが、それらの中であるものは制裁をうけ、あるものはうけない。制裁とは社会が、あるいはその社会成員の相当数が、各人の行動様式に対して示す反応であり、その際に是認するもの（肯定的制裁）と是認しないもの（否定的制裁）がある。制裁はさらにそれらが散漫であるか、あるいは組織されているかということで区別されるかもしれない。前者は個人個人として行為しているコミュニティ成員が、賛成とか不賛成を示す自発的表現である。一方後者はある伝統的なまた承認された手続に従って行われる社会的な行為である。あらゆる人間社会において、否定的制裁は肯定的制裁より明確であるということは重要な事実である。社会的義務とはそれを守らない場合には、ある種の否定的制裁が課せられるような行動の諸規則として定義されてもよいだろう。これらは、従って義務を伴わない社会慣例、たとえば慣習的技術的行為とは区別される。

あるコミュニティに存在するいろいろな制裁は、自己の行為を慣例と一致させようと規正する個人の動機を形作る。それは第一に個人が自己の仲間の賛同を得ようとし、非難を避けようとする欲求、またコミュニティが与える報賞を得ようとし、あるいはコミュニティが課する懲罰を回避しようとする欲求を通じて効果的である。また第二に、個々人はその仲間が行っているのと同じ方法で、賛成や反対の判断をしながら特定の行動様式に反応することを学んでおり、それ故に、個人は彼が属しているコミュニティに広くゆきわたっている行動に多かれ少かれ密接に適合している規準によって、彼自身の行動を予期したり、反省したりして測定しているという事実によって効果的である。良識とよばれているものは、このようにもっとも広い意味において、その社会が有するいくつかの制裁の個々人内部での反映なのである。

制裁の議論を開始するに当って、散漫な否定的制裁——それはそのコミュニティの一成員の特定のあるいは一般的行動に対して、不賛成の判断を作り出すような諸反応を含む——の考慮から始めるのが便利である。このような反応の中には、程度の差のみならず——何故なら不賛成はさまざまな程度の強さで感じられ表現されているから——また種類の差もある。このような差を規定し、分類することは難かしい。たとえば、英語では個人の行動に対する不賛成を表現する数多くの言葉がある。これらは、失礼な (discourteous)、ぶしつけな (unmannerly)、見苦しい (unseemly)、尊敬に値しない (unworthy) から、不体裁な (improper)、信用を傷つける (discreditable)、不名誉な (dishonourable)、評判の悪い (disreputable) を通って、無法な (outrageous)、恥ずべき (infamous)、まで異なっている。各社会、各文化は行動を判断するそれ自身の方法を持っており、これらはまず第一に単語を通して学ぶのが便利であるかもしれない。しかし異なる型の社会の比較研究がもっと進むまでは、散漫な否定的制裁の種類を体系的に分類することは不可能である。否定的な道徳的あるいは倫理的制裁は、賛成されない行動を起こしたある人に対して、コミュニティが非難する反応として暫定的に定義してもよいであろう。こうして、道徳的義務は、もしそれが守られなかった場合には、この種の反応をひき起こす行為の諸規則として考えられるかもしれない。それと区別できるもう一つの制裁は、ある個人の行動が彼の仲間たちからあざけりを受けることである。これは皮肉の制裁とよばれてきた。散漫な肯定的制裁の種類は、否定的制裁よりもっとはっきりしていないので、これを分類するのはより以上難かしい。

すでに述べてきた散漫な制裁から、いわゆる宗教的制裁(用語を拡充して)が区別されなければならない。これは超自然的制裁とか神秘的制裁ともよばれてきたが、これらの名前は二つとも意味内容が不十分である。宗教的制裁は、あらゆるコミュニティにおいて、それ自身義務として考えられているある種の信仰の存在によって作り上げられている。それ故にこれらの制裁が存在するのは、一つの宗教コミュニティ内においてのみである。それらはある個人がある種の行為をすることによって、宗教的状態の中で望ましい(よい)方向か、あるいは望ましくない(悪い)方向に向う、一つの変化を生み出すという形をとる。ある行為は神々や精霊を喜ばせるものとして、また、それらとの間に好ましい関係を打立てるものとして考えられている一方、別の行為は神や精霊を不快にさせ、あるいは何らかの点で、好ましい調和的な関係を破壊するのである。個人の宗教的状態は、これらの例では、個々人とその人に係る精霊との関係によって決定されるとみなされている。他の場合には宗教的状態における変化は、何らかの個人的な神もしくは精霊に及ぼす影響によって仲立ちされるのではなく、その行為それ自体の直接的結果として、考えられているようである。そのような見解は多くの単純社会において一般的であるばかりでなく、仏教や他のインドの高等宗教の特殊形態にも見出される。罪は否定的宗教的制裁に該当するすべての行動様式として規定されてよいだろう。宗教的善行すなわち望ましい宗教的状態を生み出すような行為、つまり罪の反対の行為に対する便利な用語は見当らない。

宗教的制裁の中には、大部分の儀礼的もしくは宗教的に不満足な状態（汚れ、不浄、罪深いこと）は、社会的に規定されあるいは承認された手続き、たとえばお祓い、供犠、ざんげ、告白、後悔によって、除去あるいは中和することができるという信念が含まれている。これらの贖罪的儀礼も、またその罪がどのような方法でなされているとと考えられているかに従って、直接的に行うとか、あるいは神々や精霊への効果を通じて間接的に行うとか考慮されている。

近代西欧文明では、通常罪は必らず任意的な行為、もしくは意図であると考えられているのであるが、多くの単純社会では任意的でない行為も、罪として定められた規定の中に入ることもありうる。病気――たとえばヘブライ人の間における癩病など――は、しばしば儀礼的あるいは宗教的汚れと類似のものと考えられており、それ故に贖罪あるいは儀礼的浄化が必要であるとみなされている。儀礼的あるいは宗教的不浄は、一般的な規則ではその個人にとって直接的な、危険もしくは危険の根源の一つとして考えられている。そこで、その人は浄化されることができない限り、病気になり、多分死ぬであろうと信ぜられているかもしれない。ある宗教では、宗教的制裁はこの人生において罪を犯したものは、後生において何らかの形の報いを受けるだろうという信仰の形をとっている。多くの事例は、儀礼的に不浄である人は、その人個人にとってのみならず、彼と接触する人々やそのコミュニティ全体にとっても、危険の源泉であると見なされている。それ故彼は多かれ少かれ、一定の期間、あるいは永久的にも、そのコミュニティの社会生活へ参与することから除外されるかもしれない。それ故に必ずしも常にではないにしても、しばしば浄化という過程をとり行うことを必要とするという一つの義務が、その罪ある人、すなわち不浄な人に課せられている。

このように宗教的制裁は、上述したような信仰や観念があるために、その他の散漫な諸制裁とは異なっている。そしてそれらを何か簡単な方法で規定したり記述したりすることはできない。何らかの点で似たような信仰は、幸運に関連した呪術的しきたりや手つづきの中にある。しかし宗教的な慣行やそれらと結びついた信仰は、ある宗教を信ずるコミュニティ内では義務的であるのに対し、呪術的なそれは義務的ではなくて慣習的であるという点で、技術的な手つづきに比較されるのである。

組織的諸制裁は、散漫な制裁が特別の発達をとげたものと考えられるべきであって、その際しばしば宗教に属する信仰の影響を受けていると思われる。組織的肯定的制裁、すなわち報償的制裁が大きく発達することは滅多にない。コミュニティ全体が勲功に対して個人に与える名誉、勲章、タイトル、およびその他の報償――特別年金のような金銭的報償も含めて――は、近代社会の特徴である。無文字社会においても、敵を殺した男は、何か特別の飾りをつけるとかその他の方法によって、彼自身を極立たせる権利を与えられたかもしれない。

組織的否定的制裁は、――その中では刑法上の刑罰的制裁が重要であるが――、その行動が社会的に非難されている人々に向けられた、はっきりと承認された手続きである。このような手続きには多くの種類があるが、もっとも重要でかつ広くゆきわたっているのは、以下のようなものである。非難あるいは嘲笑の公的表現――たとえば足かせをはかせ強制的に公けのさらしものにすることによって――に服させること。社会生活やその特権に一人前に参与することから、永久にあるいは一時的に部分的な除外をすること――この中には世俗的あるいは宗教的諸権制の永久的あるいは一時的喪失も含まれる――。社会的身分の特定な喪失、あるいは昇進という肯定的制裁の正反対である左遷。科料、強制的な差し押さえ、あるいは打こわしによって財産の損失を負わせること。身体的苦痛を負わせること。非難に永久にさらされた上にさらに苦痛が伴うような手足の切断や烙印。追放によってそのコミュニティから永久に除外されること。投獄。死刑。これらの制裁は、それらが政治的、軍事的あるいは教会の制度化された権威によって課せられた場合には法的制裁となる。

あらゆる社会において、さまざまな第一次的制裁は、多かれ少かれ社会的統制の機構を構成する体系的全体を形づくっている。宗教的制裁と道徳的制裁との間には近密な関係があるが、それは社会によって異なっており、簡単な公式でいい表わすことはできない。刑事上の法に関する第一次的法的制裁は、極度に非宗教化された近代国家を除いたあらゆる社会において、宗教的信仰と密接な関連を有している。

これらの第一次的制裁のほかに、それらを基礎として、第二次的といってよいようなある種の制裁が存在している。これらはある人々や集団が、他の人々や集団に実施するようなものと関係をもっている。たとえば、近代市民法では、ある個人が裁判所で損害を弁済するよう命令された場合、その命令の背後にある第一次的制裁は裁判所の権力であり、それはもし彼がその命に従わない場合には、彼の財産を強制的に没収したり、投獄したり、法廷侮辱として他の何らかの方法で彼を罰するのである。したがって第二次的制裁は承認された諸権利が侵害された場合に、コミュニティが——一般的にはその代表者を通じて——、あるいは個人がコミュニティの賛同を得て、遂行する手続きから成っている。これは誰でも被害を蒙った人は満足を得る権利があること、またそのような満足は被害の程度に何らかの点で応じるべきであるという一般原則に基づいている。

このような手続きの一種は報復行為から成っている。この報復という語が意味するのは社会的に容認され、統制されまた制限された復讐の諸行為である。たとえば、オーストラリアのある部族では、一人の男が他の人に対して犯罪を犯した時、後者は前者に一定数の槍やブーメランを投げつけること、あるいは時には前者の大腿部を槍で突きさすことが世論によって許されており、しばしば長老らによってはっきりと表明されている。被害者はこうした満足を与えられた後には、犯罪者に対してもはや悪感情を抱くことはないであろう。多くの無文字社会では、殺人の場合、その被害者が属していた集団に、犯罪者あるいはその集団の誰かを殺すことによって満足を得る権利を与えている。正規の復讐では、犯罪を犯した方の集団は当然の行為としてこれに従わなければならないし、またそれ以上の報復を試みてはならない。このようにして満足を得た人々は、それ以上悪感情を抱く根拠はないと思われている。

傷害を解消する満足は、また個人間の承認され統制された闘争である決闘を通じて、あるいは両集団間の同様な闘争を通じて得られることもある。オーストラリアの諸部族では、槍、ブーメラン、棍棒と楯、あるいは石のナイフを用いて行う決闘が、一方的報復の代りにしばしば行われている。そしてこれには、やりすぎた場合何時でも停止させられるように立会人がおかれている。これらの同じ部族には同様に二つの集団間の規制された闘争があり、時には、それがフェアプレイであるかどうかを見る他の集団が介在することもある。このような集団的闘争を戦争と区別して、一線を画するのはしばしば困難である。事実それらは文明社会というよりは、むしろ未開社会に特徴的である戦争の特別な型として、おそらく考えてよいであろう。それ故戦争は決闘とよく似た第二次的制裁として、しばしば考えられているようである。政治的集団は、万一その集団の諸権利が侵害された場合には、戦争をする用意があると相手を脅かすことによって、それらの承認された権利を保持している。もっとも単純な社会ですらも、戦争においてある種の行為は正しいが、ある行為は正しくないこと、戦争宣言はある状況においては正当であるかもしれないが、ある状況では正当でないことが認められているのであって、それ故戦争という行為もある程度まで散漫な制裁によって統制されているのである。

満足を授受する手段としては、賠償支払も報復に代るものとしてしばしば見出される。賠償金とはある人あるいは集団から他の人あるいは集団に、権利侵害というでき事を除去し、あるいは中和させるために支払われる何らかの貴重な物品である。これは特定状況の下では義務的である（つまり散漫なあるいは組織的な否定的制裁に従っている）という事実によって、和解のための贈物とは区別されるかもしれない。前もって権利の侵犯を予想し、それを受けとる人ないし複数の人々の同意を得て、行われる支払いも、賠償金と考えられるかもしれない。たとえば多くの社会では、結婚に際して嫁をもらうことは彼女の家族や親族の諸権利を侵犯するものとみなされている。それ故に彼らが娘を手放すことに同意するには、その前に彼らは賠償金を受けとるか、あるいはそのような約束をとりつけねばならないのである。これらの事例にみられる、賠償の過程は、金品の受渡しによって財産の権利を移行するという購売の過程とある類似点を有している。

多くの無文字社会においては、賠償の手続きは、世論の散漫な制裁の下で行われており、それは加害者に対して、彼がその権利を侵害した人に賠償するよう強制するのである。ある社会では、犯罪者の財産を強制的に差押えて賠償を受けるという権利が、被害者に認められている。社会が政治的に組織されている場合には、散漫な制裁によって裏づけられていた報復や賠償の手続きは、処罰を科す司法的権威の権力によって裏づけられた法的制裁に場をゆずることとなる。こうして、権利の侵害を蒙った人は、その責めを負うべき人から補償や復権を得ることのできるような市民法が生じてくる。

社会的制裁の諸機能を考察するに当って、もっとも重要なのは、その制裁が適用された本人に対しての制裁の影響ではなく、むしろそれを適用しているコミュニティ内での一般的な影響である。何故ならどのような制裁もそれが適用されるということは、そのコミュニティによって社会的感情が直接的に確認されることであり、そのことを通じて制裁の適用がこれらの感情を保持する重要な、多分本質的な機構となっているのである。とくに組織的否定的制裁は、そしてまた第二次制裁もかなりの程度まで、ある行いによってもたらされた社会的不安定状態《ディスフォリア》の表れである。制裁の機能は社会的安定状態《ユーフォリア》を回復することであって、それは第一次的制裁や、またある程度まで第二次制裁にみられるように、その行いによって影響を受けた感情をはっきりと集合的に表現することによって、あるいはコミュニティ自体の内部にある軋轢を除去することによって行われる。制裁はこのようにコミュニティの統合に影響を及ぼすでき事に対する、コミュニティの側からの反応であるという点で、社会学にとって主要な意義を持っているのである。

原註1 *Encyclopaedia of the Social Sciences*, Macmillan Co., New York, 1933, Vol. XIII, pp. 531-4 より再録。

第十二章　未開法[原註1]

多くの歴史法学派の学者たちは、分析学派とは異なって、法という用語を社会的統制の、すべてではないにしても、大部分の過程を含むものとして使用してきた。しかしながら、この用語は通常では、「政治的に組織された社会の力を、体系的に適用することを通じて行われる社会的統制」というように限定されている（パウンド Pound）。この限定された用法の方が、社会学的分析や分類の目的にとってより便利であるので、この論文でもそれを用いることになるであろう。そこで、法の分野は組織化された法的制裁の分野と隣接するものとして考えられるであろう。法的制裁のまったくない社会において、個々人に課せられている諸種の義務は、法ではなしに、慣習とか慣例上の事柄として考えられているであろう。つまりこの意味では、いくつかの単純社会は法を有していないが、どんな社会でも制裁によって支えられている慣習は持っているのである。

無文字社会に刑事法と民事法の近代的区分を適用しようと試みる際に生じてきたような混乱は、その代りに公的違法行為（public delicts）の法と私的違法行為（private delicts）の法の区分をすることによって避けることができる。どんな社会でも、ある行為が生じた時、それがコミュニティ全体によって、あるいは社会的権威をもつ任命された代表者たちによって、組織化された正規の手続がひき起こされるならば、その行為は公的違法行為である。それは、コミュニティ内部のある人に責任を負わせ、その責任のある人に、コミュニティあるいはその代表者たちが、傷害あるいは罰を加えるという結果をもたらす。刑罰的制裁とも名づけられるかもしれないこの手続きは、その基本形においては、ある強力な、また明白な道徳的感情に違反し、したがって社会的不安定状態《ディスフォリア》を生み出すような、コミュニティ内のある成員の行為に対して、コミュニティが行う対応行為である。対応行為の直接的機能は、不道徳をいきどおる集合的感情を表現し、そうすることによって社会的安定状態《ユーフォリア》を復元することである。そしてその本源的機能は、問題となっている道徳的感情を、そのコミュニティを構成している個々人のうちに、必要な程度の強さに保持することである。

無文字社会の刑罰的制裁に関しては、大して正確でない情報しか利用できない。単純社会において、公的違法行為として取り扱われているものとして知られている諸行為の中には次のようなものがある。近親相姦、すなわちそのような関係が禁じられている人々との結婚もしくは性的関係。コミュニティ内部の人に向けられた邪術すなわち邪悪な呪術。部族の慣習にくり返し違背すること。また神聖なものに対する冒瀆の諸形。多くの無文字社会では、刑罰的制裁は、主として――それのみではないにしても――コミュニティによって聖なるものと考えられているような慣習に違反する諸行為に、適用されている。そこでこの制裁自体は、ほとんど儀礼的制裁の一特殊形態として考えられるかもしれない。儀礼的制裁とは、ある行為あるいは事柄は、ある個人あるいはある集団を儀礼的に不浄な、あるいは汚れたものとするのであって、その汚れを除去するためには、特別の行為が要求されるという信念から由来している。刑罰的制裁の多くの実例をみると近親相姦というような行為は、それが生じたコミュニティ全体に汚れを引き起こすのであり、それに対する罰——その罪を犯した人々を殺すことを意味するかもしれないが——は、そのコミュニティを浄める手段であるということが、もっともらしく考えられているといってよい。政治的もしくは行政的権力が確立された場合には、その権力の命令にただすなおに服さないというだけのことさえも、刑罰的制裁を受け、公的違法行為として取扱われるかもしれない。さらにまた制度化された権威や、その権威を担っている人々に対して、あからさまな違反行為をすることが、刑罰的制裁を受けるかもしれない。したがって、社会的権威が首長らにある場合には、もしも平民に対して行われた時には私的違法行為となるであろうような違反行為も、首長に対して行われた時には、公的違法行為として取り扱われるかもしれない。

私的違法行為の法の手続においては、承認された諸権利が侵害されて、何らかの損傷、損失もしくは損害を蒙った人あるいは一団の人々は、制度化された司法的権威に訴える。その権威は、コミュニティ内の誰かある人もしくは一団の人々に、その責任があると宣告し、被告は原告に対して満足を与えるよう判決する。このような満足は、しばしば弁償や損害賠償の支払いという形をとっている。私的違法行為はこのように、いわゆる復権的制裁に従属している一つの活動である。無文字社会の私的違法行為についての法は現代の民事法に相応している。しかしここにはある重要な相違がある。一般的に現代法において単に民事法に含まれるような諸行為は、損害を与えはしているが、非難を受けるには当らないようなものである。したがって賠償金支払いを通じて表現される民事的制裁は、被告に損をもたらすけれども、これはとくに懲罰的というわけではない。しかし、現代の民事法においてすらも、法廷は特別の場合においては、「懲罰的損害賠償額」を宣告することができるだろう。その際には、犯した損傷行為は非難とそれ故に罰を受けるのが当然であるような種類のものであるという見解が表明されている。現代法において、ある行為が道徳に対する違反であり、同時に損傷をも加えている場合には、刑事法、民事法の両者の下で起訴しうるかもしれない。殺人や窃盗に対する罰則が強化されているのは、その行為によって害を蒙った人に対して復権がなされるべきであるという原則よりも、むしろその行為がコミュニティに対する罪であるという面においてである。

無文字社会においては、私的違法行為は、たいてい殺人、傷害、窃盗、姦通、債務不履行である。それらは第一次的にはコミュニティのある成員に対して損傷を与えていると考えられるが、一方また反社会的行為として道徳的非難をも受ける。その制裁はしばしば復権的であり、同時に抑制的であって、被害を受けた人に満足を与え、その傷害をひき起こした責任者に罰を課している。たとえばアフリカのある部族では、泥棒は盗んだものの二倍の値うちのものを、盗まれた人に対して返済することが要求されている。その基本形において、私的違法行為の法はコミュニティ内部の軋轢から由来する社会的不安定状態《ディスフォリア》を回避し、あるいは軽減するための一つの手続きである。同一コミュニティ内部の成員や集団に対して犯された罪は、被害者が損傷を受けたという意識を持つことによって、社会生活の動揺をもたらす。そしてこの動揺は、一人ないし複数の被害者に満足がもたらされた時に初めて終るのである。たとえばアフリカの固有法では、それに関係したすべての当事者たちがその決着に満足するまで、裁判官は事件を正しく処理したとは考えられない。

公的違法行為と私的違法行為の区別は、法は単一な起源を有するのではないという事実を説明している。コミュニティの成員によってコミュニティの道徳感に違反する行為がなされた時、これは次の三つの制裁を受けるかもしれない。(1)一般的すなわち散漫な道徳的制裁。それは罪を犯した人に彼の仲間が非難をあびせるものである。(2)儀礼的制裁。これは、罪を犯した人の中に、彼自身あるいは彼が接触した人々が危険となるような儀礼的不浄の状態をもたらす。——このような場合、慣習は彼が儀礼的浄化あるいは贖罪を行うことを要求するかもしれないし、あるいはまた罪の結果として、彼は病気に倒れ死ぬであろうと信ぜられているかもしれない。(3)刑罰的制裁。制度化された司法的権威として行動するある種の人々を通じて、コミュニティは罪を犯した人に罰を加える。この処罰はその行いによってひき起こされた道徳的いきどおりの集合的表現として考えられるかもしれないし、あるいはまたその罪ある人に贖罪を科することによってその行為の結果生じた儀礼的汚れを除去する手段として考えられるかもしれない。あるいはまたその両方かもしれない。

一方ある人あるいは人々の諸権利を侵害するような行為は、その損傷に責任ある加害者あるいはその集団に対して、被害者の側からの報復を誘引するかもしれない。このような報復行為が慣習によって正当と認められ、手続が慣習的に規制を受けているような時には、様々な型の報復的制裁が盛んであるといってよいだろう。無文字社会では、一般に戦争はこのような制裁にあたる。オーストラリアのホルドにおいて行われているように、あるコミュニティでは、戦争は通常一つの集団が、その蒙った傷害に関して、責任あると考えている別の集団に対して行う報復行為である。そしてこの手続は、現代国家の国際法と等しく一連の認められた慣習によって規制されている。組織化され規制化された復讐制度は、報復的制裁のもう一つの例である。故意であれ事故であれ、人を殺すということは被害者のクラン、地縁集団あるいは親戚に対する傷害となり、それに対しては不満を解消することが要求される。被害者の集団が仇討ちを求めることは正当とみなされ、しばしば死者の仇をとることが、その集団成員の義務である。報復的行為は、慣習によって規制されている。同害復讐法(lex talionis)は、復讐によって加える損害は受けた損害と同等であるべきことを要求し、また集団的連帯の原理は、復讐者が実際の殺人者以外の人、たとえば彼の兄弟とか、場合によっては彼のクランの成員の誰かを殺すことを許している。この制度が完全に組織されている場合には、最初の殺人に責任をもつ加害者の集団は、彼らの成員の誰か一人が殺されることを正当な行為として受入れ、それ以上の報復に出ないことが慣習によって要求されている。報復的制裁は、個人対個人の損傷に関係してもまた現われているようにみえる。たとえばある状況において、ある人が他の人に決闘を申し込むという権利が承認されている。オーストラリアの諸部族では、他人から損傷を受けた個人は、長老たちの同意によって、加害者に槍やブーメランを投げること、あるいは腿のように生命にかかわらぬ体の部分を槍でさすことによって、満足を得る権利が与えられているようである。報復的制裁のすべての事例において、被害者あるいは被害者の集団を満足させる慣習的な手続があり、それによってしばしばその損傷に責任ある加害者あるいはその集団に傷を負わせることにより、遺恨が表明されるといってよいだろう。それが効果的に作用しているところでは、その結果、罪に対するつぐないをすることとなり、被害者の中にある被害感や遺恨の感情が除去されることとなる。多くの社会において、報復は多かれ少かれ損害賠償の体系によってとって代わられている。すなわち人々もしくは集団は、ある人々もしくは集団を傷つけた時、彼らに何か貴重な品物を譲渡することによって満足を与えるのである。損害賠償によって満足を与える手続は、狭義の法的体系がまだ発達していない無文字社会において広く行われている。

北カリフォルニアで、政治的組織を持たず小さな村落に住んでいる食物採集狩猟民のユロク(Yurok)族においては、コミュニティに対する犯罪を取り扱う規則的な手続はない。したがって公的違法行為の法は存在しない。ある人が他の人に対して与えた損傷や罪は、慣習によって規制された損害賠償に従っている。すなわち、特権や財産の侵犯は正確に弁償されねばならない。またある人が殺されたことに対する損害賠償金、すなわち殺人補償金《ブラッド・マネー》（近親を殺された代償として受け取る慰謝料——訳者註）はその近縁の親族に支払われねばならない。争いや戦争が終れば、おのおのの組は相手方の組の殺された人に対して支払いをしなければならない。ここではただ損害という事実とその程度だけが考慮され、意図、犯意、過失、あるいは偶発性というようなことは問題にならない。一度傷害に対する損害賠償が受理されたあとでは、被害者がそれ以上の遺恨を心に抱くことは正当ではない。損害賠償の支払いは当事者間の協定によってとりきめられるのであり、何らかの法的権威に訴えるわけではないので、厳密な意味では私的違法行為の法は存在していない。フィリッピン、ルソン島北部で丘陵斜面を階段耕作して稲作を行い、政治組織もクラン組織も持たないイフガオ（Ifugao）族では、「世論の非難が一つの罰であることを除けば、社会はそれ自身に向けられた傷害を罰していない」。すなわち公的違法行為の法はなく、現実の刑罰的制裁も存しない。にもかかわらず、ある人が彼自身の親族の誰かに邪術をかければ、彼の親族によって殺される。一方兄弟姉妹間の近親相姦、親殺し、兄弟殺しは罰せられないといわれている。しかし、おそらくこれらの行為に対しては、強力に実効的な儀礼的制裁が存在しているであろう。ある人が他の人に対して罪を犯した場合、あるいはある人が他の人の権利を侵害した場合、それは両当事者間の親族の間に軋轢を生ずる機会となる。この親族には、父母を通じて第三親等、第四親等というような親族まで残らず含まれてくるのである。殺人、邪術、現場を発見された姦通、与えた損害に対して算定された損害賠償の支払拒否、支払う能力がありながら負債の支払いを執拗にかつ故意に拒否するといったような事件に対しては、罪を犯した人あるいは場合によっては彼の親族の一人を殺して報復するというのが、満足を得る正規の方法である。他の場合には、損害賠償の支払によって満足が与えられている。ここには論争を持ちこむことができるような司法的権威はない。協定は対立する二つの親族集団のどちらにも属さない仲介者によってとり運ばれる。ある人々は有能な仲介者として名をなしているが、このような人々が権威を持ったり、何らかの意味で、コミュニティ全体の代表者であるというわけではない。論争の間、両当事者は儀礼的反目あるいは対立の状態にあるが、解決に到達すると、和解の儀式に連なる。解決の尺度は慣習によって承認されており、ある状態では、支払はその授受をする集団が属している階級——富者、中産階級、貧民——に応じて差がある。このようにしてイフガオ族には、組織化された紛争処理体系が存在するのである。しかし法的権威がないのであるから、語の狭義の意味では、法の体系は構成していないのである。

証人を喚問し、責任を決定し、損害を算定するような承認された仲裁人や裁判官が存在する場合には法的体系の形成に向って、重要な一つの進歩がなされている。ただその時点では、裁判官によって判決された裁定を実施するに当って、何らかの力を伴ったある権威の存在が欠けているだけである。ある社会では、私的違法行為を取り扱う法的体系は、この方法で発展してきたということが論議——これは全面的に信ずるわけにはいかないとしても、なるほどと思わせる論である——されてきた。すなわち論争が仲裁人の前へ持ちこまれる。仲裁人は慣習を示し、その事件にそれをあてはめてみる。このような仲裁人の集会が正規の法廷として確立されるようになる。そして最後にはその社会に裁定を実施するためのある手続が発達してくるというのである。

これによく似た発展の型がカンバ族（Kamba）、キクユ族（Kikuyu）、テラカ族（Theraka）の慣行によって例証されている。彼らは東アフリカのケニヤ山の南部および南東部に住むバンツー系諸族で、散在する世帯がコミュニティを作っており、牛、羊、山羊を飼育し、手鍬で耕作した畑に雑穀を栽培している。彼らは首長を持たないが、はっきりした年令階梯に区分されており、その階梯の中の一つは、僧侶としての機能および司法的機能を果す長老たちから成っている。もしも誰かが自分の権利が他の人によって侵害されていると信じて紛争が生じた場合、双方の論争者はともに彼らが住んでいる一地区もしくは複数の地区の多数の長老をよび集める。そしてこれらの長老たちが、その事件を聴取する集会を構成するのである。集会は第一次的には仲裁の集会として、そしてまた裁判の慣習的原則——それによって論争は和解されるべきである——を決定する一つの手段として働く。通常この集会は有罪とされた集団に判決を実施させる何の方法もなく、この任務は原告に任されている。しかしながら、犯罪がコミュニティ全体に影響を及ぼしたり、あるいは被告が常習的かつ危険な犯罪者と考えられており、公的憤激がこの事件を一つの公的関心にまで高めるような重大な事件の場合には、長老たちはその判決を実施するように権威を施行することができる。通常の手つづきは長老たちの儀礼的な権力にかかっている。彼らは、判決に従うことを拒否する人々に呪詛をとなえることができて、それは必ず超自然的な罰をもたらすものとして恐れられている。あるクランの成員が他のクランの誰かによって、意図的にせよ偶発的にせよ、殺されたような時、それは長老らの集会では私的違法行為として処理され、犠牲者の親族に加害者およびその親族から損害賠償金が支払われることによって落着する。長老たちはキンゴレ（kingolle）あるいはムウィンゲ（mwinge）として知られている、公的違法行為を処理する限定された権力をも有している。もしもある人が妖術の罪があるとか、常習的犯罪者で公的危険があると考えられているならば、長老たちは、彼を死罪に処することもありうるし、あるいは犯罪者の屋敷をとりこわし、その地域から追放することもありうる。このような行為がとられるに当っては、その前に長老たちが遠くの地域から召集され相談を受けなければならないし、また犯罪者の近親者の同意がなければならない。

アシャンティ（Ashanti）族は、公的違法行為に対する十分組織化された法を有しているという点で、カンバ族の体系と対照的である。そしてそれは「神々にとって憎むべき事柄」を意味するアシャンティ語でよばれている。これらは殺人、自殺、ある種の性的犯罪――出自や婚姻を通じてつながるある種の親族との近親相姦的関係を含む――ある型の悪口、暴行、窃盗、首長に対する呪咀、反逆、卑怯、妖術、部族の承認されているタブーに違背すること、宣誓と共に公布され、効力を与えられている中央権力の命に違反することが含まれる。法に対するアシャンティ族の考えは、このような行為のすべては、コミュニティ全体の福祉がかかっている聖的もしくは超自然的な諸力に対する犯罪であり、罪を犯した人を罰することによってこれらの犯罪が贖罪されない限りは、部族全体が被害を蒙るであろうというのである。法的諸機能は王あるいは首長（聖なる腰掛の保有者）に属しており、犯罪者はその前で審問される。より重大な犯罪に対する刑は斬首である。しかしある状況においては、有罪を宣告された男および彼の親族が、「彼の首を買う」こともできる。すなわち身代金を支払って、彼の生命を助けることができるのである。首長らの集会は、私的違法行為には関心を持たず、それは「家庭内の事件」とされていて、親族集団の長の権威や調停によって解決がはかられる。私的違法行為に関する論争は、もしも当事者の一方が宣誓して証言をのべているような場合には、間接的に首長の前に持ちこまれるかもしれない。宣誓はその論争を公的事件とするからである。

カンバ族の首長たちは主として私的違法行為にかかわっており、アシャンティ族の首長たちは公的違法行為に関係しているが、アフリカやその他の地域では、中央権力――首長たち、あるいは王および王の代理者――が、公私の違法行為両法を管理している部族や国々がある。それらは、手続きに関してみれば、常に異なっているといえよう。私的違法行為の法では、個人間のあるいは集団間の論争が和解のために法廷に持ちこまれる。公的違法行為の法では中央権力それ自体がそれ自身の発議で犯罪者に対して行為を起こす。現代の刑事法および民事法はそれぞれ直接に公的違法行為の法および私的違法行為の法から由来している。しかし謀殺とか窃盗とかの今日では公的違法行為特有のものとみなされる行為は、多くの無文字社会では私的違法行為として扱われている一方、こうした社会でも非常にしばしば公的違法行為として扱われている行為は、妖術、近親相姦、および神聖なものを汚すことである。

発展のもっとも初期的な状態において、法は呪術や宗教と近密に結びついており、法的制裁は儀礼的制裁と密接に関連している。単純社会における法の起源を十分に理解するには、それ故に、社会的制裁の体系全体を比較研究することによってのみ達成することができるのである。

原註1 *Encyclopaedia of the Social Sciences*, Macmillan Co., New York, 1933, Vol. IX, pp. 202—6. より再録。

解説——蒲生　正男

1　生涯と人間的評価

一九五五年、ラドクリフ＝ブラウンがその七四歳の生涯を閉じたとき、人類学の一つの時代は終ったという。一八八一年、イングランドのバーミングハム市に生れた彼は、ケンブリッジ大学で精神・道徳科学を修めるかたわら、リバース（R. H. Rivers）やホワイトヘッド（A. N. Whitehead）と接触し、リバースの関心が心理学から人類学へと移行したとき、その最初の弟子となった。いうまでもなくリバースは、一九世紀末期の進化主義的人類学にかわって二〇世紀初頭における伝播主義的人類学の担い手となった人であり、ハッドン（A. C. Haddon）とともにケンブリッジの「トーレス海峡調査」（一八九八年）の主力メンバーであった。ラドクリフ＝ブラウンはそのリバースやハッドンから野外調査に関する刺激と援助を受け、一九〇六年から同八年にかけてアンダマン諸島に文化史の復元を目ざした調査に出かけていった。彼自身が述懐しているように、一九〇八年から九年にかけてその調査報告を書いていた頃は、制度の起源なり文化史の復元といった歴史的研究が、人類学者なり民族学者の仕事であった。彼もまたそれを試みたが余りにも貧弱な資料に基づいて文化史を復元することに疑問を感じ、加えてデュルケム（É. Durkheim）などのフランス社会学の理論に接して、論文の全面的な書きなおしを意図し、途中オーストラリア原住民の調査（一九一〇年―一九一二年）などで中断されながら、最終的に『アンダマン島民』*Andaman Islanders* として学史に残る著作が公刊されたのは一九二二年のことであった。同じ年、マリノウスキー（B. Malinowski）は『西太平洋の遠洋航海者』*Argonauts of the Western Pacific* を公刊し、この二人の巨匠の学問的生涯の初期を飾る二つの著作が、偶然にも一九二二年に誕生したことをもって、年代記作者は「機能主義」なり「近代的社会人類学」の誕生をここに見出している。

第一次世界大戦のときは、南太平洋のトンガにあって原住民教育に従事し、戦後は一九二〇年に新設されたケープタウン大学の社会人類学教授となり、一九二六年にはオーストラリアのシドニー大学に移って初代の社会人類学教授となっている。ここでも南アフリカにおけるのと同様に、原住民社会に関する野外調査のための組織化に活躍している。とくにここでは雑誌『オセアニア』*Oceania* の発刊に尽力し、「創刊の辞」と「オーストラリア諸族の社会組織」*The Social Organization of Australian Tribes* を第一巻(一九三〇年)に発表している。しかし翌一九三一年にはすでにシドニーを去ってシカゴ大学の客員教授となっている。この国は大英帝国の圏外にあって、ボアス(F.Boas)を先駆としてクローバー(A. L. Kroeber)やロウイ(R. Lowie)などに代表される独特の人類学的伝統を築きつつあったが、ラドクリフ＝ブラウンを迎えたシカゴだけは、新しい伝統を切り開いていった。それを象徴する成果がエガン(F. Eggan)たちの『北アメリカ諸族の社会人類学』(一九三七年)*Social Anthropology of North American Tribes* であり、一九三七年シカゴ大学を去ってオックスフォード大学の社会人類学教授に就任するラドクリフ＝ブラウンに、シカゴで学んだ人たちによるアメリカ・インディアン研究の成果を記念に献呈したものである。本書では「序文」しか書いていないが、レッドフィールド(R. Redfield)もその学生であったし、日本でもなじみの『須恵村』*A Japanese Village : Suye Mura*, 1939. を書いたエムブリー(J. F. Embree)もそうであった。確かに彼は、エルキン(A. P. Elkin)のいうように世界各地での社会人類学の「創設者」であり「煽動者」であったのであろう。あるいはエガンやウオーナーによれば彼の最大の貢献は「人類学の地方根性」を打破し、「国際的」人類学者の最初の一人として、アメリカとイギリスのギャップを埋め、自国中心的閉鎖主義を鎮圧してきたともいえるかもしれない。オックスフォードを定年で去った一九四六年以降も、アレキサンドリア、ロンドン、マンチェスター、南アフリカなどで引き続き教鞭をとっていた。

ラドクリフ＝ブラウンの研究者としての、教師としての、あるいは人間としての評価にはさまざまな発言がある。シカゴで学んだアメリカ人研究者の立場、イギリスの内部で直接間接に学んだ人たち、さらにはオーストラリアの関係者など、その間に微妙な評価の違いがあるようにもみえる。一番のきびしい批判は、エルキンなどのオーストラリアの関係者の発言なのではなかろうか。ラドクリフ＝ブラウンを迎えるのに最大級の歓迎と彼の希望の実現に最大級の名誉を与えていたのに、ケープタウン大学を五年間で去ったのと同じように、シドニーでも五年で「退屈」を感じてシカゴに去り、シカゴでもまたそうであったという。ビーティ（J. Beattie）やスタンナー（W. Stanner）が伝えているように彼は、ケンブリッジの学生時代は「アナーキー・ブラウン」として知られていた。個性が強く自信過剰の青年であったらしく、一九二六年には母方の姓であるラドクリフをとって、ブラウンという姓を勝手にラドクリフ＝ブラウンに変えている。その真意は彼の親族理論と関連があったかどうか知る由もないが、後年はスタンナーによると「アナーキー」から「温和な社会主義」に転じていた。ともあれ彼のパーソナリティは、「創設」と「煽動」に異常な能力があったらしく、しかしだからといってビーティのいうように、マリノウスキーほどの「カリスマ」もなく、「徒弟」を集めて学派を築き、おそらくはそこに安住の地を求めるには「アナーキー」な資質が相入れなかったのであろう。エルキンなどオーストラリアの関係者としては、『オセアニア』も発刊し、研究者も組織され、経済的基盤も整備されつつあったのであるから、ラドクリフ＝ブラウンにとって南半球の地は安住の地でないはずはなかったと考えていたに違いない。かくて彼を追想するエルキンの言葉は、およそ他の人類学者の新しい知見を認めるのに無力であったとか、あの有名な「オーストラリア諸族の社会組織」にみるように、マティウス（R. H. Mathews）などのすぐれた先人の業績を無視して独創的であるかのように書いているとか、自らの綿密な野外調査に基づく資料に基づくものでもなく、本質的にはフィールド・ワーカーではなかったとか、その理論的枠組はもっぱらデュルケムに負っていて、独創的な理論家というより一介のデュルケム理論の解説者であったといったような、きびしい批判の声を伝えている。

　それとは対照的な発言はアメリカでのシカゴの学生たちにみることができるであろう。エガンとウオーナーは彼こそ「人類学者の中の人類学者」であったという。彼は上品な切れ味するどい文体をもって論文を書いてきたが、スタンナーによれば、明快な文章、完璧なスタイル、論理的一貫性が彼の論文に共通する特徴であるというが、エガンやウオーナーもその種のことを認めながら、しかしより重要な側面として、個人的接触を通じてさまざまなアイディアを学生たちに伝えることに関心をもっていたことであるという。押しつけるということではなくて、学生自身に考える喜びを与えたのだという。その長い学問的生涯からみて、そして同時代に生きたマリノウスキーやシュミット（W. Schmidt）と比較したとき、確かに書かれた論文なり著作は意外に少いといえるかもしれない。書かれたもの以外に、接触した人たちに感銘を与える何かがあったに違いない。だからこそエガンたちが、「かくして母の母は、これこれこういうものとしてはじめて理解できるのだ」、というラドクリフ＝ブラウンの独特の口調を忘れがたく懐しんでいるのであろう。一九三九年にオックスフォードでの講義に列席したビーティも、その講義が学生の興味と興奮をよび起こすものであったという。エガンなどアメリカでの学生たちには、ラドクリフ＝ブラウンの個人的魅力なり教師としての才能をとりわけ高く評価する傾向がある。それは、異国の人に対するラドクリフ＝ブラウンのいう「忌避方式」rule of avoidance――これについては後述する――に基づく敬意表現が含まれている面もあるであろう。しかしそれでも、シカゴ大学の社会科学研究棟の二五周年記念に、彼を賓客として招待することを企画したエガンたちの心情と、それを無上の喜びとしながらも、死を迎える五カ月前の健康がそれを許さないラドクリフ＝ブラウンの切々たる心情との間には、太西洋を越えた強い交流の絆が彼の社会人類学によって結ばれていたといっていいであろう。レッドフィールドによれば、ボアス以来のアメリカ人類学にはなかった、概念の整備と分析のための定式化したすぐれた手引きを導入したことこそ最大の貢献であるという。いわばラドクリフ＝ブラウンによって、イギリスとアメリカの研究者たちが、同じ土俵の上で論議を闘わすことも可能となったといっているのかもしれない。

オーストラリアの研究者が、五年ごとに籍を移した落ち着かないラドクリフ＝ブラウンを語っているのに対し、アメリカの研究者は別れを惜しまれながら去っていった満足すべき彼の生涯を追憶している。それが語られているすべてでは決してないが、それぞれの立場におけるポイントの一つであるに違いない。そして第三の立場がイギリスの内部にあるといっていいであろう。それは、ビーティやフォーテス（M. Fortes）のように彼のもっていた個人的魅力や教師としての才能とは別に、人類学という学問分野にマリノウスキーとともに「革命」をもたらした功績をまずは冷静に評価しようとすることである。「革命」の内容に関する認識もさまざまな表現があるが、そしてまたたとえ彼の人間性と学問をどのように批判するにせよ、人類学にもたらした革命的業績をたたえることを誰しも決して忘れはしないであろう。エルキンも彼の否定的側面を強調しているが、人類学者として『アンダマン島民』と『本書』を常に大切にし、楽しんでいるという。しかしイギリス内部のラドクリフ＝ブラウン以後の世代を担う社会人類学者たちは、彼の「革命」の功績を認めることと、彼の今日の社会人類学は彼が期待したものとは異質の方向に進んでいることとの峻別を忘れてはいない。私もまた私なりに社会人類学の展開を跡づけるなら、ラドクリフ＝ブラウンとマリノウスキーは、「近代的」社会人類学を創設したが、「現代的」社会人類学はこの二人の巨匠に学ぶことを欠かせないが、ある意味で二人の否定の上に立たざるを得ないという認識をもっている。私のいう「近代的」という意味は、モルガン (L. H. Morgan)、ボアス (F. Boas)、フレーザー (J. Frazer)、リバース (R. H. Rivers) などの先駆的社会人類学と一線を劃すことであるが、具体的には現実の理解に志向し、直接観察を重視し、機能的理解を試みるという三原則を揃えているかどうかを規準とする判断である。ビーティがいう人類学の「革命」は、第三の機能的理解のことを指している。社会制度がどのようにして現在にいたったのかということにかえて、社会諸制度が相互に結びついているという認識の上に立って、どのように作用しているのか、それが現在なにを意味しているのかを問うことが革命的であったという。私は、ラドクリフ＝ブラウンに寄せられたさまざまな声を聞いてきた。端的にいってもはやラドクリフ＝ブラウンの時代ではないという声もあるに違いない。確かに一面ではそうかもしれないが、私が強調したいことはビーティも認識しているように、ラドクリフ＝ブラウンの理解とその批判的検討をまったく欠如して、一体どのような社会人類学が意義ある存在としてありうるのであろうかということである。人類学にはさまざまな可能性がありうるとしても、社会人類学と名のる限りどのように新しいものを構想したとしても、今のところラドクリフ＝ブラウンとのかかわりをぬきにしてはありえないのではなかろうか。たとえば、レヴィ＝ストロース (C. Levi Strauss) とそれに追随する社会人類学も、あるいはリーチ (E. R. Leach) の社会人類学も、その扱っている素材の多くはラドクリフ＝ブラウンも手がけたものである。もちろん彼の独創というよりは先駆者が与えてきた課題といった方が適切であるかもしれない。それはビーティのいうように、ラドクリフ＝ブラウンが「複雑なはめ絵を解決する達人」のように、社会制度とそれを担っている人間にとって基本的な問題を識別し、整理し、明快に説明してきたことが、後に続く人たちによりすぐれた理解を産むのに役立ってきたといえるであろう。私はむしろレヴィ＝ストロースが扱ってきた素材が、ラドクリフ＝ブラウンのそれと余りにも共通しているのに驚いている。一般に親族構造論では、一方が古き「出自理論」descent theoryの代表者であり、他方は新しき「連帯理論」alliance theoryの代表者と目されている。そして後者は意図的に前者を無視するような面もあるが、素材の類似は否定すべくもないのではなかろうか。

なお私個人と、ラドクリフ＝ブラウン理論とのかかわりについて、一言しておきたい。私が親族や婚姻の問題に関心をもちはじめた一九五〇年以降、ロウイやマリノウスキーにどちらかといえば親しんでいた。故杉浦健一教授から折にふれてラドクリフ＝ブラウンについて知らされてはいたが、たまたま教授が死去されて、蔵書の整理に当った祖父江孝男氏を通じて、重複している *African Systems of Kinship and Marriage*, 1950. を入手する機会をえた。それは一九五四年二月のことであり、私は彼の書いた Introduction を感激しながら読んだ記憶がある。ロウイやマリノウスキーがはっきりいってくれないことを、彼が次々と明快に指摘していたからであり、以後ラドクリフ＝ブラウンに積極的な接近を意図してきた。従って私は、若い頃にその著書から多くのものを学んだ一人として、彼を過大に評価することがあるかもしれない。あるいは彼を過小に評価することに強い反撥を感ずる一人であるかもしれない。日本の学界に彼の著書の一冊も、これまで和訳されていなかったことを心から残念に思っている一人であった。今ここに最初の訳書が公刊され、ラドクリフ＝ブラウンが多くの人から再評価され、新しい人類学的思考の前進に役立つことを心から念願しているものである。

2 学説の要約

帰納的科学としての社会人類学　ラドクリフ＝ブラウンの社会人類学を通じて流れているものは、一九二三年の論文「民族学と社会人類学の方法」(*Method in Social Anthropology*, ed. by Srinivas, 1958. に再録）で展開された帰納的方法である。彼は歴史的方法をとる民族学に対して、帰納的方法をとる社会人類学を対置させた。二〇世紀初頭における人類学的研究は、そのほとんどが歴史的関心なり方法をとっていた。モルガン流の進化主義は文化・社会の一系列的発展の仮説に立っていたが、現存の文化的諸事実からみて一系列的発展に拘束されることは適切でなく、他面ドイツ・オーストリーで展開してきた文化圏説は伝播に焦点をあわせていたが、文化の進化に関しては全く関心の外に置くか拒否するものであった。そこで彼の恩師であるリバースのような「進化」と「伝播」の二つの方法を統合する歴史的方法をもって、かりに歴史学的・考古学的資料が得られるならば文化史の再構成も意義あるものとして評価した。それは、たとえばアフリカに近接するマダガスカル文化の理解にとって必要なように、まずはアジアに由来する文化の「伝播」を明らかにし、その上で文化の「進化」を考えるべきだという主張であった。ラドクリフ＝ブラウンはこのような歴史的方法を評価しながらもそれとは別に、社会現象も自然界の一領域として「一般法則」の支配下にあり、科学は論理的にこの「一般法則」を発見するものでなければならないと考えた。帰納的方法はこうした一般化のための方法であり、木からリンゴが落ち、太陽をめぐる惑星の運動があり、そこから万有引力の法則を導きだすように、文化現象の一般法則を追求するものとして社会人類学を考えてきた。ビーティによれば、彼は科学の本質をよみちがえ、規則性を記録することだけを目指し、新しい綜合によって規則性を説明することを忘れることも多かったかもしれない。あるいは更に、今や明らかな常識となっているように、自然現象と文化・社会現象とは全くの異質のものであるという認識に立つなら、別途の方法が必要であるという考え方に立ってはいなかった。さまざまな価値、信仰、イデオロギーをもった人間によって、社会なり文化が担われているのであるから、一つの社会の全員に同一の刺激が加わったにしても、その反応はさまざまであるに違いない。その意味で、社会現象に自然科学のような法則を求めることはできないに違いない。しかしだからといってラドクリフ＝ブラウンが求めてきた「一般法則」のすべてがおよそ無意味な徒労にすぎなかったとはいえないであろう。彼は好んで、いくつもの「法則」rule とか「原理」Principle を摘出してきた。「性原理」The Sex Principle, 「世代原理」The Generation Principle, 「兄弟姉妹集団一体の原理」The Principle of the Unity of the Sibling,あるいはさらに「リネージ一体の原理」「兄弟姉妹同等の原理」「隔世代合同の原理」など、さすがに帰納的方法を強調し、規則性に注目しただけあってさまざまなものがある。いま「原理」というものを自然科学の法則としてではなく、社会現象に関する統計的な「傾向性」としてうけとめるならば、この「傾向性」が顕著であるかどうかによって、所与の社会の性格規定のための当面の問題提起となりうるに違いない。たとえば、男性が女性に対して敬意を払うという「性原理」は、沖縄の「オナリ神」信仰もその一環として把握することができるが、なぜ沖縄社会に「性原理」が顕著であるのかを考えることこそ、沖縄の社会と文化を理解する重要な一つの鍵であるに違いない。モルガンのあの「類別的」親族名称も、少くともモルガン流の集団婚理論にはもはや誰しも納得していないが、ラドクリフ＝ブラウンの「兄弟同等の原理」にまさる説明があったであろうか。あるいは「リネージ一体の原理」は、単系出自集団のもつ諸々の諸特徴をなんと簡潔にいいあてていることであろうか。ラドクリフ＝ブラウンが当初意図した自然科学的「一般法則」は、根底において社会現象に対する誤解に基づくものであり、それを求める社会人類学の存在する基礎はないといえよう。しかし人間が社会をつくり制度を営むときの規則性なり特定の傾向性の発見までもすべてが無意味なものであるはずはない。社会科学は、デュルケムが『自殺論』*Le Suicide*, 1897. で示し、マードック（G.P. Murdock）が『社会構造』*Social Structure*, 1949. で展開したような統計的方法は、傾向性の発見なり解釈論のあるべき可能性制限のための有力な手段として今日も生きている。批判的にいうならラドクリフ＝ブラウンは、「はめ絵の達人」として手品のように「原理」を摘出してきたことと、「規則性」の記述だけに終りがちであったといえよう。「規則性」の説明なり解釈がまったく無かったというわけではないが、彼の「諸原理」は今後とも問題提起の役割を果たしていくであろう。私は、彼の社会現象に対する認識のあやまりは別として、帰納科学としての社会人類学を再検討する必要があるように思えてならない。かりに社会人類学は、人間が社会制度を営むときのくせを見出そうとするのであれば、帰納的方法をとらざるを得ないに違いない。その際の素材の限定と分析の手順こそが社会人類学をして社会人類学たらしめるものであろう。私はラドクリフ＝ブラウンの「諸原理」が常に人類という視点で取りあげられてきたこと、レヴィ＝ストロースの解釈論もすべて人類の根源的論理に還元されていること、そのいずれにも問題があるように思えてならない。個別の文化を担った「民族」の論理とまったく無関係であってよいのであろうか。帰納的科学としての再検討に不可欠の課題がここにもあるといえよう。

機能と機能的一致の原理　ラドクリフ＝ブラウンの学史における革命的貢献は、マリノウスキーとともに、しかもそれぞれまったく別個の機能的理解の方法を展開したことであった。ラドクリフ＝ブラウンが「機能的一致の原理」The Principle of Functional consistency を展開したのは一九三五年の論文「社会科学における機能の概念について」（『本書』の中に収録されている）であり、彼の理論の中心的概念として使われてきた。彼によればおよそ社会科学における機能概念は、社会生活と有機体との類比に基づいているという。デュルケムは、社会制度の機能を全体としての社会有機体がもっている「欲求」との一致にあるとみたが、ラドクリフ＝ブラウンはその「欲求」にかえて「存在の必要条件」との一致にあるとみた。およそデュルケムから有機体にみるように社会も一つの統合的全体をなしており、個々の部分は相互にそして全体に対して系統的に結びついているものとみた。それが「構造」であり、「存在間にある諸関係のセット」として定義されている。有機体の生命はその構造を機能させるものであり、ここでの「機能」とは「全体としての有機体の生命の中でそれが果たしている役割であり貢献である」という。このように「構造」と「機能」を作業仮説として規定するに当っては、社会体系が「ある種のまとまりをもっており」、すなわち「機能的一致」をもってあらゆる部分が調和し、「内的一貫性」をもって活動しているという仮定に立っていた。それは直接的にはデュルケムに学んだものに違いないが、紀元前五世紀のギリシヤ哲学を援用して更に強調してきた点である。ギリシヤ哲学は、「ユーノミア」（良好な秩序、社会的健康）と「ディスノミア」（無秩序、社会的不健康）を区分してきたが、有機体の健康な状態なりユーノミアは、その構成要素の各部分が調和のある働きをしている状態とみなしている。いわば「機能的一致」は「ユーノミア」と対応するものである。

ホーマンズ（G. C. Homans）とシュナイダー（D. M. Schneider）によれば、およそ社会人類学上の機能の意味には三つの傾向があるという。(1)マリノウスキー流の「個人的欲求充足説」で、制度の機能はそれを担っている個人の欲求の充足である。(2)「準数学的機能論」と呼びうるもので、一つの社会制度の機能は、社会体系内における諸他の制度との促進助長関係のことである。(3)「社会的均衡維持説」と呼びうるような制度が全体としての社会に果たしている役割を機能とするもので、ラドクリフ＝ブラウンが終始考えてきたことである。しかし、ホーマンズなども指摘しているように、ラドクリフ＝ブラウンの機能論は、必ずしもこの第三説というわけではなく、むしろ第二説の考え方も暗黙のうちに採用し後年はこの種の機能的理解を強めていたというべきであろう。何といってもラドクリフ＝ブラウンは『アンダマン島民』と切り離すことはできないし、そこでの機能論が第三説をとっていたので、あたかもその第三説の中にのみ閉じこもっていたかのごとく誤解されがちである。第二説的考え方は『本書』の第九章（原著は一九三五年）では明らかではないが、第四章（原著は一九四〇年）なり第八章（原著は一九四五年）には明らかに展開されている。私はすでに指摘してきたように、ラドクリフ＝ブラウンとマリノウスキーによって「近代的」社会人類学が創設されたが、「現代的」社会人類学はある意味でこの両者に学びながら否定の上に立たなければならないし、学史はそれを示しているように思う。それは両者ともに機能的理解をもって学史に革命的貢献をしてきたが、マリノウスキーの「個人的欲求充足説」も、ラドクリフ＝ブラウンの一面において強調してきた「社会的均衡維持説」も、今や現実社会の経験の中で完全に否定されなければならなくなっている。日本の現状の中に生きている「私」自身を考えてみよう。「私」の担っている社会制度はすべて「私」の欲求を充足させているであろうか。「私」の担っている制度は、すべて全体としての日本社会の存続に貢献しているのであろうか。孤立、閉鎖的、先産業的、小規模社会であったなら、少くとも開放的、産業的、価値観の多様化した、巨大社会におけるよりも、マリノウスキーなりラドクリフ＝ブラウンの機能論は妥当性をもっていると予想することはできる。一九六二年に私の見聞したアラスカ・エスキモーは、狩猟・漁撈のバンド（移動的地域社会）に生きることを至上のものと考えるものも多かった。しかし一九六五年にはもはや必ずしもそうではなくなっていた。狩猟に生きるか賃労働者になるのか、それによって「犬そり」と「スノーモービル」への欲求度が変わってくる。あるいはその欲求度の差異が彼ら自身の生き方を変えていく。一九六〇年代のアラスカ・エスキモーの担っている社会制度のすべては、「個人的欲求充足説」なり「社会的均衡維持説」では説明のつかない何かが残ってしまう。機能的理解のありうる可能性は、ラドクリフ＝ブラウンも気づいていたホーマンズらのいう「準数学的機能論」でしか今のところないといえよう。しかし「機能主義」という呼称は、ラドクリフ＝ブラウンは決して自らを「機能主義者」とは呼んでいなかったとレッドフィールドがいっているが、通説としてはマリノウスキーなりラドクリフ＝ブラウンの代名詞となってきた。しかも今日の一般的に支持されている「構造」概念は、これまたラドクリフ＝ブラウンの規定とは異なって、数学者の考え方に基づいて（構造）＝（個体の集合）＋（相互関係）とされている。換言すれば、全体を構成している部分の相互関係のことである。とすると、「準数学的機能論」のいう部分の相互関係を機能として理解することと、今日の「構造」概念は実質的に同一の現象を指示するものとなってくる。かくて、「準数学的機能論」としての「機能的分析」なり「機能主義」は「構造的分析」なり「構造主義」に代置しうるものとなってくる。私は「現代的」社会人類学の基本的方法は、それを何と呼ぶかは別としてレヴィ＝ストロースやリーチに代表されるようにその実体は、「準数学的機能論」としての「機能的分析」なり「構造的分析」にあると考えている。それはラドクリフ＝ブラウンの機能論を一面において否定することであり、他面において「母の兄弟」に対する「冗談関係」joking relationshipが、「父」に対する「忌避方式」rule of avoidanceと対応していることを示したように、ラドクリフ＝ブラウンのもう一つの機能論に学ぶべきものと考えている。

親族論の問題　ビーティ（一九六九）は、ラドクリフ＝ブラウンが社会人類学の細分化された専門分野の中でとりわけ大きく貢献したのは、儀礼ritual，社会統制social control，親族関係kinshipの三分野であるという。社会人類学が少くともこれまで、親族論を中心課題の一つとしてきたのは、親族が人間の社会生活にもっている基本的な意義とは別に、モルガンとリバースとラドクリフ＝ブラウンの研究にとりわけ大きく依拠してきたといっていいであろう。この三者の関係はフォーテス（一九六九）によればこうである。リバースがケンブリッジ大学でラドクリフ＝ブラウンに人類学の手ほどきをしたのはモルガンの著書に基づいているという。いわばラドクリフ＝ブラウンの人類学はモルガン研究から出発した。しかもエガンがフォーテスに語っているというが、彼はモルガンの*Systems of Consanguinity and Affinity of the Human Family*, 1870.を熟知し、エガンたちがシカゴの学生たちのアメリカ・インディアンの社会組織研究の指導にも、依然としてモルガンの*Systems*を基本的なテキストとしていたという。しかしラドクリフ＝ブラウンの親族論は、『本書』第三章にみるように基本においてそしてまた一貫して「類別的体系」を焦点としたモルガン批判に立っている。フォーテスによれば、それはマリノウスキーよりもあるいは他の誰よりもモルガンに対して批判的であったが、誰よりもモルガンの試みなり意図を理解していたというただそれだけの理由からであるという。たしかにラドクリフ＝ブラウンは、一面においてモルガンの「集団婚理論」にみるような進化論的理解に批判的ではあったが、他面において親族組織を「体系」system として把握することと、親族名称体系の理解が親族体系理解の早道であることをモルガンから学んできたといっていいのであろう。モルガンが Systems of Consanguinity and Affinity といってきたものを、彼は Systems of Kinship and Marriage と口ぐせのように唱えてきた。たしかに「血族と姻族の体系」というよりは「親族と婚姻の体系」といった方が適切であるにちがいない。しかしそこで扱われている主題は、ほとんどがモルガンの偉大な発見である「類別的体系」にまつわるものであった。モルガンが過去における集団婚の結果とみた「類別的」名称体系を、ラドクリフ＝ブラウンは自己の権利と義務との対応によって理解することを試みた。加えてリバース以来の「出自」descent の理論を背景として、「単系（出自）体系」では、自己はそのリネージと父または母のリネージの何れか一つとを区分することとの関連において、「類別的」名称体系を理解し、すすんで「兄弟同等の原理」とか「リネージ集団一体の原理」といった彼のいう「一般法則」を帰納的に導いてきた。今日われわれが知っていることは、フォックス（一九六七）の指摘するように、名称体系はモルガン流の婚姻慣習なりラドクリフ＝ブラウン流の権利義務のいずれとも完全な対応はしていないということである。

ともあれ社会人類学における親族論は、モルガンの「類別的体系」によって基礎を与えられ、リバースの「出自」論によって促進され、ラドクリフ＝ブラウンの理論的形式化によって展開してきた一つの歴史をもっている。それは「類別的体系」なり「単系出自体系」をもっぱらの焦点とするものとして「出自理論」と呼ばれているものである。こうしたモルガンからラドクリフ＝ブラウンへの出自理論の流れに対して、一つにはフォーテスやファースなどその内部における補強と修正の動きが、そしてそれとは別に親族の基本構造を「出自」とするよりは、いかに「婚姻」を営んで成員を補充するかに焦点をあわせたレヴィ＝ストロースなどの「連帯理論」が展開されてきた。私は、レヴィ＝ストロースなどの「連帯理論」によっても「婚姻」と加えて「親族」に関して多くの新しい問題を学ぶことができると考えている。しかし親族の基本構造というものを原点に立って考えたとき、「出自」をまったく無視することには反対である。なぜなら親族それ自体は「親子関係」であり、その世代的展開には必ずというわけではないが往々にして「出自」として把握しなければならない局面があるからである。ラドクリフ＝ブラウンは常に「親族と婚姻の体系」を考えてきた。両者は別のものではあるが切り離すことができないものであることを早くからモルガンに学んできたのであろう。しかし実質的成果としてはその婚姻論は貧弱であるに違いないし、その意味で「連帯理論」による補強を必要としたともいえるであろう。私はむしろ、ラドクリフ＝ブラウンの親族論にとっての致命的な弱点は、単系出自に基づかない親族の組織化いわゆる「親類」kindred に関する理論的整理を欠いてきたことにあるのではないかと考える。私の経験をふりかえってみたとき、私は一九五〇年頃から親族論に関心を持ちはじめ、一九五四年にラドクリフ＝ブラウンの著書にはじめて関心をもつにいたった。そして日本に関する親族論の作業仮説を一九五八年（「親族」と題し『日本民俗学大系』所収）に発表した。今にして思えばその時点は新しい親族理論の登場する前夜であり、私はその動きについて無知であった。それはデーベンポート（一九五九）、フリーマン（一九六一）、グッドイナフ（一九六一）、ファース（一九六三）と続いて、親族の組織化を「出自集団」と「親類」とに区分する考え方が明確に示されてきたことを指している。すでに早く、「父系単系」か「母系単系」かといった単純な出自理論では、現実の親族組織の理解が不可能であることは一般的に認識されていたが、従って出自集団でも出自そのものにかなりの変差があるということと、出自に基づかない組織化としての「親類」概念の明確化とによって、それらを内包してないという意味ではラドクリフ＝ブラウンの時代ではなくなったといっていいであろう。たまたまラドクリフ＝ブラウンが教鞭をとりつつ歩いたアフリカ、オーストラリア、北アメリカには、単系出自によって組織化された親族組織の多くの事例に恵まれていたともいえよう。しかしフィールド・ワークの舞台は一層拡大され、オセアニア、東南アジア、ニューギニアなどからの新らしい多くの報告は、ラドクリフ＝ブラウン流の「古典的」出自理論とは必ずしもなじまなくなっていることは明らかである。

ラドクリフ＝ブラウンに学ぶもの　「帰納的科学」なり「社会の自然科学」Natural Science of Society としてラドクリフ＝ブラウンによって構想された社会人類学は、その意図に反して自然科学的なものとはむしろ反対の極に向って進んでいる。社会制度をその規則性において客観的に理解しようとするよりも、その制度を担っている当事者の観念、信仰、価値との関連で主観的な意味を求めようとする傾向が、ポコック（一九六一）やビーティ（一九六四）の指摘によればエヴァンス＝プリッチャード（E. E. Evans-Pritchard）の著書（一九三七）以来高まってきており、レヴィ＝ストロースの登場（一九四九）も刺激となって「現代的」社会人類学の流れをつくっている。そして、ラドクリフ＝ブラウンの展開した機能的理解は学史における一つの革命的貢献ではあったが、彼の「機能」概念そのものに従うものはもはやいないに違いない。加えて彼がもっとも得意とした親族論も、一九五〇年代末から六〇年代初頭を転機としてそのまま踏襲するわけにはいかなくなっている。ならばラドクリフ＝ブラウンに今さら何を学ぶのであろうか。それは学説史の一頁でしかないのであろうか。確かに学説史の中に占める彼の位置は余りにも大きい。社会人類学のどのような学史を書くにしても、彼に触れることなしにはどのような学史もありえないに違いない。そして、今日の社会人類学を担っている第一線の研究者たちは、イギリス内部はもとよりアメリカにおいても、あるいはもはや社会人類学から逸脱したのかもしれないがあのレヴィ＝ストロースまでも、ラドクリフ＝ブラウンから直接あるいは間接に学んでいる者がほとんどであるに違いない。日本ではときとして、ラドクリフ＝ブラウンとはまったくかかわりのない研究を「自称」社会人類学とすることもないではないが、それは名称の魅力に引かれたか他にいいようがないだけのことで、社会人類学の実体を備えているとはいい難いであろう。私は何故にこんなことをいわなくてはならないのであろうか。社会人類学がたとえラドクリフ＝ブラウンのものから変質しているにしても、現実に存在する社会制度と、その制度を担っている主体の観念・信仰・価値といったものに関心をもっている。これらの諸問題をどのように展開するかは別として、そこに必要な基本的分析概念の多くが、ビーティ（一九六九）も言うようにラドクリフ＝ブラウンによって定式化されてきていることこそ、彼に学ぶ最大の根拠といっていいに違いない。たとえば今日の親族論にとって、「社会的な父」*pater* と「生物的な父」*genitor* の区分は基本的前提の一つであり、それはラドクリフ＝ブラウンの整理したものである。単系出自集団の理論にとってもっとも重要な概念は「自律的集団」corporation であり、ここにも彼による定式化がある。あるいは「忌避方式」rule of avoidance とか「冗談関係」joking relationship といった特殊な行為様式も、あるいはレヴィ＝ストロースやリーチなどがそれぞれの構造論的主張の成否をかけて論じている「母の兄弟」にまつわる問題も、彼がいち早く定式化してきたことである。また、社会制度を担っている主体の価値なり信仰に接近を意図するとき、そこに展開されている「儀礼」ritual,「宗教」religion,「呪術」magic,「制裁」sanction などに関心を持たざるを得ないが、そのいずれも『本書』

の中に見るように彼が好んで定式化してきた問題である。これらの定式化がそのまま今日においても有効であるわけではないが、彼の定式化が問題の提起となってより進んだ理解が開花したといわれている通りである。私自身の経験からも pater と genitor の区分にはじまって、「継承」 succession と「相続」inheritance,「対人権」jus in personam と「対物権」 jus in rem,「対外的一致」unity と「対内的一体」solidality などがいずれもラドクリフ＝ブラウンの独創によるものではないにしても、こうした定式化の具体的適用によって、親族にまつわる諸問題の理解が促進されてきたことは疑いえないことかと思う。少くとも社会人類学の学史において、ラドクリフ＝ブラウンほど基本概念を整理し、基本的問題点を明快に定式化した人はいなかったといっていいに違いない。かくて、いかなる形をとっていくにせよ「現代的」社会人類学は、今後ともラドクリフ＝ブラウンの理解とその批判的検討によって、おそらくはより有効な成果をもつことができるのではなかろうか。

参考文献

Beattie, J. : *Other Cultures,* London:Routledge & Kegan Paul, 1964. （蒲生・村武訳『社会人類学』、社会思想社、一九七二）

Beattie, J. : A. R. Radcliffe-Brown, in *The Founding Fathers of Social Science,* ed. by T. Raison, Harmondsworth:Penguin Books, 1969.（鈴木二郎他訳『社会科学の先駆者たち』社会思想社、一九七二）

Davenport, W. : Nonunilinear Descent and Descent Groups, *American Anthropologist,* vol. 61, pp. 557-572, 1959.

Eggan, F. (ed.) : *Social Anthropology of North American Tribes,* Chicago : Univ. of Chicago Press, 1937 (2nd enlarged ed. 1955).

Eggan, F. and Warner, L. : Alfred Reginald Radcliffe-Brown: 1881—1955, *American Anthropologist,* vol. 58, pp. 544-547, 1956.

Elkin, A. P. : A. R. Radcliffe-Brown: 1881—1955, *Oceania,* vol. 26, pp. 239-251, 1956.

Evans-Pritchard, E. E. : *Witchcraft, Oracles and Magic among the Azande,* Oxford: Clarendon Press, 1937.

Firth, R. : Alfred Reginald Radcliffe-Brown: 1881—1955, *British Academy Proceedings,* pp. 287-302, 1956.

Firth, R. : Bilateral Descent Groups: An Operational Viewpoint, in *Studies in Kinship and Marriage,* ed. by I. Schapera, Occasional Paper of Royal Anthropological Institute, No. 16, 1963.

Fletcher, R. : *The Making of Sociology,* London: Michael Joseph, 1971.

Fortes, M. (ed.) : *Social Structure: Studies Presented to A. R. Radcliffe-Brown,* Oxford: Clarendon Press, 1949.

Fortes, M. : Alfred Reginald Radcliffe-Brown, F. B. A.: 1881—1955 : A Memoir, *Man,* vol. 56, pp. 149-153, 1956.

Fortes, M. : *Kinship and Social Order,* Chicago:Aldine Publishing Co., 1969.

Fox, R. : *Kinship and Marriage,* Harmondsworth:Penguin Books, 1967.

Freeman : On the Concept of the Kindred, *Journal of the Royal Anthropological Institute,* vol. 91, pp. 192-220, 1961.

Goodenough, W. H. : Review of *Social Structure in Southeast* Asia, ed. by G. P. Murdock, *American Anthropologist,* vol. 63, pp. 1341-1347, 1961.

Hatch, E. : *Theories of Man and Culture,* New York: Columbia Univ. Press, 1973.

Homans, G. C. and Schneider, D. : *Marriage, Authority and Final Causes,* Glencoe, Ill. : Free Press, 1955.

Leach, E. : *Levi-Strauss,*Fontana: Collins, 1970.（吉田禎吾訳『レヴィ＝ストロース』新潮社、一九七一）

Levi-Strauss, C. : *Les structures élémentaires de la* Parenté, Paris: Presse Universitaires de France, 1949.

Lowie, R. H. : *The History of Ethnological Theory,* New York:Farrar Rinehart, 1937.

Pocock, D. F. : *Social Anthropology,* London: Sheed and Ward, 1961.（末成道男訳『社会人類学』弘文堂、一九七〇）

Radcliffe-Brown : *The Andaman Islanders,* Cambridge: Cambridge University Press (1922; see 1933), 1922.

Introduction to *African Systems of Kinship and Marriage,* edited by Radcliffe-Brown, A. R. and Forde, D. : London: Oxford Univ. Press, 1950.

Structure and Function in Primitive Society, London: Cohen and West, 1952.

Method in Social Anthropology, edited by M. N. Srinivas, Chicago: Univ. of Chicago Press, 1958.

Redfield, R. : Introduction, in *Social Anthropology of North American Tribes,* Chicago: Univ. of Chicago Press, 1937 (2nd enlarged ed. 1955).

Rivers, W. H. R. : *Social Organization,* ed. by W. J. Perry, New York:Alfred A. Knopf, 1924.

Stanner, W. E. H. : Radcliffe-Brown, A. R., in *International Encyclopedia of the Social Science,* vol. 13, pp. 285-289, 1968.

訳者あとがき

ラドクリフ＝ブラウンの本著の翻訳に着手してから、すでに三年の年月が流れた。当初は蒲生正男氏の翻訳のお手伝いという形で、私が後半の六章を分担することで出発した仕事であったが、蒲生氏の御多忙さのためにのびのびになり、ついに私が全章の翻訳を引き受けることになってしまった。そんなわけで博学多識のラドクリフ＝ブラウンに非力な私が一人で立ち向わなければならない羽目になり、それだけに非常に多くの方々の御教示をいただいている。

訳出に当っては、オーストラリア原住民とかアフリカ原住民というような語に私自身若干抵抗を感じたので、なるべく避けるようにしたこと、またインドネシアのフイリッピンとか、マレーのミナンカバウというようないい方も間違いやすいため、それぞれ東南アジアとかインドネシアという風にいいかえたことなどは原文に忠実ではない。また第一章の論題の中心となるトンガ族の居住地は、ポルトガル領の東アフリカとなっているが、本文の再校後、モザンビク人民共和国として独立した。

本書の翻訳に際しお教えを受けた方々は、英語に関してアラン・ターニー（清泉女子大学）、カトリック用語・フランス語に関して田中三一子（同上）、ラテン語に関してシスター田口（同上）、中国文献に関して藤井専英（岐阜大学）、若干の西欧人学者の名称について古野清人（日本民族学協会会長）、法律関係の用語について桑原武夫（東京女子大学）、渕倫彦（東京都立大学）、江守五夫（明治大学）の諸先生である。御芳名を記して心からの感謝を申し上げたい。とくに何回も貴重な時間を裂いて、私にとって難解な英文を懇切丁寧に説明して下さったターニー先生には、本当にお礼の言葉もない。また立派な解説文をよせて下さった蒲生正男氏、いろいろ御面倒をおかけした新泉社の櫻井俊紀氏、平内敦子氏にも感謝申し上げる次第である。

五十年七月二十八日

青柳まちこ

人名・事項索引

ア　行

カ　行

タ 行

ナ 行

ハ 行

マ 行

ヤ 行

ラ 行

部族名・地名索引

ア 行

カ 行

サ 行

タ 行

ラドクリフ＝ブラウンの著作目録※

1909 ‘Religion of the Andaman Islanders’, *Folk Lore,* xx. 3 (1909)
1910 ‘Puluga: A Reply to Father Schmidt’, *Man,* x (1910), 17.
‘Marriage and Descent, North Australia’, *ibid.* 32.
1912 ‘Marriage and Descent in North and Central Australia’, *ibid.* xii (1912), 64.
‘The Distribution of Native Tribes in Part of Western Australia’, *ibid.* 75.
‘Beliefs concerning Childbirth in Some Australian Tribes’, *ibid.* 96.
1913 ‘Three Tribes of Western Australia’, *Journal of the Royal Anthropological Institute,* xliii (1913).
1914 ‘Notes on the Ianguage of the Andaman Islands’, *Anthropos,* ix (1914).
‘The Definition of Totemism’. *ibid.*
Review of *The Family among the Australian Aborigines,* by B. Malinowski, *Man,* xiv (1914), 16.
‘Relationship System of the Dieri Tribe’, *ibid.* 33.
1916 ‘Australian Rafts’, *ibid.* xvi (1916), 4.
1918 ‘Notes on the Social Organization of Australian Tribes. Part I’, *Journal of the Royal Anthropological Institute,* xlviii (1918).
1922 *The Andaman Islanders,* Cambridge: Cambridge University Press (1922; see 1933).
‘Some Problems of Bantu Sociology’, *Bantu Studies,* i. 3 (1922).
1923 ‘Methods of Ethnology and Social Anthropology’, *South African Journal of Science,* xx (1923).

'Notes on the Social Organization of Australian Tribes. Part II,' *Journal of the Royal Anthropological Institute,* Iiii (19 23).

1924 'The Mother's Brother in South Africa', *South African Journal of Science,* xxi (1924).

1925 'Culture Areas of Africa', *American Anthropologist,* n. s., xxvii (1925).

'Native Dolls in the Transvaal Museum', *Annals of the Transvaal Museum,* xi. 2 (1925).

Review of *Atlas Africanus,* by Leo Frobenius and Ritter v. Wilm; *Das unbekannte Africa,* by Leo Frobenius; *Hadschra Maktuba,* by Leo Frobenius and Hugo Obermaier, *American Anthropologist,* n. s., xxvii (1925).

Review of *Origin of Australia Beliefs,* by Lambert Ehrlich, *ibid.*

1926 'Father, Mother, and Child', *Man,* xxvi (1926), 103.

'Arrangements of Stones in Australia', *ibid.* 133.

'The Rainbow-Serpent Myth of Australia', *Journal of the Royal Anthropological Institute,* Ivi (1926).

1927 'The Regulation of Marriage in Ambryn', *ibid.* (1927).

1929 'Age Organization Terminology', *Man,* xxix (1929), 13.

'A Further Note on Ambryn', *ibid.* 35.

'Bride Price, Earnest or Indemnity', *ibid.* 96.

'Bilateral Descent', *ibid.* 157.

'Notes on Totemism in Eastern Australia', *Journal of the Royal Anthropological Institute,* lix (1929).

1930 'Editorial' *Oceania,* i. 1 (1930).

'Former Numbers and Distribution of the Australian Aborigines', *Official Yearbook of the Commonwealth of Australia,* no. 23 (1930).

'Historical and Functional Interpretations of Culture in Re-

lation to the Practical Application of Anthropology to Native Peoples' (abstract), *Proceedings of the Fourth Pacific Science Congress*, Java, 1929, iii, *Biological Papers*, Batavia-Bandoeng (1930).

'The Sociological Theory of Totemism', *ibid.*

'The Rainbow-Serpent Myth in South-East Australia', *Oceania*, i. 3 (1930).

'Applied Anthropology', Presidential Address, *Australian and New Zealand Association for the Advancement of Science* (1930).

'A System for Notation of Relationships', *Man*, xxx (1930), 93.

1931 'The Present Position of Anthropological Studies', Presidential Address, *British Association for the Advancement of Science* (1931).

'The Social Organization of Australian Tribes', *Oceania*, i. 1-4 (1930-1). Reprinted as *'Oceania' Monographs, No. 1*, Melbourne (1931).

1933 *The Andaman Islanders* (reprinted with a new Introduction and an Appendix on Language; Cambridge, 1933).

1935 'Anthropology and Indian Administration', *American Indian Life*, no. 26 (1935).

'Kinship Terminologies in California', *American Anthropologist*, n. s., xxxvii (1935).

'On the Concept of Function in the *Social Sciences*', *ibid.*

'Law, Primitive', *Encyclopedia of the Social Sciences*, vol. ix (1935).

'Sanction, Social', *ibid.*, vol. xiii (1935).

'Patrilineal and Matrilineal Succession', *Iowa Law Review*, xx. 2 (1935).

'Primitive Law', *Man*, xxxv (1935), 48.

Review of *The Jealousy of the Gods and Criminal Law at Athens: A Contribution to the Sociology of Moral Indignation,* by Svend Ranulf, *American Journal of Sociology,* xl. 4 (1935).

1936 'The Development of Social Anthropology', unpublished lecture given before the Division of Social Sciences, University of Chicago, December 1936. (Mimeographed.)

1937 'Australian Social Organization', Summary of a communication presented at the Royal Anthropological Institute, 19 October 1937, *Man,* xxxvii (1937), 201.

1938 'Motherhood in Australia', *ibid.* xxxviii (1938), 14.

1939 *Taboo: The Frazer Lecture, 1939,* Cambridge: Cambridge University Press (1939).

1940 'On Joking Relationships', *Africa,* xiii, 3 (1940).

'On Social Structure', *Journal of the Royal Anthropological Institute,* lxx (1940).

Preface to *African Political Systems,* edited by M. Fortes and E. E. Evans-Pritchard. London: Oxford University Press for the International African Institute (1940).

Introduction to *A Japanese Village: Suye Mura* by John F. Embree (Chicago: University of Chicago Press; Cambridge: Cambridge University Press, 1940).

1941 'The Study of Kinship Systems', Presidential Address, *Journal of the Royal Anthropological Institute,* lxxi (1941).

1942 Obituary of Sir James George Frazer, *Man,* xlii (1942), 1.

1944 'The Meaning and Scope of Social Anthropology', *Nature,* no. 3904 (1944).

1945 'Religion and Society', The Henry Myers Lecture, 1945, *Journal of the Royal Anthropological Institute,* lxxv (1945).

1946 'A Note on Functional Anthropology', *Man,* xlvi (1946), 30.

1947 Review of *Society and Nature,* by Hans Kelsen, *Erasmus,* i.

1 (Amsterdam, 1947).
'Australian Social Organization', *American Anthropologist*, n. s., xlix (1947).
'Evolution. Social or Cultural?' *ibid.*
1948 *A Natural Science of Society*, Glencoe, Ill. : Free Press.
1950 Introduction to *African Systems of Kinship and Marriage*, edited by Radcliffe-Brown, A. R. and Forde, D.: London: Oxford Univ. Press.
1951 'Murngin Social Organization', *American Anthropologist*, liii (1951).
1951 'The Comparative Method in Anthropology', *Journal of the Royal Anthropological Institute*, lxxxi (1951).
1952 *Structure and Function in Primitive Society*, London: Cohen and West.
1958 *Method in Social Anthropology*, edited by M. N. Srinivas, Chicago: Univ. of Chicago Press.

※この著作目録は Ruth Padree が作成したものとして Social Structure; Studies presented to A. R. Radcliffe-Brown (ed. by M. Fortes) に所収のものに1948年以降のものを蒲生が追加したものである。

新版　未開社会における構造と機能

1975年9月16日　第1版第1刷発行
2002年4月15日　新版第1刷発行

著者＝ラドクリフ・ブラウン

訳者＝青柳《あおやぎ》まちこ

発行所＝株式会社　新泉社
東京都文京区本郷2－5－12
振替・00170-4-160936番　電話03(3815)1662　FAX 03(3815)1422
印刷・萩原印刷　製本・榎本製本

ISBN4-7877-0204-1